松江丛书

姜维公 主编

近代报刊
东北海关资料编年（1906−1937）

刘凤娟 著

长春出版社
全国百佳图书出版单位

图书在版编目(CIP)数据

近代报刊东北海关资料编年：1906—1937 / 刘凤娟著. -- 长春：长春出版社，2023.4
（松江丛书 / 姜维公主编）
ISBN 978-7-5445-7042-8

Ⅰ.①近… Ⅱ.①刘… Ⅲ.①海关-经济史-史料-中国-1906-1937 Ⅳ.①F752.59

中国版本图书馆 CIP 数据核字(2023)第 047027 号

近代报刊东北海关资料编年（1906—1937）

著　　者	刘凤娟
责任编辑	孙振波　闫　伟
封面设计	宁荣刚

出版发行　长春出版社
总 编 室　0431-88563443
市场营销　0431-88561180
网络营销　0431-88587345
地　　址　吉林省长春市长春大街309号
邮　　编　130041
网　　址　www.cccbs.net

制　　版　佳印图文
印　　刷　三河市华东印刷有限公司

开　　本　710毫米×1000毫米　1/16
字　　数　310千字
印　　张　18.5
版　　次　2023年4月第1版
印　　次　2023年4月第1次印刷
定　　价　118.00元

版权所有　盗版必究
如有图书质量问题,请联系印厂调换　联系电话:13933936006

整理说明

中国近现代史是一部从苦难、抗争走向胜利的历史。走进中国近现代史，可深入了解中国所经历的苦难，汲取落后就要挨打、落后就要受辱的深刻教训。中国近代海关作为近代中西撞击和不平等条约下的特殊产物，是列强侵华史的重要见证。近代东北海关在中国东北历史上占有十分重要的地位，因此，透视近代东北海关，对区域海关史以及近代东北史的研究均有重要意义。

日俄战争后，开埠格局渐次展开，东北各地纷纷设立海关。海关总税务司赫德，为尽快控制东北地区海关，自1906年起，迅速地设立了大连、安东、奉天、哈尔滨、吉林等海关（包括分卡）。1931年日本制造了九一八事变，侵占了中国东北地区，东北地区海关也尽为日本劫夺，使其成为日本侵略东北地区的工具，这种状况一直持续到抗战结束。为了方便学者对这一时间段内东北海关设立、发展、被攫等事件的了解和研究，本书辑录了《中国近代报纸资源库全库》中收录的众多知名大报，如《申报》《新闻报》《大公报》《时报》《民国日报》《中央日报》《益世报》《时事新报》《神州日报》《盛京时报》，以及近千份小报如《晶报》《福尔摩斯》等报纸中与东北海关相关的报道，以编年体形式对重要报道进行整理，希望能够助力对东北海关的深入研究。

本书选取了1906年至1937年三十多年间各种报纸对"东北海关""东北税关""满洲海关""满洲税关"等相关事件的报道；体裁涵盖电报、新闻、社论等，内容涉及海关设立发展事件、管理制度、征税办法等多个方面；史料以编年体形式进行整理，征引群报，取材甚繁。遗憾的是，因外语水平和篇幅限制，本书只辑录了中文报纸的报道，未能将外文报纸及期刊等对东北海关的报道辑录于内，待日后完善。

近代报刊东北海关资料编年（1906—1937）

　　本书以史源学理论为指导，编写《近代报刊东北海关资料编年（1906—1937）》，因报纸年代久远，且良莠不齐，经过反复斟酌，特将编写体例说明如下：

　　1. 编年以公元纪年为主，同一日期的报纸以报纸名字拼音首字母顺序排序，同一报纸按版面先后排序。

　　2. 本书辑录报纸原文，特别明显的错别字、刊误之字等错误，改后用〔　〕标示于原文后。其余基本忠于原作，不做修改。

　　3. 正文中的史料，一般均将原始材料中的繁体字、旧体字、异体字转换为规范字进行整理，并根据现代标点规则进行点校。原始材料上模糊不清，难以辨认的字，以□代替。

　　4. 因版式调整，竖排版转为横排版时，原文中的"如左""如右"等分别改为"如下""如上"等。

　　5. 本书辑录了大量东北沦陷时期的报纸、期刊等资料，其中有伪满机构所办报刊，涉及伪满政权、机构、报纸等名称的情况，比如，1935年9月1日《盛京时报》［0013版］中有"满洲国税关第三次会议"等。本书为保留原始材料，以便于研究，未做改动，请读者认真鉴别。

　　6. 因报刊出版年代和用字习惯等造成的通假字和非推荐词形，若不影响文义，一般不做改动，但同一词写法不统一者，依现行规范统一。

　　由于编者水平所限，书中难免存在缺点与不足，恳请专家学者和广大读者批评指正。

编者

2022 年 11 月

目 录

1906 年

8月10日	001
8月26日	001
8月27日	002
8月30日	002
9月13日	002
9月15日	003
9月17日	003
9月28日	003
10月1日	004
10月3日	004
10月10日	004
10月19日	004
11月9日	005

1907 年

1月10日	006
3月1日	006
3月19日	006
3月26日	007
4月18日	007
6月12日	007
6月17日	008
6月19日	008
6月20日	008
6月26日	009
6月27日	009
7月5日	009
7月12日	009
7月13日	009
7月21日	010
7月30日	010
8月4日	010
8月11日	011
8月15日	012
8月22日	012
9月15日	013

9月17日 …………… 013	2月1日 …………… 023
9月20日 …………… 013	2月3日 …………… 024
10月25日 …………… 014	6月5日 …………… 024
11月8日 …………… 014	6月30日 …………… 025
	8月31日 …………… 025

1908 年

1919 年

2月6日 …………… 015	4月8日 …………… 026
2月9日 …………… 015	
2月22日 …………… 015	

1920 年

2月23日 …………… 015	12月21日 …………… 027
3月14日 …………… 017	
7月20日 …………… 019	

1921 年

9月21日 …………… 019	4月10日 …………… 028

1909 年

	4月29日 …………… 028
4月5日 …………… 020	5月15日 …………… 028
7月6日 …………… 020	5月16日 …………… 030
	5月17日 …………… 031

1915 年

	5月18日 …………… 032
	6月4日 …………… 033
9月21日 …………… 021	9月17日 …………… 035
11月21日 …………… 021	11月4日 …………… 035
	12月20日 …………… 035

1918 年

1922 年

1月13日 …………… 023	
1月31日 …………… 023	4月1日 …………… 036

目 录

1923 年

10 月 27 日 ·············· 037

1929 年

2 月 19 日 ·············· 040

1930 年

5 月 7 日 ·············· 041

1931 年

10 月 1 日 ·············· 042
12 月 10 日 ·············· 042

1932 年

3 月 8 日 ·············· 044
3 月 18 日 ·············· 044
3 月 31 日 ·············· 045
4 月 4 日 ·············· 045
4 月 12 日 ·············· 046
4 月 26 日 ·············· 046
5 月 31 日 ·············· 046
6 月 3 日 ·············· 046
6 月 4 日 ·············· 047
6 月 5 日 ·············· 047

6 月 8 日 ·············· 047
6 月 11 日 ·············· 048
6 月 14 日 ·············· 048
6 月 16 日 ·············· 048
6 月 20 日 ·············· 049
6 月 21 日 ·············· 050
6 月 22 日 ·············· 055
6 月 23 日 ·············· 060
6 月 24 日 ·············· 065
6 月 25 日 ·············· 066
6 月 26 日 ·············· 067
6 月 27 日 ·············· 070
6 月 28 日 ·············· 076
6 月 29 日 ·············· 085
6 月 30 日 ·············· 085
7 月 1 日 ·············· 092
7 月 2 日 ·············· 094
7 月 3 日 ·············· 098
7 月 4 日 ·············· 101
7 月 5 日 ·············· 104
7 月 6 日 ·············· 106
7 月 7 日 ·············· 108
7 月 8 日 ·············· 113
7 月 9 日 ·············· 114
7 月 10 日 ·············· 116

近代报刊东北海关资料编年（1906－1937）

7月11日	117	8月16日	198
7月12日	120	8月17日	198
7月13日	121	8月19日	199
7月16日	121	8月20日	200
7月17日	123	8月21日	201
7月19日	124	8月23日	203
7月20日	124	8月24日	203
7月21日	126	8月26日	204
7月22日	128	8月28日	205
7月23日	131	8月31日	205
7月24日	135	9月3日	206
7月25日	141	9月4日	208
7月26日	146	9月5日	209
7月27日	148	9月8日	209
7月28日	153	9月9日	210
7月29日	156	9月17日	210
7月30日	161	9月22日	213
7月31日	169	9月23日	215
8月1日	175	9月24日	222
8月2日	179	9月25日	239
8月3日	185	9月26日	248
8月4日	187	9月27日	252
8月5日	189	9月30日	256
8月9日	190	10月6日	256
8月12日	194	10月17日	256

10月19日 …… 256	11月14日 …… 273
10月21日 …… 257	
10月26日 …… 258	**1934 年**
10月29日 …… 259	1月13日 …… 275
10月30日 …… 260	1月20日 …… 276
11月1日 …… 260	5月21日 …… 276
11月9日 …… 262	7月15日 …… 278
11月12日 …… 263	10月21日 …… 278
11月23日 …… 263	

1933 年

1935 年

1月18日 …… 264	2月19日 …… 279
1月22日 …… 265	2月20日 …… 279
4月4日 …… 266	4月26日 …… 280
4月11日 …… 266	5月22日 …… 281
4月13日 …… 266	9月1日 …… 281
4月28日 …… 269	
4月30日 …… 269	**1936 年**
5月1日 …… 270	3月5日 …… 282
5月3日 …… 271	10月8日 …… 283
5月8日 …… 271	
8月2日 …… 272	**1937 年**
10月12日 …… 272	6月13日 …… 284

1906 年

8月10日

《申报》[0002 版]

日本拟请中国于北满洲亦设税关

日本泰晤士报云　中国在大连湾设立税关，日本并无反抗之意，惟目前满洲北境边界并无税关，俄国货物运入满洲，中国货物运往西比利亚均不纳税。如为公允起见，则中国应在满洲北境先设一税关，以为设立大连湾海关之先声，故日本政府愿请中国于设立大连湾海关之前办理此事云。（译文汇报）

赫德拟用日本人为税务司

文汇报云　据赫总税务司之意，则安东县税务司一缺，当派日本人充之，再选一外国人为副税务司。大连湾税关亦当援例办理云。

8月26日

《申报》[0002 版]

西报对于满洲税务之清议

初六日伦敦电云　泰晤士报述及满洲税务问题纷乱之情形，并提及满洲不设税关，中国国库致受亏损，英美两国在牛庄之商务与日本在大连湾之贸易昔曾相形见绌，然自大连湾开放后，则此等障碍当可除去矣。（译文汇报）

中国允设北满洲边界税关之传闻

东报云　中国政府以英、美、日三国之劝告，特决定在满洲北境设立税关。北京大员已派员考察欧洲各国边界税关之制度，以便仿行，并须于中俄

近代报刊东北海关资料编年（1906—1937）

新订商约内加入此款。然开办尚须时日也。（译文汇报）

8月27日

《时报》[0003版]
准在北满洲设立税关
某东报得消息云　中国政府从英、日、美三国之请，准在北满洲设立税关。据闻北京官场已派员调查欧洲边境税关章程，以备采择施行。又拟将此款附俄新入中商约中，然料非一时所能成立云。

8月30日

《时报》[0005版]
设立北满洲税关问题（京师）
中俄东清铁路合同第二款载明，中国在中俄国界东清铁路设关收税。后因有庚子之乱，俄军占据东三省不肯撤兵，嗣因有日俄战起，久未设关，俄国独受其利。顷有日、英、美等国以此为违约举动照会中国，请遵照中俄路约设关收税，兹闻外部颇以为然。现已照会俄使，请在黑龙江筹设税关收税以副条约。

9月13日

《新闻报》[0002版]
满洲南北设立税关定议
驻华日使前以俄人未允中国在北满洲设立税关，因亦照会外务部要求缓设大连税关，当经外务部以此事就商，英美两使请为调停。现英美两使力劝日俄两使以南北两税关同时并设，俾外国货物输入满洲货价不致有畸轻畸重之弊，日俄两使已无异议。外务部因即电饬于中俄交界处择一要区划定地址，咨报到部，以便札行总税务司派员前往设关。

9月15日

《申报》[0003版]

外部已与俄使商议设立北满洲税关

日本邮信报云　中国外务部曾与驻京俄使濮科弟提议满洲北境设立税关一事，据俄使覆〔复〕称此事当无抗议，惟其地尚由俄军占领，故必须与俄京政府商办，且俄政府亦当不反对云。虽然此等税关而果能于明年西三月前成立也，则不禁为之惊讶矣。（译文汇报）

政府宣布在安东设立税关

德文报载二十五日北京电云　中国政府宣布安东、大东沟两处均已开放，任外人前往通商，并在安东设立税关。（译文汇报）

9月17日

《时报》[0005版]

纪设立满洲税关详情（京师）

日使林权助前以俄人不允中国在北满洲设立税关，因亦照会外部要求缓设大连税关，旋外部以此事就商，英美两使请为调停。现英美两使力劝日使许南北两税关同时并设，庶外国货物输入满洲货价不致有畸轻畸重之弊，并力任代劝俄使璞科第勿复阻难，故俄使已无异议。昨外部业已电饬库伦办事大臣，于中俄交界处择一要区划定地址，咨报到部，以便札行总税务司派员前往设立。

9月28日

《申报》[0003版]

中日俄在满洲设立税关之交涉

文汇报云　北京政府曾照会俄公使濮科第允准中国在满洲中俄交界设立税关，俄使已据情转达俄政府请示遵行，然俄国能否准中国于满洲俄兵撤退以前设立税关，则尚未敢遽信，日本泰晤士报谓日本政府之意以中国倘不能在中俄边界设立税关，则即不能在大连湾设立税关，惟中国如在安东关设立税关，则日本并不反对，盖以满洲商务当不因此而少受影响也。

10月1日

《时报》[0003版]

北满洲设立税关之问题，驻京俄使已得俄国政府训令，赞成中国政府之议。（十三日成〔戌〕刻北京专电）

10月3日

《申报》[0003版]

西报纪俄允中国在北满洲设立税关

十四日柏林电云　英国泰晤士报载称俄国已允中国在满洲、俄国接壤处设立税关。（译文汇报）

10月10日

《申报》[0003版]

东报纪中国设立北满洲税关事

东报载北京访函云　驻京俄公使濮科第已允中国在北满洲设立税关，惟中国意欲专用华人，不归总税务司赫德节制，因此尚无定议。惟大约当仍采用胶州湾设关成案办理也，并闻俄公使只允中国在哈尔滨、满洲里两处设关云。（译文汇报）

10月19日

《时报》[0003版]

北满洲设立税关，不复由赫德管理，据税务大臣唐绍仪意见，拟用中国

人为税务司，俄公使则主张用俄人，政府将有许可之意。（初一日未刻北京专电）

11月9日

《时报》[0003版]
俄国允准中国在北满洲设立海关

文汇报云　日政府得官场消息，谓驻华俄使璞科第答复中政府云，俄国当允准中国在北满洲设立海关，惟要求华俄交界地方划出一百华里开为自由通商埠，并欲在中国高丽之边界一并设立海关，至北满洲设立海关之日期及地址尚未择定云。

近代报刊东北海关资料编年（1906－1937）

1907 年

1月10日

《时报》［0003 版］

俄国在北满洲设立税关一事，已与中国协议完结，现又将在玛诺利设关之，故通告于日本。（廿五日申刻东京专电）

3月1日

《盛京时报》［0002 版］

北满洲税关之协定

据日本报章云　闻唐绍仪侍郎与俄国璞科第公使现协商北满洲设立税关各事宜其说如下：一、俄国所求陆路贸易章程画〔划〕定一百华里为自由贸易地权利，此系因铁道贸易之条件而设，中国政府可以承诺但对于自由贸易地界外输送货物之征税，虽自由地界亦可设置税关；二、税关长必再〔在〕总税务司赫德权下以俄人充任而受总税务司监督；三、税关之位置定在满洲里、绥芬河二处；四、关于税关设置详细之章程总归税关所设之中国官吏与在北满洲俄国官吏协议妥定；五、开设税关之期俟准备后即可开关，但亦可参酌大连湾税关之开设。

3月19日

《时报》［0010 版］

北满洲海关尚难定期开办

字林报得东京信云　设立满洲海关问题拟于二月初开关之说终难确定，因与俄日所议章程尚未解决也。而北京时事报访员谓大连湾海关须速行开设，不必俟北满洲同时举行。

安东海关定期开办

太晤士报得北京电云　据奉天报告谓，中国所设立之安东海关准于二月初二日开关。

3月26日

《时报》[0010版]

北满洲将次设立海关

字林报得北京信云，得哈尔滨道台电云　北满洲海关一俟中俄各代表商订章程以后即欲设立，已由赫税务司举定俄人考瑙佛夫为该处海关税务司，又闻牛庄副税务司某日人已举为青泥洼税务司云。

4月18日

《申报》[0003版]

日本注意吉林开埠之见端

吉林访函云　吉林开埠之事，日本政府颇为注意，现于城内密布侦探，凡有官署局所应办事宜到处暗探，近日吉林官场咸知其情因，各谨慎从事以严防范。

吉黑两将军电告北满洲税关事宜

吉林将军达桂、黑龙江将军程德全联名电告政府，谓北满洲税关重要章程皆由俄使璞科第亲至哈尔滨与俄国税关长协定其细目，则俟本地各国商人承认后定议，惟此项章程倘不满外国商人之意致生抗议，应由该税关长担其责任，与中国委员无涉云。（译大阪每日新闻（颖））

6月12日

《时报》[0003版]

那桐现与俄公使协议北满洲税关事务。（三十日申刻北京专电）

6月17日

《时报》[0003版]

北满洲税关准于阳历七月一日开关（与大连税关同），政府以此事虽属口约，然既有诺成之义，又因俄国现尚未准备，特要请如期照办。（初六日未刻北京专电）

6月19日

《申报》[0011版]
会议满洲税关详情　哈尔滨

日前会议满洲税关章程，华俄各员互有异见，闻章程内最大问题，系铁路两旁五十俄里内之商务一概免税并请将输入内地货物亦免纳税两条，据华员意见，应先调查东清铁路应用材料数目相符与否，如铁路将自己应用材料转售他人，则应向铁路加倍征税；而俄员则力驳此议。故华税关代表葛诺发君拟请示外部定夺，此外华官所拟草章有东清铁路货物如有遗失情事，华官仍按货之原数征收税费一节，当经俄员以华俄约章第十条内并无此条驳之，是以议商多日尚未就绪，闻日内仍拟续行开议云。（光）

6月20日

《神州日报》[0003版]
北满洲税关交涉近闻

大连湾税关已与日公使商立，则北满洲亦应照例立关征税，然俄约尚未成立，不得不从缓开办。近来日本公使屡向政府催问此事，外务部诸公颇觉为难，先是在哈尔滨会议满洲税关章程，华俄各员互有异见，章程内最大问题系铁路两旁五十俄里内之商务一概免税，先调查东清铁路材料处所记输入之应用材料数目相符与否，如铁路将自己应用材料转售他人，则应向铁路加倍征税，而俄员力驳此议，故华税关代表葛诺发君拟请示外部定夺。又据华

008

官所拟草案，东清铁路之货物如有遗失情事，华官亦须仍按货之原数征收税费，俄员则以华俄约章第十条内并无此条驳之，是以议商多日迄未就绪，日内虽续行开议而尚无成说，俄人于此事固未遽肯就范也。

6月26日

《时报》[0003版]

北满洲税关政府与俄公使交涉将就绪，定于俄历八月初旬开关。（十五日申刻北京专电）

6月27日

《时报》[0003版]

东京电　中俄议订北满洲海关条约，定于西八月开关，现在磋商甚有进步。

7月5日

《时报》[0003版]

北满洲税关问题经已〔已经〕了结，俟两三日俄政府训令到后即可开关。（念四日午刻盛京专电）

7月12日

《时报》[0003版]

北满洲税关问题经已〔已经〕协定当于去月廿八日交换公文。（初一日巳刻盛京专电）

7月13日

《时报》[0003版]

北满洲满洲里税关业于廿八日开关。（初三日午刻盛京专电）

7月21日

《申报》[0011 版]
满洲税关问题议妥
初十日柏林电云　中俄税关协商已妥，苏芬河（译音）及满洲各处行将设关收税矣。（译文汇报）

7月30日

《申报》[0011 版]
中俄新订北满洲税关条约　奉天
第一条　中俄交界国境两边一百华里之内（即中国境内一百华里，俄国境内亦一百华里，合计共二百华里）仍照旧订陆路贸易章程一概免税；

第二条　依照东清铁路现行条例，凡从火车输入中国境内之俄国货物，只须〔需〕交纳进口税三分之二（即减去三分之一，此乃俄商之特别利益也）；

第三条　俄国货物运入中国内地必须照纳通过税；

第四条　以哈尔宾〔滨〕停车场为中轴，依半径十华里之限画一圆周，在此区域内之地，则免缴通过税；

第五条　此外十六处之停车场则以各该停车场为中轴，依半径五华里之限画一圆周，在此区域内之地，概免缴通过税；其余诸停车场之附属地则以各该停车场为中轴，依半径三华里之限画一圆周，在此区域内之地，概免缴通过税；

第六条　本章程作为试办章程，暂以一年为限，俟满期之后当再另订永远照办之章程，税关长虽不限定必须俄人，然其势恐不能不以俄人为之，现在拟命现任哈尔宾〔滨〕税关长谷诺巴禄夫总管国境税关（满洲里、绥芬河两处）。

8月4日

《盛京时报》[0002 版]
中俄订议　北满洲税关试办章程
督辕日前接准外务部咨开中俄议订北满洲税关试办章程，兹觅得其原文，照录如下（中俄设关章程大略据顺天报馆来函已志前报）：

一、两国边界贸易在百里内均不纳税，原载在俄国陆路通商章程而东省铁路合同订明铁路交界处由中国设立税关，兹中国允准所有货物由铁路运往交界百里内之各车站，暂行照条章不征税项。

一、铁路运货按三分减一纳税，应定界限如哈尔宾〔滨〕由总车站四面各距十华里为界，铁路总会最要车站如满洲里札赉诺尔、海拉尔、札〔扎〕兰屯、富勒尔基、齐齐哈尔、阿什河、一面波〔坡〕、海林、乜河、穆林、交界站、双城堡、老少沟、窑门、宽城子各站四面各距五华里为界，除满洲里、交界站即绥芬河两站归入百里边界之例办理外，其余十四站即照商定界线以内为实行三分减一纳税之处，此外东省铁路各小车站以四面各距三华里为限，亦同此办法。其货物运出以上所指各地段及所定各界线以外均属内地，应补足正税并按照运货入内地章程办法。

一、铁路运货三分减一纳税，此系中俄特订之合同，中国允除俄货外各国之货经东省铁路运至中国，亦一体均沾俄国允所征之税，各货物按照陆路通商章程不免税者，即应按照海关新定税则三分减一征税。

一、所议条款系属大概作为北满洲税关试办章程，如有应行增改及于中国税项不便，应行变通更改之处，俟一年后再行相商厘定，至税关详细章程与应划定界限并指定小车站处所即由两国会议员速行商定。

8月11日

《申报》[0003版]

《时报》[0005版]

满洲税关之中俄协约内容（东三省）

一、中俄国境两侧各一百清里照原定条约（即陆路贸易章程）通行无税。

一、依中俄间之东清铁道原定条约，凡由铁道输入之货物纳输入税三分之二，现减为三分之一。

一、货物入于内地时之通过税照现纳输入税之半额。

一、以哈尔宾〔滨〕为车站之中心点，于十清里半径圆之区域内免通过税，此外十六处车站以五清里为限，其余各车站以三清里为限免通过税。

一、此项协约试行一年再议修改。

国境税关设满洲里与绥芬河两处，税关长并不限用俄人，现归驻在哈尔宾〔滨〕之克排洛氏监督。

8月15日

《神州日报》[0003版]
中俄订议北满洲税关试办章程

近日外务部咨东三省总督所载中俄议订北满洲税关试办章程，原文如下：

一、两国边界贸易在百里内均不纳税，原载在俄国陆路通商章程而东省铁路合同订明铁路交界处由中国设立税关，兹中国允准所有货物由铁路运往交界百里内之各车站暂行照条章不征税项。

一、铁路运货按三分减一纳税，应定界限如哈尔宾〔滨〕由总车站四面各距十华里为界，铁路总会最要车站，如满洲里、札赉诺尔、海拉尔、札〔扎〕兰屯、富勒尔基、齐齐哈尔、阿什河、一面波〔坡〕、海林、乜河、穆林、交界站、双城堡、老少沟、窑门、宽城子各站四面各距五华里为界，除满洲里、交界站即绥芬河两站归入百里边界之例办理外，其余十四站即照商定界线以内为实行三分减一纳税之处，此外东省铁路各小车站以四面各距三华里为限，亦同此办法。其货物运出以上所指各地假〔段〕及所定各界线以外均属内地，应补足正税并按照运货入内地章程办法。

一、铁路运货三分减一纳税，此系中俄特订之合同，中国允除俄货外，各国之货经东省铁路运至中国，亦一体均沾俄国允所征之税，各货物按照陆路通商章程不免税者，即应按照海关新定税则三分减一征税。

一、所议条款系属大概作为北满洲税关试办章程，如有应行增改及于中国税项不便，应行变通更改之处，俟一年后再行相商厘定，至税关详细章程与应划定界限并指定小车站处所即由两国会议员速行商定。

8月22日

《时报》[0003版]

东三省总督徐世昌因北满洲税关事部示与铁路合同不符，请外务部与俄

使璞科第在京妥议。(十三日亥刻北京专电)

9月15日

《时报》[0003版]
俄使璞科第决意回国一行，托词养疴，其实别有秘密举动。(初七日申刻北京专电)

9月17日

《时报》[0003版]
北满洲税关收税细则，俄使以中国官吏曲解法文，谓为不当，现方在交涉中。因之对于俄国之输入品不能收税将有蒙大损失之虑。(初九日申刻北京专电)

9月20日

《盛京时报》[0002版]
满洲税关问题将结

京函云　开设满洲里税关外部与俄使互有异见，外部意拟外货越境运至商埠先课正税三分之一，由商埠再运内地时除补足正税外，更照运到内地税则办理。俄使甚不谓然，云前订定东清铁路条约只认再课正税三分之一，并无补足正税外再行课税之项，强词驳斥，坚执〔持〕不肯，各国钦使亦多直俄使。外部乃调查外埠向例是否与俄使之言相符，后经禀覆〔复〕均与俄使同，故外部颇有推让之意，不久当见了结矣。

税关尚未设立

前有中俄国界税关已经开设之风说，兹有友人由吉林而来，据云中俄税章会议虽久在哈尔滨会议，迄未决定，是以满洲里、绥芬等处之税关未见设立，中俄各货无税进出，故今者哈尔滨各国商民啧有异言。

10月25日

《时报》[0003版]

北满洲车站税关章程俄使璞科第请令哈尔滨道与俄员就近磋商。(十八日戌刻北京专电)

11月8日

《申报》[0005版]
满洲税关问题

初一日东京电云 中国税务大臣近照会日员谓禁止满洲米谷运至关东半岛一节，现已作罢，惟自大连运至中国口岸之货在出口常例之外，须付抵款。(译字林报)

《时报》[0003版]

东京电 中国海关总稽查员咨饬日本官员谓满洲五谷出口至关东之禁令业经收回，惟由大连出口至中国各海口者除纳出口税以外并须押款云。

1908 年

2月6日

《时报》［0003 版］
东京电　南满洲日商在大连聚会,决意要求不纳关税,须至北满洲设立海关之日为止。

2月9日

《时报》［0003 版］
东京电　由大连派往拒驳满洲南北税关不平等之代表,已于初六日行抵东京,惟调查北满洲税关果已设立与否,彼等仍议索回已付税款二十万日元。

2月22日

《时报》［0003 版］
东京电　得哈尔宾〔滨〕日人电云,俄国货物之经由绥芬河者虽经设立北满洲海关而仍不纳税云。

2月23日

《盛京时报》［0005 版］
北满洲税关问题（采译满洲日报哈尔滨专函）
久为问题之北满洲税关竟见开办,乃满洲里税关于本月初四日、绥芬河税关于本月初十日均开征矣。

夫北满洲税关开征之后，不对于南满海口贸易而加损害犹如南满士人所预想乎，此为则当研究之问题也。查北部满洲有一特别税章在按照中俄陆路贸易章程及东清铁路条约缴纳海关进口税三分之一则足矣，且贸易章程第十四款所列货物一概免税，故虽中俄国界税关既见开设亦于南部满洲贸易无甚利益，南部满洲商务占在无利益之地位依然如故而已。查陆路贸易章程第十四款所开货物即烟酒以及各种罐头、香皂、玻璃并其余各色杂货均系由日本出售于满洲。就现情而论，此等货物由俄运入东三省者占日本货物之过半，几由大连、营口等埠运销于东三省之货物照商埠与内地税率有异，盖运销于商埠者以进口税五厘为率，而运入内地者除征收进口税之外，须另行加捐子口半税，然从俄境运入中国之货物但缴纳进口税三分之一耳，且于各车站附近或三里或十里以内一律免税而其运入内地之货物不过缴纳陆路输入税三分之一而已，他如洋货从大连、营口等埠运入商埠者缴税十五元，而从俄境进至东三省者不过缴纳十元又再将该货运入内地时前者缴纳子口半税七元五角而后者不过缴纳五元，同是价值容量相同之洋货而税额之差不啻有宵〔霄〕壤之别，况烟酒杂货从俄国而入者一律免税者哉。

按日俄两国前年于美国订结讲和条约已公布于世界各国，以门户开放、机会均等之两主义且相约各不要求特别利权于中国，俄国独占此特别利益，日本大受其亏，为我日本政府计，宜速与清国交涉，令其修订南满洲税章照北满洲税章办理，以符利益均沾之主义云云。

从来中国关于南满洲事宜无论何事必反对之阻挠日本政策，而对付北满洲政策则宛如秦人之视越人利害休戚漠不相关，惟俄国之命是听，即如税关问题，当日本未设大连税关时屡催日本虚词恫愒曰："日本若不设税关于大连，则设税关于盖平以示抵制。"乃日本于去年六月设关开征而中俄设关问题迁延日久，竟为中外官民催迫，故近日始见设关，至其税关内容颇不完全，且爱〔瑷〕珲及松花江流域为中俄通商孔道，亦未设有税关，故俄货出入毫无阻碍，岂非利权之一大漏卮哉。

中国政府于北满洲漠视如此，我日本如欲发达南满洲贸易，不得不警告中国政府以冀其速讲补救之策也。

3月14日

《神州日报》[0003版]
摘录试办北满洲税关章程

总纲

第一条　按照光绪二十二年八月初二日（即西历一千八百九十六年西九月初八日，俄八月二十七日）建造东清铁路合同，中国政府于东清铁路尽头车站即满洲里站并绥芬河站（即波格拉尼赤那押）设立税关，归哈尔滨总关节制。中国税关将于赫勒洪德与穆林两站安设关卡以便稽查来往货物并征收由边界一百华里（五十俄里）免税贸易之区运出货物之税。

第二条　凡货物由东清铁路经过该两处税关运入俄国者或由俄国运入中国者应分别交纳进口、出口关税，此系按中国海关税则之数三分之一。

第三条　以上所言税关仅收关税，其内地并各他项税捐一概不收，惟货物投报税关拨由所定之铁路车□界线内，即外务部与驻京俄公使于华历光绪三十三年五月二十六、二十八日（即俄历一千九百七年六月二十二、二十五日）互换照会所定之界线，运赴内地，其应纳子税亦由该关征收。（注解）此条所言子税之数如下：（一）若将货物由所定铁路车站界线内运赴三省之各内地，子税之数系按照海关税则三分之一计算，即所完进口税之半；（二）若将货物由所定铁路车站界线内运赴关内各省，应补足正税即未完之三分之一，再照税则所载正税之数完纳一半作为他省子税。

第四条　凡关税、子税交纳后，由该税关发给收条及子税单。

第五条　凡货物在铁路单内载明系运往满洲里站、绥芬河站或距交界一百华里（即五十俄里）之他站，即照货物运往交界一百华里（即五十俄里）内免税之例查验、免税放行。

第六条　凡由俄国运来之货物，铁路单内载明系运赴一百华里（即五十俄里）界外之各站，或从满洲里站或绥芬河站装运赴该一百华里（即五十俄里）界外各站货物均由关查验、完纳进口税银。

第十三副条　满洲里站并绥芬河站由东清铁路公司设立报关局于过该站之货物，货主并执事人未在面前时，以备代办报关各事。

第十四条　凡货物若经税关查出与呈递税关之单照不符，可由税关罚充入官或议罚听关自便。

分目（进口货物）

第十五条　凡货物运入东三省，应由满洲里站并绥芬河站各税关分别查验，凡货物在货单内载明系往交界一百华里（即五十俄里）内各处税关查明货内并无违禁之物（即不准运进中国之物），立即免税放行。

第十六条　凡货物运入东三省，中国税关应按照俄国税关交递之货单副本查验，中国税关自接单后应于二十四点钟限内查起，凡各车运来之货，应迅速查毕，从开查之时起，不得过四十八点钟，若逾所定之限，由该关将逾限缘因立案呈报总关，其副本归并铁路货单。

第十七条　接到货单后，税关若将货物数件从车卸下查点或择出数件查验，查明实系与货单种种相符即照货单所开以定其税，倘或查出情形不符或货单有可疑之处，即将货物全行卸下，拆开查验。

第十八条　由满洲里并绥芬河站经此铁路运入东三省各货，须俟货主或发货人呈递报单，税关允准方可开往。凡运赴一百华里（即五十俄里）内各处货物，由税关查明货内并无违禁之物（即不准运进中国之物），立即免税放行，凡运赴一百华里（即五十俄里）界外各处货物，由税关照报单查验，斟酌分别交纳进口税银。凡一百华里（即五十俄里）内各站运货往一百华里（即五十俄里）以外各站，应由税关于赫勒洪德与穆林二处所设关卡查验征税。

第十九条　（甲）凡过关货物已完清应纳之关税，由税关立即放行，关税完清由关发给收条以免重征；（乙）此等已完关税之收条，货主欲按所完税饷将货物全数开载一条，或分别货类并所纳之税开载数条可听货主自便，但须交纳此项收条之费（内），此项收条于三年内税关准予承认。

第二十条　凡违禁之物（即不准运进中国之物），税关查出入官充公。

第二十一条　凡洋货进口时，只完进口税，由交界之处或铁路车□界线内运入内地，亦可按照本章程第三条完纳子税，领取运入内地子税单，此单概免内地指明地方沿途各项税厘（副条），此等子税单或按全数货物开一总单或开为数单，均听货主自便。

北满税关章程施行期限

哈尔滨函云　自绥芬河车站开设中国税关之后，即颁定征收粮税之条，但其征收之额数，粮商尚未闻知，故近来交界车站两处，有多少未完粮税之火车扣留于交界各站，因此一节，凡发货各俄商与中国税关办事官员往往彼此误会。俄总领事因与华税务司会商数次，嗣后运粮商人苟持有领事所发执照，声明此货系在未设税关之前与他人卖定者，则准其免税转运，以四个月为限，或者运粮商人持有官立之合同，其合同系在未设税关之前铃有鉴定文约之官印，则亦准其免税转运，以六个月为限，过限则无论何项一概纳税云。

7月20日

《神州日报》[0003版]
满洲税关选定公文用语

大阪每日新闻云　东督徐世昌以满洲税关公文北满用俄语，南满用日语颇为不便，拟请税务大臣选用英语或中语以期划一云。

9月21日

《神州日报》[0003版]
《申报》[0004版]
《时报》[0003版]
中俄满洲税关协约详纪

此次，中俄满洲协约，其内容甚繁，兹将其条文摘录如下：（一）中俄国境两侧各一百清里照原定条约通行无税；（一）照中俄间之东清铁道原定条约，凡铁道输入之货物，纳输入税三分之二现减为三分之一；（一）货物入于内地时之通过税照现纳输入税之半额；（一）以哈尔滨为车站之中心点，于十清里半径圆之区域内免通过税，此外，十六处车站以五中里为限，其余各车站以三中里为限免通过税；（一）此项协约试行一年再行修改。

近代报刊东北海关资料编年（1906—1937）

1909 年

4月5日

《神州日报》[0003版]
东督催议北满洲税关
俄国东清铁路公司总办霍尔瓦特自哈尔滨赴京道出奉天，曾与钦帅会晤，现北满税务交涉尚未议结，此项交涉迭经两国公文往返驳诘之公牍盈尺，钦帅以霍之赴京必面俄使，可商榷中俄交涉事件，因即咨外务部请速与俄使将北满税务问题从速提议，须趁该公司总办霍在京之时议结，以期简捷。

7月6日

《时报》[0003版]
北满洲税关开办后之纠葛
日前北满洲哈尔滨、绥芬河等处设立税关，经外务部与俄公使屡次交涉，始得纠葛已绝，业已于五月一日遴选干员，分道前赴开办。项闻哈尔滨、绥芬河等处洋商只知强权，仍无公理。所定税则概不承认，事同虚设，该员已电致外务部请示办法，以便实行而保利权。

1915年

9月21日

《新闻报》[0005版]
满洲里税关与华工之冲突
俄税关关员会同中国海关检验自满洲里赴俄之华工，因征收税金致起冲突，此次华工赴俄，由中国带去饮食品，如茶叶、酱油、面包之类甚多，税关告以每人所带之物凡及一俄磅者均须纳税。华工等共有四千八百人，一闻此言高声反对。共举一华工能操俄语者与俄关员争辩。正在纷争之际，满洲里交涉局宪兵沈某用手推一华工，众华工因此大哗，群将沈某按倒饱以老拳，沈某受伤甚重，恐有性命之虞。是时火车将开，各工人急上车就座，当场惟将充通事之华工扣留以凭办理，该华工等行抵玛箕耶夫站不肯再行，要求非将充通事之华工释放不可，后由满洲里站将充通事之工人释放，送至玛箕耶夫站，华工等始照旧下行矣。

11月21日

《神州日报》[0006版]
满洲税关增收之状况及原因
我国税关本年四、五、六三个月之收入，较之去年同期间之收入大为减少，盖去年此期间共收入一千另三十七万六千三百十八两，本年此期只收入八百三十七万另九百四十八两，两相比较，本年实减收二百万五千三百七十两也。然内地税关收入者皆减少而满洲税关收入者独加增。据哈尔滨税关报告，去年四、五、六三个月，满洲各税关统计收入为一百另八万八千三百五十二两，本年此期间共收入一百三十一万九千三百八十六两，实增收二十三万一千另三十四两。究其增收之原因，则自欧战启衅，欧美货品之输入满洲者虽已减少，然日本货品之输入者亦足以抵之，加以俄国所用各项军需品，全在满洲方面采办，军事上之用品出口者日多，此增收之原因一也。俄国以战事之影响致将阿穆尔、东海滨、贝加尔等地之农民尽征为兵丁，开赴前敌，故本年该处民食全由满洲为之供给，粮石出口者日多，此增收之原因又一也。兹将满洲各地税关收入之数目比较如下表：

地点	一九一四年	一九一五年
瑷珲	一一.七五七	六.九五二
三姓	一四.四九二	五二.八一七
满洲里	六一.一六六	五三.〇六九
哈尔滨	九〇.八四六	一五七.三八二
绥芬	八七.一二三	一一七.六八六
珲春	七.七九三	三.八六七
龙井村	六.三八二	三.八九四
安东	一〇.五八二	一八六.〇二五
大东沟	二.三〇二	八三六
大连	四一五.六四一	四四九.一六二
牛庄	二四一.二六五	三〇九.七五〇
合计	一〇八八.三五二	一.三一九.三八六

1918 年

1月13日

《民国日报》[0003 版]

西报译电　字林报十一日哈尔滨电　满洲里电称，中国税关现禁止食物由满洲输入俄国。霍尔伐斯将军遂下令于铁路局不许运载送往满洲里之食品，自税关禁令颁布后，已有人电呈北京俄公使，请以此问题归俄国买主协会居间调停。

1月31日

《新闻报》[0002 版]

哈尔滨（一月三十日到）　满洲里、绥芬河两海关，禁止货物出口，闻系领事团请求，恐接济德人。

2月1日

《时报》[0003 版]

泊格兰尼区尼亚之中国税关不许满洲运货出口至海参崴，出口货须经长春及大连以免货物入激烈派之手。天津法总领事往伊尔库次〔茨〕克道经此地，到伊后，将代表联军国说明联军国在满洲共同之行动之故及其对俄友善之意。（哈尔滨三十日字林报电）

2月3日

《神报日报》[0005版]
政府封锁满洲里税关
纳法领之请求　杜敌国之接济

中东路满洲里站中国税关禁止各货出口，哈埠华商贩运来哈之货，几无出路，故近日哈埠物价大有低落之势，探闻禁止出口之原因，缘天津法领事曾往依尔库次〔茨〕克调查商务现状，深恐满洲里出口之货有接济德人情事，故请求中国禁阻满洲货品出口云。又哈埠领事团日昨接托木斯克来电，据云西比利亚代表联合会已于正月十二号开幕，刻闻中政府因联合国之请求封锁满洲里及五站税关，西比利亚大受影响，请领事团设法疏通，以便早日解决云。

6月5日

《民国日报》[0002版]
共同通信社电　四日东京电　自今春正月来北满洲地方之货物，每恐假此送致〔至〕于德奥，故遂关闭此地税关，因此西伯利亚货物大苦缺乏，驻扎是地领事共申请其救济方法，兹经联合国协议，以伊尔库资库以东地方，凡有其他领事之证明者，准其贩运粮食及各物。日本春秋会于去一日开评议员会，以下所议决者立打电于英美两国之有力报纸，曰或有传欧战毕后日本或与德提携亦未可知者云云。然日本国民断不有梦想此等事，日本国民彻底欲确守日英同盟，奉对德宣战之主旨，惟欲与联合国共期贯激膺惩德之目的云云。中国政府顾问弗贺逊氏在旧金山语曰，联合国应使中日两国顺现战争中所当要得自由处分极东之领土，又美国政府及国民当以宽大公平待遇中日两国云云。德奥两国间此番新缔结条约，其内容曰两国为军事上目的约互相完全使用军队，两国军队合构为一军队，统一两国之军器，互换士官，德之士兵不问何时皆可以指挥奥之军队，奥之对于德亦然。而关于一切之军备，由两国参谋本部共为之云。东京商业会议所于昨日开时局调查委员会议决下二件：一中国现之矿山法有阻碍日本之投资，应向中国总商会及其他之有力者请其反省；一为计棉花持久策，一方发展朝鲜栽棉，一方与中国提携使其栽棉愈益发展。东京朝日新闻解释曰，寺内首相由来好为浪言，故其语拗卓尔克记者之失言，亦不过此浪谈之发露云。

6月30日

《时报》[0003版]

外交、内务、财政、陆军各部及海关均派代表抵此调查北满洲之现状，又有华船两艘载麦一千吨，旅客甚多自萨拉兰启碇。（哈尔滨二十七日字林报电）

8月31日

《新闻报》[0002版]

黑督鲍贵卿电　满洲里站税关，由日俄兵防护，请力争。

近代报刊东北海关资料编年（1906－1937）

1919 年

4月8日

《民国日报》[0006版]
满洲里税关停闭原因

自俄过激党滋事后，各国恐党人接济敌人民食，遂要求我政府将沿边一带税关封锁，及联军出师，党乱削平，满站之税关复开，顷据各商家接海参威电称，各国共同会议，决定将满站之税关仍行封锁，究其闭关之原因，或谓极东境内乱党蜂起，且有进据满洲里之说，封锁该关，即所以堵截党人南下，其实已说并非真相，盖从前闭关，恐党人接济德奥民食，及各种军需品。今德奥已经投降，虽有党人，亦不虞其有接济敌人情事。即谓党势又炽，不闭关恐党人荡摇我边陲。觉将关一闭，即能安然无事乎。据熟悉此事之底蕴者，谓此项问题之发生，乃国际之暗斗。盖谢米诺夫之骑兵首领，本系霍尔瓦特所委任，听霍氏之指挥。现在谢氏之兵澎涨〔膨胀〕，遂呈尾大不掉之象，霍氏极不满意。去冬霍氏受沃穆斯克政府摄政大臣阔尔察克之委任，为远东全权代表，谢氏与阔氏大起内讧，霍氏从中调停，谢氏怨其左袒阔氏，由是霍谢如冰炭。霍思有以制谢，而其兵权在握，又无可如何。去年经各国为之支配，俄满洲里之税关，归谢氏管辖，依尔古次克之税关，归谢氏为政。但现在只有华货输入俄境，并无俄货销入中国，华货出口，一在满站纳税，至依尔古次〔茨〕克即不能重征，故去岁一年，谢氏之税关已大发财源，霍氏之税关，几至一钱不名，霍氏以谢氏之经济力愈富，其权愈大，去冬又扩充华兵至一师之多。

1920 年

12月21日

《时报》[0003版]

税关近通告各使署,谓自今日起,满洲小麦、玉蜀麦、高粱、荞麦、大麦一概禁止输出外洋。后因使署交涉,改定办法,凡现有预定之粮,仍可输出,大约麦粉禁令取消时,杂粮当可有若干出口。(以上二十日北京路透社电)

近代报刊东北海关资料编年（1906—1937）

1921 年

4月10日

《新闻报》［0005 版］
满洲里海关仍未开放。

4月29日

《民国日报》［0002 版］
津海关防止满洲疫症
路透社二十七日北京电　天津海关监督请政府许其发表验视由大连、牛庄乘船抵埠之旅客命令，以防满洲疫症传入，天津领事团已加允可。

5月15日

《申报》［0007 版］
满洲境内俄税关迁出之争论
我国满洲地方，自俄人建筑中东路以后，沿线政权之被侵害者，近经逐次收回，惟满洲里及绥芬河两处之俄关，当局虽经通知令即迁出，但各方意见不同，故现在尚未实行。兹事关系国家主权，当为世人所欲知其究竟，记者特将此事经过情况，为读者一述之。

原此事发起之初，在本年三月间，哈尔滨道尹以沿线各俄机关，业经次第撤除，惟北与俄界之满洲里，与东与俄界之绥芬河两地方之税关，依然存在，商之滨江税务司，该税务司亦极赞同，于是即分电中央及吉黑两省长官，主持其事，旋得各方复电，极以为然。董道尹即通知该关，定于四月二十三日截止，此为我国官厅第一次所定强制期也。讵俄人方面闻此消息，即呈请东省铁路督办宋小濂氏，主张暂缓撤销俄国海关，文云："为暂缓撤销俄国海关事，窃本局商务处顷接绥芬站海关代理处处长电开，绥芬站海关总办准滨江道尹兼特派交涉员董布告一纸内称，满洲里站及绥芬河站各俄国海关，应行迅速移出界外等语，同时并令知绥芬站吉林交涉分局专员，设法停止绥芬站俄国海关职务。查滨江道尹此项布告，势必发生以下之结果，其利害如何，谨请督办鉴核。查中俄海关，设在一处，彼此检验货物，系同时办理，因此于开验货物时，节省许多无用销〔消〕费，并可减少包封货物之损失，存货之时间，倒换及占用车辆，且经过海关代办处代为办理时，对于检验货物交纳税金，因各路站账房交有垫款之故，均可免去货主与俄国海关许多烦杂手续。现因此项布告，俄国海关之在乌苏里界者，势必移至索斯诺瓦亚帕记（译音）地方，在贝加尔一带者，亦当移至第八十六号小站。上述地点，纯属尚未开关地方。窃查设置海关，须择铁路及货厂发达之处，并有民房以便海关人员居住，反是则诸形不利。地点既属不便，移置海关，势必甚难，纵令于充分期间内移出，尚觉为难，而况于短促期间内，更属不易办到。尤有陈者，当一九零六年在东省路内设立中国海关时，中国海关总税务司代表关诺瓦洛夫，向中国政府代表声请设立中国海关，须在设有俄国海关之处，当经认可，遂于满洲里、绥芬河各该站已设有俄国海关之处，设置中国海关，业已成立有年，今要求俄国海关移往他处，殊觉违反向来良好之成例，设使遵照前例办理，则于本路上利益，不惟可以保持转运货物之便利，且能发展新事业。惟因此项布告，一经发出，上述各节，遂至大受影响，现在铁路为恢复往爱格耳色里得（译音）地方转运货物发达起见，曾经屡次减少运费，今设将俄国关移出，势必发生种种阻碍，发货人对于往海参崴转粮，向属慎重，今因上述情形，对于运货，难免有滞碍之处，致使伊等生疑，且或殃及商业，若商人裹足不前，路务必间接受其影响，缘是谨呈督办转请中国政府各机关，对于令满洲里绥芬河各站俄国海关移出境外一节，暂行缓议，以便赤塔及乌苏里铁路，在西路界内拨备处所，以便安置该各机关，并使商界得以对于此项新办法，加以审度，以免误会，谨呈鉴核示遵，铁路局局长沃司特鲁乌莫夫谨呈。"（未完）

近代报刊东北海关资料编年（1906—1937）

5月16日

《申报》[0008版]
满洲境内俄税关迁出之争论

宋督办阅此呈文后，以撤销满洲里俄税关移出中国境外一事，前由钟督办与赤塔代表议定实行，原为主权起见，惟现据该局长呈称，查验货物种种窒碍及关系商务情形，核与钟督办二月巧电所称，俄税关驻满之意，为中俄税关同在一处，查验出入境货物商人倒车费事，不过一次，若令移在八十六号小站，须经两次倒车，商人必受损失等语，情事相符，该局长所请暂行缓议之处，不无见地，遂通行吉黑两省核办，董道尹对于沃局长之呈文，谓该局长所陈俄税关迁移至俄境，不无困难，自系实情，惟中国与他国接壤者，不止绥满两处，他处均无他国所设税关，运货商人，未闻因之裹足，兹奉部令应令迁至俄境，以维主权，自亦未便改更，如因前次协订〔定〕迁移期限迫促，一时未能拨备处所，应予以通融，应声明展缓若干时日，以便转请中央核示云云。此为滨江道尹隐示以延缓之计也，惟铁路局沃局长复有呈文一件上督办公所，文云："据满洲里税关委员报告，该站警察段长，因俄国税关应迁出中国境外，饬令税关人员于五日限内将所占铁路官房，一律腾出等情。查本年三月二十九日，局长曾以第一二二四号公文呈请钧座，转商中国官署，暂勿责令俄国税关迁出华境，一面函行吉林滨江道董道尹，谓已另禀钧座请其勿遽实行，乃竟责令发生税关人员腾房之事实，可见该站官署，并未随时奉到训示，为此呈请督办，迅与地方官署商洽，在钧座依据局长三月二十九日呈文，转行中国官署之文件，尚未准复以前，务将腾让官房迁移税关各事，停止进行，实为公使。"

宋督办又据满洲里站俄海关总办呈文云："日前本地路警向敝关要求将敝关及职员宿舍所占铁路房屋，一律从速腾让，查敝关若履行此项要求，将来铁路与西部之交通，必致一时隔绝，中国商业及东省铁路利益，势必大受损失，盖设无海关，则铁路与西部之交通，即行断绝，若建筑新关，则需时甚久，而移俄境则海关与东省铁路之关系全失，反与铁路运货有碍矣，溯东省铁路，东西两端之俄国海关，纯为铁路利益而设，乃为铁路得以随时转运货物，免去各种繁杂手续，而于纳交关税上，自设立以迄于今，海关且予半年缓期之便利，故俄国海关之设立，不但与铁路利益有关，于中俄两国商业上亦有极大关系，且向来海关之职权，只在本栈及铁路各货栈，专对于由东省铁路运往俄国之货物，始行收税，并根据现行海关法无论俄国何种军事行政各机关，并不能直接干涉海关职权，而所有海关职员，即如中国领土内之居民，完全服属于中国法律之下，毫不侵犯中国主权。依事实上而论，俄国海关对于在中国领土内之货物，根据海关章程变通办理，向来特别从轻，此种办法，为俄境内所未曾有，且敝关向与中国海关会同办理，一切于检验货物上，商人可免重复之花销，实裨益于商界非〔匪〕浅。上述各节，仍不足以邀中国之谅解，必欲停止敝关职权，则为避免影响中国商业起见，必须预先暂行停止办公，予以适当之期限，以便得在俄境建筑房舍，移交所占铁路房屋等项，与铁路清算一切，商务上繁杂账目，庶几方可，为此谨请督办从速饬知取消此项腾房要求为荷。"（未完）

5月17日

《申报》[0007版]
满洲境内俄税关迁出之争论

上述第二文，欲以消极手段，为要挟之具，此亦俄税关一种无聊之举也。又技术部为主持路务之重要机关，自俄人失势以来，技术部非常占有势力，对于俄税关迁移事，于四月六日致函各方面，并函滨江道尹文云："迳启者，协约国技术部中国长官，曾知照绥芬河俄税关长官，将该税关于四月二十三日迁移过境至索斯那洼亚，复闻中国长官拟将满站俄国税关，移至八十六号道岔。查协约国技术部受托，留管俄国铁路通车事宜，虽非自恃有质问中国长官命俄国税关迁出中国境外之权，然此项命令，定能发生以下情节，本部为维持俄国铁路通车起见，不得不起而干涉之。索斯那洼亚，即中国长官令俄国税关长官于四月二十三日迁移之处，刻下列车来往之便利，颇为缺乏，是无富余岔道，停放车辆或列车，以便查验，亦无站台或房间，以为查验之用。是以上项命令，如果实行，必致满站至海滨之车务停顿，盖索斯那洼亚既无行车及停车之利便，自无法检验货物，必俟其行车与停车之便与在绥芬河者相等，始可谈及迁移二字。满站以西第八十六号岔道，其情形相同，亦不能谈及迁移。查管理中国税关临时规章，有下列三条：

（第八条）凡迟误中俄商务之障碍，须一律除去；（第三十三条）出口货物，中俄税关会验；（第六十五条）旅客及行李，由中俄税关会验，除于索斯那洼亚暨八十六号道岔备有正当利便外，此三条中国税关规章万难办到。协约国技术部，请将限定之日期四月二十三日宽展，俾俄国官长得于索斯那洼亚暨八十六号道岔建筑房间备办查验各项利便，并祈暂勿干涉满绥俄国税务，直至备办迁移之后而后已。协约国技术部正式函请中国海关注意上述各节，凡其作为，须遵照上述之第八条，并请王博士（即王景春）速将此节转达中国长官核夺办理。本部已将上述请求展期事，通告中东铁路，并饬该路于中国境外车务利便未经备办齐妥之先，勿自满绥迁移税关，特此附闻。"（仍未完）

5月18日

《申报》[0007版]
满洲境内俄税关迁出之争论

又一千九百二十一年三月二十四日，五站俄国海关全体职员会，对滨江道尹兼交涉员董于三月十八日布告令五站俄国海关迁往俄境一节，讨论结果，公同表决议案云："查五站俄国海关，原系奉俄政府命令设立，今中国政府，驱令迁出，不独侵犯俄国国家机关，即对于条约，亦有所违背，故宜向中国政府提出抗议。"此项抗议决定送呈滨江道尹、驻哈义法日英美各国领事、东省铁路管理局、海参崴税务处长，及崴埠关监督。中国官厅接到前项来函后，均经驳复，惟内中最有价值者，为哈尔滨税务司之一函文云："迳启者，案准贵部本月六日函开，对于撤除中东路满绥二站俄国税关一事，贵部以为俄国税关，未在索斯那洼亚与八十六站设立，并执行职务以前，若将该两俄关裁撤，恐生窒碍，又称贵部当时已通告中东铁路恳其对于裁撤该两关一事，勿加参与等因，敝税务司所欲解释者，即凡未经中国与外国承认之政府，设在中国属土之机关，其撤除与否，只与中国政府相关，理宜由中国政府主政，此事自应由中国与俄国税关会商解决之，贵部对于是事之抗议，固出于欲免停滞贵部所辖俄国铁路东站货物之至诚，然贵部之请求中东铁路勿干预是事一层，窃以为有碍中国政府之主权，愚意揣之，中国属土内俄国税关裁撤后，输运未必至于停滞，至于索斯那洼亚及八十六站二处，设立俄关，需财既属不资，又属多费时日，似乎多此一举，愚意若以东部之谷乐狄可夫西部之马治斯柯亚或波斯阿数处，设置俄关，甚属相宜，其在中俄两关界线内往来之货物，可由铁路局与一方有关系之税关，将载货之车封固，以杜流弊，现因中东路与俄国各铁路，未有交换货车之条件，是中俄两国往来之货物，当于满绥二站换车。如货物有换车之必要时，可由中国税关与铁路局监视之，如以为必要时，俄国税关可派代表至中国税关共同监视之，并将货车封固。默查哈埠商界所渴望者，乃在于海关职权，集合于哈关，此种理想，不日当成事实。彼时若货物运至中国边陲，再受一番查验，殊多窒碍，于运输上始有延误之虞，故愚意宜于俄关一定之期限，以便另于俄国属土地建设税关，诚可谓一举而数善备焉，缘准前因，相应函复贵部查办可也。"

据右函观之，则知俄人方面反对之主张，并非纯粹事实，而我国当局，闻已口头允许展至五月底止，惟恐至五月底，仍须有第二次之展期，盖此为主权关系之事，然事实上仍不能不量予通融也。（完）

6月4日

《民国日报》[0006版]
满洲俄税关延不迁移，俄人借口检验货物不便

我国满洲地方，自俄人建筑中东路以后，沿线路权之被侵害者，近经逐次收回，惟满洲里及绥芬河两处之俄关，当局虽经通知令即迁出，但各方意见不同，故现在尚未实行，兹事关系国家主权，当为世人所欲知其究竟，记者特将此事经过形况，为读者一述之。

原此事发起之初，在本年三月间，哈尔滨道尹，以沿线各俄国机关，业经次第撤除，惟北与俄界之满洲里，与东与俄界之绥芬河两地方之税关，依然存在。商之滨江税务司，该税务司亦极赞同。于是即分电北京及吉黑两省长官主持其事，旋得各方复电，极以为然。董道尹即通知该关，定于四月二

近代报刊东北海关资料编年（1906－1937）

十三日截止，此为我国官厅第一次所定强制期也，讵俄人方面闻此消息，据呈请东省铁路督办宋小濂氏。主张暂缓撤销俄国海关，其文如下：

为暂缓撤销俄国海关事，窃本局商务处顷接绥芬站海关代理处处长电开，绥芬站海关总办准滨江道尹兼特派交涉员董布告一纸，内称满洲里站及绥芬河站各俄国海关，应行迅速移出界外等语，同时并令知绥芬站吉林交涉分局专员设法停止绥芬站俄国海关职务。查滨江道尹此项布告，势必发生以下之结果，其利害如何，谨请督办鉴核。查中俄海关设在一处，彼此检验货物，系同时办理，因此于开验货物时，节省许多无用销〔消〕费，并可减少包封货物之损失、存货之时间、倒换及占用车辆。且经过海关代办处代为办理时，对于检验货物交纳税金，因各站账房交有垫款之故，均可免去货主与俄国海关许多烦杂手续，现因此项布告，俄国海关之在乌苏里界者，势必移至索斯诺瓦亚帕略（译音）地方。在贝加尔一带者，亦当移至第八十六号小站，上述地点，纯属尚未开辟地方。窃查设置海关，须择铁路及货厂发达之处，并有民房以便海关人员居住，反是则诸形不利。地点既属不便，移置海关势必甚难。纵令于充分期间内移出，尚觉为难，而况于短期间内，更属不易办到。尤有陈者一九零六年，在东省路内设立中国海关时，中国海关总税务司代表关诺瓦洛夫，向中国政府代表声请设立中国海关，须在设有俄国海关之处，当经认可。遂于满洲里、绥芬河各该站已设有俄国海关之处，设置中国海关。业已成立有年，今要求俄国海关迁往他处，殊觉违反向来良好之成例。设使遵照前例办理，则于本路上利益，不惟可以保持转运货物之便利，且能发展新事业。愤因此项布告一经发出，上述各节，遂至大受影响。现在铁路为恢复往爱格耳色里得（译音）地方转运货物发达起见，曾经屡次减少运货。今设将俄国海关移出，势必发生种种阻碍。发货人对于在往海参崴转粮，向属慎重。近因上述情形，对于运货难免有滞碍之处，致使伊等生疑，且或殃及商业。若商人裹足不前，路务必间接受其影响。缘是谨呈督办，转请中国政府各机关。对于令满洲里、绥芬河各站俄国海关移出境外一节，暂行缓议，以便赤塔及乌苏里铁路在西铁界内拨备税所，以便安置该各机关，并使商界得以对于此项办法加以审度，以免误会，谨呈鉴核示遵。铁路局局长新司特鲁乌莫夫谨呈。

9月17日

《时报》[0003版]

财政、外交两部核准黑吴（俊升）请设满洲里税关。

11月4日

《新闻报》[0008版]

满洲里税关，截留振俄粮食、药品，赤塔政府要求我国放还。

12月20日

《四民报》[0004版]
大可注意日本实业组合之决议

为中国海关加税事，强求开第二华盛顿会议于东京，视满洲为己领土，果自知其非乎？

辛酉通信社云　大日本实业组合联合会，因现在华盛顿会议协议中之中国海关加税问题，于本月九日，在大阪旅馆开委员会，有如下之决议：

一、本会要求由我全权就于中国问题，更于明春在东京开代表中、日、英、美、法五国政府有实业知识经验之全权委员会议，协议关于经济之中国问题，使不止于外交家协定之提议；

二、明年在东京开会之平和博览会，对于中国之出品劝告书中，有将满洲纪入于我属领中，致抱反感，拒绝出品事，若为事实，则颇为重大之不注意，须至急采适当之处置，上禀于农商务省。

近代报刊东北海关资料编年（1906—1937）

1922 年

4月1日

《新闻报》［0004 版］

外部函阿格雷夫，请将满洲里俄税关迁出华境，以符去年黑省与俄所订中赤边界通商之规定，阿氏因回赤塔，交柏考勤办。

1923 年

10月27日

《时报》［0005版］
满洲里中俄交涉详情　俄兵侮辱海关洋员

哈尔滨通信云　现当中俄磋商会议，诩言亲善之际，吾人漫指俄人之无道，人未必信，且今年来报纸上所指赤俄无道，日必数起，读者皆已司空见惯，故骤指一俄人无道之事，虽信之亦未必为意。实则北满四围以毗连俄境，故无日不在其无道之下生活，特互市通商、与交界地点为尤甚耳。今试举一满洲里站中国海关洋员被俄兵掳去，施以虐待，及俄代表反唇相稽〔讥〕，要求三条件事，吾人现在皆知满洲里站为中俄交界地点，实则其真正交界之处，犹在满站西方之成吉思汗站，此地系去年由海关帮办马多隆、外班长马斯罗克，暨交涉局委员苏俄代表波渥林司基等交涉而承认为中国领土，本月十五日下午，新任满站海关帮办英人克罗开，率同外班长施路福，并卫弁一名，同乘汽车，巡视边界，行抵成古〔吉〕思汗城中国界边墙之内，正互相讲论之际，忽来一俄境守备边界之赤军，喝令前来，施答以不便越境，同时又来一名，以枪拟施，喝令如前，施复拒绝，马兵竟向空放枪三，其一则拟作欲击状。正相持间，后来马兵十二，以枪威吓，将卫弁枪枝解除，押赴八十六小站，克罗开语以系海关人员，并指外班长及卫弁服制及旗帜相示，请其致电本关或驻满俄代表，皆被拒。而又押至马其耶夫司噶亚站，遍搜身畔，将克帮办所带公私文件，全行搜去，然后押置一室，令静待赤塔命令解决。自七点半锁禁至十一点半，始押至八十六号小站，交中国陆军检查处掣取收条而释，解除枪械，则未交还。

此事发生后，开往赤塔之邮车，适至满站，例须关员查验，始得放行，

近代报刊东北海关资料编年（1906－1937）

而因彼等被拘，该车延误多时，及释回后副税务司正与护路司令万福麟报告并请交涉间，俄代表之函亦至，反唇相稽〔讥〕，要求三项条件：①中国官吏威迫俄军，应谢罪，殴路员者交法庭；②无故扣留邮车，应赔偿损失；③满站关员克罗开应开差等项。一时各方甚为愤慨，盖将事实完全颠倒也。交涉员程廷恒一面驳回，一面根据事实，提出三款：①俄军侮辱中国关吏，应谢罪；②发还枪械，撤惩肇事官兵；③华俄交界俄军须距华界二里外，始准设长，限期一日答复。闻交涉结果，俄代表对一二两项，业已承认，三项则尚在相持间。然官民方面，主张倘无满意答复，则必另筹应付方法云。

又京讯云　驻京苏联代表团又致二次通牒于外部，述满洲里交涉发生之情形，并要求惩办当局人员，亦可谓无理取闹矣，其文如下：据苏维埃社会主义共和国大联合代表蒲克瓦令斯基氏之详报，满洲里车站事件，发生于本月十五日，是日中国税关督办英人克乐克忒氏，与其副官俄白党马斯乐夫氏，同乘汽车，离满洲里，向第八十六十字道开驶，不知何故，两人竟驶入俄境，俄国边站以其违法越轨，当将其拘留，旋经可龙布尔区交涉员予以讯问并接得关于此事件之通报后，俄国人员即向边站总管请准释放克马两氏，违法越境问题留待异日办理，当俄员蒲克瓦令斯基氏静待总管答复之际，中国铁路□队将官田君忽令拘留沙贝加尔斯克铁路下午十点四十分离站之第三号邮车，意在借此抵制拘留关员，而同时中国警兵对该路人员，竟肆意欺凌，移离机头，开枪恫吓，拘捕车员，殴打差役，苏联道路交通委员会驻满站委员斯塔乐特路夫氏面部被枪柄击伤，当田君及中国副交涉员施肇虞在站之际，俄国代表曾当面提出殴伤证据，机师及副手等均被拘捕。机头汽锅正在发动，乃置之无人管理，其未至爆炸，实属侥幸也。各事证实后，俄代表即向中国官员磋商解决办法，结果中国当局允将铁路人员立行释放，收回拘留邮车命令，俄国代表则进行释放关员，旋俄国边站总管覆〔复〕称关员已释回满洲里，当即正式通知中国当局，俄军亦准备离站，开车之际，已娱开车时刻一小时矣，不料车甫开动，中国警兵又上前强行拦阻，车员第二次被拘，俄代表再向中国当局交涉，田施二君宣称此举乃服从中国税关之要求，当局无力制止，不久果有中国税关人员英人克拉斯氏，以税关正式公文送交车站站长，勒令再检邮车。于是有中国税关人员差役多人，登车肆意检查，近两小时之久，车中杂物，尽被倒置，车员物件亦被搜索，旅客私物，亦被夺去。时至夜深一时，中国关员知被释官员已返满洲里，始下令将车放行。本代表团对于中国当局及其雇用洋员之敌视行动，及以暴力对俄人及俄国机关解决事件之方法，特再提出严重抗议，且认外人与白党利用边境事件，希图对俄启衅，实为前所未见与不能容许之行动，他方面本代表团对于俄边吏拘留违法越境之中国关员，认为正当行为，凡违背俄国法律，未先得当局之准许而擅行越境者，今后皆出此同样之处置，犹有可注意者，即中东路人员类皆外人及白党。彼辈皆敌视苏联，且百方挑拨，造成中俄间种种纷纠是也。今次事件之解决，实赖俄方人员态度和平，对于违法越境之关员，未予按法开庭讯问而立行放释，以避免中俄发生纷纠。惟中国当局及其洋员方面之态度，则属暴力与挑拨性质，且适足以证明中东路之现况，该路迄今实仍操诸秘密敌视苏联者之手，彼辈使铁路及其附属机关，变为反俄之利器，其目的在引起中俄纷纠，造成两国敌视之空气，本代表团谨请贵部注意此种情形，本代表团对易于惹起纷纠之情形，殊难容忍，为免两国发生纷纠起见，深以为中国当局应筹划办法，以防同样事件再行发生，如再有同等事件，苏联政府势难负责，前次通牒曾请贵部惩办当事人员，贵部已作何处置，请迅予答复，邮车被中国逼遛〔留〕三小时，所遭损失，本代表团保留提出赔偿之权云云。

1929年

2月19日

《时报》[0004版]

东北日人反对输出附加税，关东厅向大连海关抗议

奉天通信　总税务司于前数日，电大连海关，谓自二月六日起，实行征收输出附加税二分五厘，沿岸贸易输出附加税一分二厘五，洋式机械制品输出附加税二分五厘等，此消息传出后，关东厅日当局，即向连关提出抗议，海关于四日电总税务司请示，复电令照令办理，于五日贴出征税布告，大连日商会，认此举有害日本在满之贸易商，遂请关东厅外事课主任铃木为主席，召集各会董，开紧急会议，以为一旦照纳，不惟在满日商受害，即日本国内实业者，亦必受影响，议决反对，电日政府向国府抗议，并电大阪、东京、神户各商会一齐起而反抗，奉天日商，于五日亦开紧急会议谓增征输出税，无异制在满日贸易商之死命，云云。林总领事于六日上午访张学良，用口头抗议，谓该输出附加税，宜急取销〔消〕，以维持日满贸易，主满洲经济界现状，张氏以东北外交，移交国府，表示不能作〔做〕主等语，又自五日以来，大连便衣日警，布满各码头及海关署，禁止商民缴纳该税，一面禁止华文报纸，登载此种事件，因是留存埠头之输出货甚多，未缴该留置于安东者，达二百余火车。长春、哈埠等日商，亦纷纷开会，反对该税云云。

1930 年

5月7日

《盛京时报》[0004版]
安东满洲里间二重关税案，满铁现向海关交涉中

陆路欧亚连〔联〕络，近来益呈密接，因之满洲通过货物税金，照供托无税办理，成为问题。查小荷物于昨年欧亚连〔联〕络会议之结果，已略见决定，预定本年会议，即行实现，至于货物按一九○九〔七〕年制定之大连哈尔滨间通过货物再输出返还税假手□，则大连哈尔滨间于输入地供托税金，再由输出地关税，领取再输出证明书，并领回供托金，无税通过。然现下陆路欧亚连〔联〕络干线安东满洲里间，因无此项便宜规定，对于初输入货物，按纯然输入品办理，征收输入税，输出时更征收输出税，因此项关税障碍，于欧亚连〔联〕络上发生极大障碍，宇佐美满铁铁道部长，现已令冲田安东站长，向安东海关税务司比赛尔开始交涉，务望安东满洲里间，亦施行大连哈尔滨间上项便宜规定，比赛尔税务司已转向总税务司请示，目下作为悬案交涉中，一般颇为注目。

近代报刊东北海关资料编年（1906—1937）

1931 年

10 月 1 日

《中央日报》[0004 版]

东北各税关无恙，但进出口停滞，税收损失甚巨

此次日军强占我沈阳及东北各要区，军事政治机关，均被破坏，总税务司梅乐和，特电安东、营口、大连、山海各关，详查有无损失情形，顷已接到各关税务司复电，除暴日军在营口关占据数小时，经交涉退出，略有损坏外，其余各关幸均无恙，总税务司除去电慰勉外，并令照常工作，但因日暴行关系，进出口货物停滞，所受税收无形损失，已在数百万云。

12 月 10 日

《时报》[0002 版]

东北伪机关如夺关税，各税关一律封关

巴黎八日国民社电　今日中国代表团宣称，国民政府财政部长宋子文，已令海关税务司，倘东北伪机关有攫夺关税之企图，则将东三省各税关一律封关，宋部长并声明税关为中国维持债务信用之主要机关，因此中国与各友邦对于东三省境内各关，皆有甚深之关切，受特紧告，倘有干涉该地各关税收情事，则由此发生之结果，日本当负责任，按宋氏此项宣言，因据日本消息，沈阳伪政府有攫夺东省关税意而发。

《新闻报》[0007 版]

东北关税问题

宋子文向国联行政会声明，关税为维持债务主要机关，倘被干涉，惟有将税关封锁，其一切责任应由日本负之

路透社九日巴黎电　满洲各口岸税收之问题，现由中代表发表南京财政部长所发之重要言论，促国联行政会注意，中国财政部长称，如沈阳新政府干涉满洲关税之征收，则满洲税关即将停闭，而由日人负其全责云。

国民新闻社十二月八日巴黎电　今日中国代表团宣称，国民政府财政部长宋子文，已令海关税务司，倘东北伪机关有攫夺关税之企图，则将东三省各税关一律封关，宋部长并声明，税关为中国维持债务信用之主要机关，因此中国与各友邦对于东三省境内各关，皆有甚深之关切，爰特警告，倘有干涉该地各关税收情事，则由此发生之结果，日本当负责任，按宋氏此项宣言，因据日本消息，沈阳伪政府有攫夺东省关税意而发。

近代报刊东北海关资料编年（1906－1937）

1932 年

3月8日

《大公报（天津）》[0004 版]
伪国拟接收东北海关

电通社沈阳七日电　安东与营口海关，虽收归新国家管理，但以关税收入之大部分已供外债担保，其与各国间之关系，颇为重大，故刻正由关系方面，组织委员会，研究办法，度至早非俟至四月一日以后，不能实行接收。

3月18日

《申报》[0007 版]
东北海关行政，未受若何阻碍

南京　东北伪国日人嗾使攫夺东北关税之企图，因国际方面认为破坏中国债务之担保，空气欠佳，已将搁置，据总税务司接东北各关税务司之最近报告，截至现在止，东北海关，行政尚未受若何阻碍，或接到非法之文件。（十七日专电）

《时报》[0002 版]
东北海关行政，未受阻碍

南京十七日电　东北伪国，日人嗾使攫夺东北关税之企图，因国际方面认为破坏中国债务之担保，空气欠佳，已将搁置，据总税务司接东北各关税务司之最近报告，截至现在止，东北海关行政尚未受若何阻碍或接到非法之文件。

044

3月31日

《大公报（天津）》［0004版］
叛逆通告东北海关，自明日起归伪财部管辖

【南京三十日下午十时发专电】东北傀儡政府实行截留关税，宋子文亟□应付办法，一面电颜惠庆转诉国联，绝不承认此种措施，一面咨请外部向日本交涉，应由日负全责。

【沈阳三十日电】伪国财政部二十八日对大连、营口、安东、哈尔滨、松花江、满洲里、绥汾〔芬〕河、珲春等海关通告，自四月一日起归"满洲国财政部"管辖，并遵照该部新订法规执行关税事务，但因种种复杂关系之故，决定暂仍援用国民政府施行之税率表，对于中国输入之货物，并暂时一律免税。

【沈阳三十日路透电】日本报纸三十日为满洲国伪政府发表下列之声明，表示该政府对于海关问题之态度，大意分三点，略谓：①凡在满洲境内之海关，应受满洲政府管辖；②海关税收已抵借外债，满洲新政府仍可将海关交总税务司管理，总税务司应随时将职员之更调，税务之增减及税则之修正报告新政府；③满洲国政府仍继续负责偿还应担任外债之部分。

4月4日

《时报》［0004版］
东北海关被夺后，四百余关员来沪，向梅总税务司报告经过

东北海关自被伪国政府派员强制接收后，所有各关华洋员司被迫离职者，共有四百余人，业已纷纷乘轮来沪，向梅总税务司报告，被伪国强制接收详情以及离职经过，奉谕留沪候示。

《新闻报》［0005版］
东北海关华洋员司被迫离职到沪，四百余人留沪候示

东北海关自被傀儡政府派员强制接收后，所有各关华洋员司，被迫离职者，共有四百余人业已纷纷乘轮来沪，向梅总税务司报告，被伪国强制接收，□□□形，奉谕留沪候示。

4月12日

《时事新报（上海）》[0002 版]
关务署救济东北海关人员
（本报十一日南京电）关务署设法救济东北海关来沪人员。

4月26日

《申报》[0005 版]
东北海关保持原有状态
南京　调查团到东北后，悉海关仍保持原有状态，日人曾图干涉，经严拒后，各税务司将款仍存中行。（二十五日专电）

5月31日

《大公报（天津）》[0003 版]
东北海关，伪国拟即接收！
【秦皇岛三十日下午六时发专电】伪国拟六月初实行接收东北海关财政权，日军在吉长线哈达湾站南钱家屯，修筑飞机场，地广一千二百顷，沟帮子飞行场已竣工，伪国辽省靖安游击队一团，扩编一旅。

6月3日

《上海日报（1930）》[0001 版]
伪国担认侵满日军军费
东北税关一律接收，大连不在其内；间岛住民要求自治，叛徒正予考虑
据满洲日报载伪国国务长官驹井，最近发表重要施政方针如下：
一、关东军军费，决由伪国负担，每月暂定一百万元，一俟财政充足，再

行增加；

二、伪国政府，决将营口、安东、绥芬河、满洲里、黑河等东北税关，一律接收，由伪国扣留关税，但大连海关，不在接收之列；

三、伪国决派领事四名，接收俄领各地原有领署，执行领事职务，苏俄当局对此，业已有非正式承认；

四、间岛（延吉地方）住民，要求自治，伪国现正考虑中。

6月4日

《时事新报（上海）》[0002版]

日唆伪国强接海关

【本报三日北平电】外息，日方因代伪国接管东北海关，分担一部外债赔款，列强不理变现，计拟使伪国采先发制人策略，强力接收海关，并声明不负外债偿还责任，以待列强及我政府向彼交涉，此议关东军部，主张最力，实行在迩。

6月5日

《新闻报》[0002版]

东北税关令拒干涉，总税务司训令沈阳等各税司，关系内外债基金不能有短绌

南京　总税司梅乐和，训令沈阳、大连、安东、山海、滨江、爱〔瑷〕珲各关税司，略谓东北关款，关系内外债基金，一有短绌，外债即不能如期偿付，牵涉各债权国利益甚巨，各税司务遵关税行政完整原则，严拒其他方面提拨税款，或扰乱税务行政独立及办事权统一，又稽核总所，亦令东北各分所，对盐税应负责缴解，不受非法侵害。

6月8日

《时报》[0002版]

谋夺东北海关，将由日人任税司

北平七日电　伪国决任日人为海关总税务司，拟即强行接收海关，伪国

已令各海关勿将税收解交我政府。

6月11日

《民报》[0002版]
日人破坏东北税关，英报主实施国际干涉
路透十日伦敦电　外交部人员，迄今拒绝讨论满洲新政府不日将任一日员充总税务司消息，孟却斯特指导报今日又载社论，评论此事，要求实施国际干涉，谓满洲税关转入日人掌握，不啻向国联大会宣布日本对三月十一日国联决议案之意旨，但国联大会不能屈服，或自打倒车云。

6月14日

《时报》[0005版]
东北税关与上海圆桌会议，英外次答议员之问
伦敦十三日电　今日下院开会时，保守党议员萨慕尔问及日本拟管理满洲税关事，外交次官艾登答称，日政府曾告知吾人，彼等与吾人同愿见中国海关之得维持完整，故日本管理满洲税关，实与此保证全不符合云，继工党议员琼司问及圆桌会议事，艾登答称，圆桌会议不在上海而改在日内瓦举行之议，无接受之可能，事前自当有秘密讨论，布置一切，如因讨论之结果而有所议决，渠意有关系之列强必能协商而将一切情形使国联知之云。（路透社）

6月16日

《民报》[0002版]
英下院质问东北海关行政
路透十四伦敦电　今日下议院开会时，某议员请外交次官说明东三省海关行政之最近情形，并询英政府是否将向东京声明，关税全数应归中国政府。外次艾登答称：东三省目前情形，于事实上，使海关行政陷于困难及失常之状况，据渠所得报告，东三省新当局并未干涉海关行政，但关于东三省各口关余解沪一节，殊感困难，于此情形之下，似不宜向东京作上述之声明云。

6月20日

《益世报（天津版）》[0003版]
东北海关，叛逆将断然接收
伪中行及支行即开始营业，与关内断绝金融交易关系

【长春十八日新联电】满洲国政府，对于关税问题，三月二十一日以①包括大连之全满洲海关及其分局，一概归满洲国管理；②输入税率及其征收方法暂照现状；③关于偿还以关税为担保之外债，满洲国由海关之收入中，依据合理的方法，与以分担之用意等为原则，于平和里进行接收之交涉。六月九日，满洲国又促大连海关长承认原案，然南京政府及总税务司，仍置之不理，因此满洲国行将取断然之态度，将包括大连之海关，全部收归满洲国财政部管辖，而树立关税之自主云。

【清津通讯】日人近因吉林龙井村海关，尚悬青天白日旗，乃唆使该地鲜人，开市民大会，假征收苛税为名，利用民众运动，谋撤该关。上月二十六日逼贴打倒该关标语，令鲜人到处演说，并召集数千鲜人，往海关举行示威运动。海关长华乐士嘱推代表面见，鲜人遂推李昌焕、郑士斌、安昌万、史廷铉等十五人为代表，告以须撤废国民政府所属之关海，改由满洲国建设，嗣后不纳税于国府所属之海关，俟满洲海关成立，再纳鲜银等语。华氏答称，贵方所说之满洲国谁肯承认，世界各国勿论，即日本政府亦不敢承认，诸位来意，待三日后再行答复等语。该鲜人旋将备就之通告文，递与华氏而散。二十九日又往海关请求，迄无要领，定六月一日，再开市民大会云。

【日文报载称】伪国政府进行废除旧有货币，实现所谓新国家之独立货币制度，已于日前成立伪中央银行，设立准备委员会，研究多日，完成货币法、中央银行法、及中央银行组织法。其总行设于伪都长春，其他各处，共设分行百七十余处，并将东北三省以外中国内地旧有分行，一概裁撤，希图断绝与中国金融往来交易关系。该行订于十五日经伪执政溥仪认可，即着手正式成立。其他支行，决于七月间一律营业。伪中央银行资本，规定为三千万元，并以八千万准备金发行二万万元新纸币。奉票概行作废，惟开业前，新纸币未能印就，即以原有东三省官银号所印就之奉大洋票，经伪中央银行总裁荣厚签名，即按新纸币通用。现伪政府已向日本造币局印制新纸币，分五角、一元、十元、及二十元四种，其中并有伪执政肖像一幅，其他补助货币，则以白铜质铸造五分及十分两种，钱中有孔，完全与日本货币无异，其股票额订为百元一张，均由伪政府保管云。

6月21日

《大公报（天津）》[0003版]
日本干涉东北海关行政
宋财长发表严正宣言，英国焦虑将来必有表示

【北平二十日路透电】为东北海关事，财长宋子文发表下列宣言：

日政府假借所谓"满洲国"当局名义，有意干涉东三省海关行政，财部对此，已迭发宣言，唤起公众注意，哈尔滨、牛庄与安东三处海关解交总税务司之税款，分别于三月二十八日、四月十六日与四月十九日，被迫停止解出，按照最近情形，更见严重，据东三省各税务司报告，傀儡政府顷正设法拨用各关扣留之收入，并扩充起侵占行为于大连，要求该埠之海关收入，且"训令"该处税务司及中国与正金□存款银行，停止解款予总税务司，该存款银行等，在日方优越势力之下，自六月七日起，即拒绝解款，查上项行动，性质愈形严重，并堪注意者，一因迄今完整之大连海关收入，占东省全数收入一半以上；再则大连原为租借予日本之中国领土，且在该处设关，中日两国间曾于一九零七年订有条约也，日方声称，所谓之"满洲国"当局干涉安东、哈尔滨与牛庄海关事，与日本无关，恐能认此言为真实者至少，但在大连，则日本更属责无可逶。盖该埠为在日本完全管理下之租借地，对于彼处海关如有任何干涉，即构成日本直接违犯庄严之国际条约也。

东省各埠海关收入总数，据已往五年间之征收情形，平均约占海关总收入百分之十五，一九三一年（民二十）东省海关收入总数为关平银二千六百零七万八千两，合银元三千九百十一万七千元。

日本及其傀儡猛烈破坏国际条约与担保，成为举世最严重之忧虑，倘令不加防阻，将树立一恶劣之先例，为中国国内外信用骨干之海关制，从此即将丧失。查向来以海关收入为担保者，不仅有主要之内外债务及赔款，即对于延未清偿之债务，包括若干铁路借款在内，中国政府亦指定关余一部为担保也。

且东省海关收入之损失，将令以关款为担保之各种债务，完全须由中国其他各埠分担，处目前经济困难情势下，中国全部，包括东省在内之全年海关收入，平均约为三万一千万元，在此数中须拨二万五千万元以上供偿还以海关担保之债务，以及海关开销之用，在全收入额中有四千九百万元之损失，其可惊影响实属无从应付。

且攫取海关收入影响所至，势必将以傀儡组织，代替东省各处海关，东省在经济方面将与中国其他部分隔绝，而将为日本之一部，一如朝鲜往例。查东省为中国输出有盈余之唯一重要区域，果如上述，则中国现时贸易之入超，情势将更形危岌。所谓"满洲国"财长于六月九日有正式公文致大连税务司，预先示意将采取自卫手段，使中国海关之完整以及其国际现状，无从维持。

国民政府以空前牺牲之力，使国家支出，能自共和成立以来，首次不超出收入范围，东省关税收入被攫，加以盐款全部，包括外债担保部分在内，既经受截，其性质之严重，殊难漠视，倘令向为中国财政骨干之关税制破坏，将发生头等财政灾祸，使中国市场沦陷，而举世亦咸将蒙受其影响。

中国海关为财政□□中砥柱之一，各友邦咸注意其能保持完整，彼等注意海关，因其为债务与拖欠之担保，彼等□且庄严担保中国土地与行政之完整，在此已为经济萧条暗影所遮蔽之世界中，对于四万万人民之财政能力，当然不能熟睹其横遭摧折也。

【上海二十日下午十时发专电】梅乐和对伪国夺东北海关，不愿表示意见，英领馆讯，英方对此焦虑，预料将来必有表示。

叛逆发表狂妄声明

长春十九日电通电　"满洲政府"已就关税自主权独立，于昨日下午三时，用"财长"名义发表声明如下：

满洲政府于建国后，即为对关税自主权独立，采取稳便的措置，而于三月二十一日向南京政府，正式作如下之提议：（一）将大连及其他全满海关，

近代报刊东北海关资料编年（1906—1937）

划归满洲国统治；（二）输入税率及其征税方法，暂照现制办理；（三）关于以关税为担保之外债偿还，满洲国愿由海关收入项下，依合理的方法分担之，但满洲国得扣留其余额；（四）海关职员暂用旧有人员，但在任命税务司干部时，须求获满洲政府之谅解。乃南京政府对上项提议，匪特置诸不理，反督劝各海关人员，于是我方遂即停汇满洲海关税收全部加以警告，但南京政府仍未反省，因之我方乃以对该问题之解决，不容再事迁延，而作断然的决意，准备完全掌握大连及其他海关税收焉，又"满洲政府"更拟于七月九日依此意旨通告大连税务司，要求其转告总税务司，应允"满洲国"之关税自主权独立，总税务司及南京政府，若仍置诸不理，然后再采取断然的措置，并警告关于此事之全责应由南京政府负之。

《盛京时报》[0002 版]
满洲国接收海关案，东京政府方面之观测

【东京十九日联合电】满洲国政府发表接收不愿与南京政府之海关等旨，预料此事，必连带承认，满洲国问题，惹起国际的一大冲动。关于此事，外务当局，以为除大连海关问题外，可及的采取不干涉的态度，关于本件，满洲国政府如与关系各国政府发生纠葛，决定完全不干预之方针。

《时报》[0003 版]
东北海关税收，年约二千余万两

中央社云　东北伪组织图谋攫夺三省关税，竟于前日以伪财长熙洽名义，发表声明书。记者昨为此事特访财政次长张寿镛氏于中央银行，叩其意见，张氏因呈请辞职，不愿有所表示，记者乃赴江海关税务司统计科探询。据该科负责人答称，东北三省海关计有爱〔瑷〕珲、滨江、珲春、延吉、安东、大连六处，每年税收约关平银二千余万两之巨云。（详数见后表）伪组织秉承日人意旨，久有攫夺企图，我财政当局对此事已定有应付办法。记者昨又往总税务司署上海办事处探询对伪组织图夺关税之态度，当由副税务司卜赛（C. A. Po-nncey）接见，据谈总税务司署系执行机关，一切均禀〔秉〕承政府命令办理。伪国成立虽已三月，但所有东北关务仍由原有人员办理，并无更动，以后对付办法如何，尚未奉政府正式命令云，兹录东北各海关最

近（十九年度）税收详数如下（单位关平两）

关名	进口税	出口税	复进口税	船钞	总数
爱〔瑷〕珲	一五六四.一〇九	六四〇四.五九二	一六〇.四七三	二九〇四七.一七〇	三七一七六.三四四
滨江	一五五九四六三.〇五五	二三九〇七八九.四七八	三八四五.七一〇	一二三七三六.三八三	四〇七九七九四.八六二
珲春	九四二六〇.六六二	四七六一三.〇八四	七七七.〇二四		一四二六五〇.七七〇
延吉	三〇六五四四.四六四	一一一二七三.四三九	七二八.二一五		四一八六九一.四二五
安东	三三四九四八三.五七四	七四一六八七.九一二	三一三六四.九六八	八一九八.八〇〇	四一三四〇五九.〇五五
大连	八二四三九三六.四五四	三九九二八八七.一七八	八九一八五.三六九	三五五〇.一〇〇	一二三三四三四八.三三三
共计：二一一四六七二〇.七八九						

张福运晋京请示

关务署署长张福运，对于伪国攫夺关税之消息，业已接到东北海关方面正式电告，定日内晋京请示，俟中央指示措置办法后，再定如何交涉现尚不愿表示意见。

日人教唆若无事

东京二十日电　路透访员今日以满洲海关问题询诸此间某要津，据答，日政府对满洲海关人员，无权过问，故大连税务司福本是否遵从长春"满洲国"当局之请，将税款停止解沪，抑仍照解，须听其自己决定。但日当局希望福本行事尽力少使日政府为难，惟无论出何行动，日本概不欲加以干涉。闻横滨正金银行现大为不安，□恐福本命其大连分行将收存之税款停止解交上海总税务司后，中政府或命正金银行收歇其在华各支行，而占有其所存税款。日政府之发言人曾谓日本之关心以海关关税为抵之债项继续照付，与其他债权国同，但信"满洲国"当局虽宣布关税自主，而仍将□税收偿付以此为抵之外债。某某数界之意，大连关税若不解往上海，则必引起关东租借地目下地位问题，即日本应否视该地为向"满洲国"租用者，抑仍视为乃中政府租出者是，政界对于此点，尚未有何评论，而日政府对于"满洲国"之海关，亦未明示态度。（路透社）

日嗾伪国攫关税，宋子文发表宣言

北平二十日电 宋子文今日发表关于东三省海关之宣言，略谓往日财政部曾一再发表宣言，请众注意日政府假托所谓"满洲国当局"，希图干涉东三省海关之行政，哈尔滨、牛庄、安东之税收，已自三月二十八日、四月十六日、四月十九日先后停止解交总税务司，最近之发展，甚至使局势更形岌危。据东三省各处政务司报告，伪政府现正在提用扣留各埠之税收，现且扩张其侵逼以达大连，要求该埠之税收，并命税务司及存储税款之银行（中国银行与横滨正金银行）停止解款与总税务司，该银行等现受日当局之控制，已自六月七日起拒绝解款，此种行动，关系更重，盖大连海关（迄今完整）所收之税，超过东三省各处所收总额之半数，且大连乃中国租日本之土地，该处海关，乃于一九〇七年由中日缔结国际协定而设立者，予当所谓"满洲国当局"干涉安东、哈尔滨、牛庄海关时，日本谓彼等乃单独行事，与日政府无关。然□者□之，但今日大连之举，日本丝毫不能有所借口，得透卸责任，盖该港乃租与日本完全由日本管理者，故干涉大连海关，实为日本直接侵犯庄严国际协定之行动。东三省各埠海关之税收总额，依近五年所收之数为根据，故占海关税收全额百分之十五，民国二十年东三省税收，共关平银二六.〇七八.〇〇〇两，等于国币三九.一一七.〇〇〇元，日本与其傀儡恣意破坏国际协定与担任，实与全世界争有关系之事件，苟不与争，则将树一恶例，而中国关内外信用抵押之海关，将自此解体矣。非待中国主要内外借款及赔款以海关为抵，而愆期之借款，内有许多铁路借款，中政府已担任以关余之一部分偿还，且东三省海关税收之丧失，将令以关税为抵之各种义务，加诸中国其他各埠，在目下经济困难之中，中国全部海关税收，每年平均约国币二一〇.〇〇〇.〇〇〇元，东三省自亦在内，其中须用以偿付关税为抵之各项及海关开支者，逮二五〇.四〇〇.〇〇〇元，今于总额内骤失三九.〇〇〇.〇〇〇元之收入，其影响之重大，实不堪应付，占据税收，其不可免之结果，将为由伪政府派员管理东三省之所有海关，令其地在经济上与中国断绝关系，而在一切目的上，成为日本之一部分，如朝鲜然，而中国目下之入超，此从〔从此〕更将增高，盖东三省几为中国唯一输出过剩之要地也。查所谓满洲国之财政部长曾于本月照会大连海关税务司，豫示渠将取自卫计划，而令海关行政之维持完整与国际□□不□问题，自民国成立以来，国民政府□一次作空前之牺牲，而得量入为出。东三省之关税全数（内有外国借款之分配）既已被占，今海关税收复被强夺，则其为害，实难估计，如中国财政命脉所寄之海关，一旦分裂，则必发生莫大之财政□□，中国之市场，将为□□间令全世界□□反响，各友邦今皆关心海关之完整，盖此为防杜财政紊乱之砥柱也，彼等关心其借款与您付借款为抵之海关，彼等负拥护东三省门户开放政策之责任，彼等并庄严担保中国土地与行政之完整，世界今已为经济凋敝而陷于黑暗矣，各友邦对此严酷摧毁四百兆人民偿债能力之举动，必不致熟视无观也。（路透社）

6月22日

《大公报（天津）》[0002版]
社评
东北海关与门户封锁

日本政府假借所谓"满洲国"当局名义，迭次表示干涉东三省海关行政。三阅月来，哈尔滨、牛庄、安东三处海关解交总税务司之税款，业已先后被迫停解，现正由傀儡政府计划扣留拨用。近又进迫大连海关，令将该关收入，停止向总税务司解送。此事牵动中国以关税作担保之各种债务，直接间接，影响中外，故国际间大为震动。财长宋子文前日发表严正宣言，英美各国，昨已纷纷表示，此诚九一八以后，最引人注意之大问题也。

自中国言之，东三省领土、人民、主权，悉被日本劫夺，纵无攫取海关之事，已无以掩其严重之形势，特以事关国际债务，外人有切身利害，特别显示锐敏之感觉，各国公众视线，因宋子文之一言，而集中于此问题，实则其事固为日本预定计划之一，行且将有进一步之措置。盖日人恒言："兹值世界经济不况，各国关税重课之际，非依自给自足之经济政策不为功；且日

近代报刊东北海关资料编年（1906—1937）

本近鉴于物资之缺乏，故日满间之关税障壁，应行撤废；自由贸易，以通有无；缔结关税同盟以交换商品原料。"由此可见，日本志在将东三省与日本，打成一个经济单位，发挥其独占利源之大野心，岂特对各国所谓门户开放，机会均等之誓言，纯是虚伪，即对在东北之中国人，亦将遂渐取驱逐态度，如近来关内人士之在东三省公私各机关者，时受干涉与搜查，甚且有非常之危险焉。日本之意志既如此，今兹企图收管海关，另派总税务司，要不过实施其预定计划之初步。夫此项问题，本由组织伪国家而来，苟根本不认有所谓"满洲国"者存在，则此问题当然责任在日本，无丝毫推诿之余地。查据报载，去年十二月六日日本内阁秘书长森恪曾有"满蒙委任统治草案"之拟定，内有一条云："独立国政府成立，即时使其接收各海关，倘有第三国反对时，由日本向各债权国提议，将中国外债划出若干，归满蒙独立国担任，日本保证本利之偿还，如此以不知不识间，使各国承认满蒙独立国。"观于此，接收海关，更为要挟各国承认伪国之一种手段，尤有根本否认"满洲国"存在之必要。按中国政府曾于去年十月二日正式声明：在日军未正式交还其所占领各地方城市以前，当地如有不合法之组织，日本政府应负其责，中国概不承认。又按去年九月二十七日驻东京中国公使馆丁秘书为东省建立共和国事，经晤日本外务省谷亚细亚局长，据称已严禁日人参与，否则驱逐出境。嗣蒋作宾公使又向日政府声明，关于满蒙计划建国事，日政府在未撤兵以前，对之应付全责。日本政府复称，严禁日人奖励支持或参与华人树立政权之策动。本年二月二十一日，外交部发表宣言，根据约法及国际各项公约，保证东三省为中国之领土，否认东省独立，郑重声明："凡东三省或其一部份〔分〕之分离或独立，与夫东三省内之一切行政组织，未经国民政府授权或同意者，一律否认之。"二月十一日国府又发宣言，声称："在日本军队非法占领东三省期间，所有该处政治组织，中国政府始终认为叛乱机关，同时并认为日本政府之变相的附属机关，对于其一切非法行为，绝对不能承认，并应由日本政府负其全责。"中国政府，此种态度，最为合理而切要，盖根本上不认有"满洲国"之存在，则傀儡政府一切的一切，皆是日本之所为，自应由日本负责任。苟各国均与中政府抱同一观点，作同样表示，则日本在东北决〔绝〕不敢如此横行，惜乎国际上只美国政府有此暗示，他国皆不为明了之声叙，今因海关问题，遽示惶急，抑知此固"傀儡的独立剧"中应有之节目，过此且有更惊人之"封锁东三省"一幕在后，国际上如不认清对手，向日本交涉，而听其装作局外人，则后此尚不知将用若干辛辣手腕，使欧美工商业者，永远屏除于东北大陆，虽欲挽救，将不可能。试观朝鲜未成日本保护国以前，京城亦设有总税务司。明治四十年，日韩新协约成立，设税关局，置于日本人握权之度支部管辖之下，以关税总长处理关税事务。及韩为日合并，全国十二处税关遂移隶于总督府。大正九年八月七日公布若干关于日本关税法、关税定率法、保税仓库法及假置场法等之特例，将日鲜经济，打成一团，使朝鲜成为日本之一部，而门户闭锁，市场独占之目的，于是完成。宋子文前日宣言内称："东省在经济方面，将与中国其他部分隔绝，而将为日本之一部，一如朝鲜。"实为必至之符，其事即在目前，故东北海关问题，仅为日本决心封锁东北，独占经济地盘之一种步骤，借傀儡政府以玩弄世界，诚哉其为狡黠，然而世界各国，又何其不智？

最后吾人愿唤起各国人士注意：东北海关之接收，实为与"独立国"相因而至之问题，其影响于中国财政经济之重大，诚如宋子文宣言所述，度为明达之士所共信。尤可怪者，中国海关制度，根据条约而来，日本应负尊重保全之责任，与英美地位无异，况有九国公约之关系，更不容加以破坏。不特此也，大连设关，系由前任驻华日使林权助与中国总税务司赫德，于千九百零七年五月二十日在北京签立协定，七月一日开关。大连为日本自中国租借之地，非东三省其他地方比，乃日本居心破坏中国关税制度，竟借口系"满洲国"事，声言不能干涉，其为遁辞知其所穷，益属腑肝如见。各国果欲使条约文字，尚有些须〔许〕意义存留，则对于日本如此狡狯手段，自应为有效之干涉，否则中国失土地，各国失市场，坐看日本所谓"日鲜满"融为一个经济单位之理想成功，世界和平，必将愈受威胁，可断言也。

《大公报（天津）》[0003 版]

东北海关问题渐严重化，美国对日又提劝告，英国国会亦成问题，字林西报谓："斥为盗劫犹属过轻"

【东京二十一日路透电】据悉外务省接到美国务卿斯蒂生交驻美日大使出渊转达为满洲海关事提出劝告之文件，因此事包括之因素，颇为繁复，外务省对于答复如何措词，显然甚为踌躇，斯氏劝告中，请日政府注意一般传称"满洲国"计划关税自主,并自行设立由日人充任总税务司之海关,并暗示此举将破坏中国海关制之完整,且违反华盛顿九国条约精神,美政府对于维持该约,具有重大之注意云。

【纽约二十一日路透电】据"纽约时报"驻华盛顿访员讯,国务卿斯蒂生氏曾于本月十日非正式向日本表示,对于满洲当局拟攫取中国海关收入事,表示美方关切。此讯顷已经国务部证实。该报称,美方抗议,系因美庚款部分以中国关税收入为担保,日方答复称,此事关系"满洲国"政府,与日本无干。查英国亦有大宗借款以中国海关收入为担保,故此间认英方提出同样之劝告,并不足异云。

【伦敦二十日路透电】议员山穆尔爵士在下院质问外长,日政府是否设法在满洲关税收入中,留出中国政府应作偿还英债用途之部分,解交迄今负征收与关税行政责任之方面。外次艾顿答称,据最近消息,在满洲海关六处中,有三处将征收之款项照常解往上海,在其他三处,则将羡余之收入,划归一停解之特别账目项下。英政府对于以关款抵押之外债,极为注意,相信此项债务之安全,迄今尚未遇损碍云。

日本尚图诿卸责任

【东京二十日路透电】路透社访员为满洲海关情形访问负责方面,据谈日政府对满洲海关人员无管辖权力,因此大连税务司福本须自行决定是否将服从长春当局请求停止解款至沪,抑继续其以前办法。希望该氏之行为,能尽量使日本政府少感窘迫,但无论何事发生,日本并无干涉意向。据闻横滨正金银行现时异常为难,显然恐福本令收存关款之大连正金支行,停止解款至沪时,中国政府将令正金在中国之支行停业,并没收其所存关款。日政府发言人郑重称,日本颇注意以关税作抵之债务,能以继续偿付,与其他中国之债权国正同。彼深信满洲国虽宣布关税自主,但仍将担保偿付此项债务,又有某方面以为大连海关不继续解款至沪,必将引起关东州租借地现时之地位问题。即日本现时是否视该地为向"满洲国"所租得,或日本是否仍视中国政府为其出租人。关于以上各点,官方迄未发表意见。在日政府对满洲海关之态度外,其对于"满洲国"自身之态度,亦未明了云。

字林西报警告日本

【上海二十一日路透电】今晨"字林西报"社评。论满洲关税情势,称

"满洲日当局为其一手造成但踌躇予以承认之傀儡（满洲国），以固执态度，作层出不穷之谬举"。对于中国海关之此种严重攻击，除非认为由于日本直接指挥外，更无待喋喋之讨论，宋子文氏之抗议，理由完全充分，希望日本加以注意，勿令时机太晚，日本仰赖中国海关制度，超乎列强之上，其此种举动，实以卤〔鲁〕莽态度，威胁此项制度之生存也。"日本之行动，似拟返回至一八四二年以前之情形，当时外国商船开入中国口岸，从未明了其应守何种规约，或处于何方权力之下。"可以进行其合法之营业。该文结束时称，"在日本指挥下之满洲国傀儡所采取之行为，斥为盗劫，犹属言之过轻也"云云。

《时报》[0002版]
日电谓满洲里海关悬伪旗
满洲里二十一日电　满洲里海关昨日接哈尔滨海关总局训令，本日改悬"满洲国"旗。（日联社）

《益世报（天津）》[0002版]
破坏东北海关行政完整，英美已向日提抗议
违反九国公约精神决难坐视，日方尚欲诿责伪国愈见其奸

【纽约二十一日路透电】美国注意日方强提满洲中国关税之举动，国务卿史汀生于六月十日向日政府提出抗议事，目下业经国务卿证实，据纽约泰晤士报华盛顿访员云，美国此次对日抗议，系因庚子赔款之美国部分，以中国关税为担保，日方答复，谓此系满洲国之事，与日本无涉，英国亦有同样抗议，无足惊异，因相当之债款，亦系由关税担任。

【东京二十一日路透电】今日外务省接到由日本驻美大使出渊转来美国务卿说帖一件，对（满洲国）干涉海关事，表示态度，日外务省接到是项照会后，有不知所措之概，因此项问题非常复杂云，据闻美照会大意，略谓近闻（满洲国）将谋自设海关，实行关税自主，由日人任总税务司，查此种办法，实有破坏中国海关行政之完整，且违反九国条约之精神，美国对于维持九国条约颇为注意云云。

【上海二十一日路透电】字林西报今晨评满洲海关情形云："满洲之日本当局借其一手造成而犹豫不予承认之满洲国，屡作无耻行动。"此种严重破

坏中国海关制度之举，完全由日本暗中指挥，不言而喻无待讨论，该报又谓宋子文氏之抗议，理由充分，希望日本及时觉悟，因日本之暴行，足以威胁海关之生命，日本所赖于海关者，较甚于其他列强云。

【伦敦六月路透电】本日众议院开会时，有人向外务副大臣爱登氏质问云，日本政府是否准备将满洲三省关款之向来画〔划〕归偿还中国对英借款本利之相当额数，仍汇交历来对于筹拨及偿还该款之负责机关，愿以消息见示，当经爱氏答称，据其所得之最近消息，满洲海关六处中之三处，其收得之关款，刻下仍照旧汇沪，而此外之三处，则将关税余款付诸暂存项下云，爱敦氏继称，英国政府对于以中国海关收入作担保之外债问题，极其注意，若谓彼等之担保已被侵害，尚无可信之理由云。

【东京二十日路透电】本社记者向某某负责方面询及关于满洲海关情形，据答云，日政府无权管理当地海关人员，最后又谓大连税务司福本，服从长春当局之请求，向上海总税务司停止缴款，抑仍遵以前办法继续解汇，由彼本人加以决定，一般希望彼之行动，总以不使日政府地位感觉困难为原则，但据云无论发生若何变化日本并无干涉之意，传正金银行此时颇感困难，显系恐惧若福本训其大连分行将存放之关款，停寄上海时中国政府或将勒令其在中国之支行停闭，提取存放之关款，继又郑重声言日本一如中国其他债权国，注意以关税担保之外债继续支付，又表示相信满洲国虽要求海关自主必能继续担保付债，某某方面认为大连关款停寄上海，必引起辽东半岛租借地之目前地位，即日本目前认该地系租自满洲国，抑租自中国政府，关于此种问题，官方尚未表示意见，日政府除表示对于海关之态度外，对满洲国本身之态度尚未表明云。

6月23日

《大公报（天津）》[0003版]

日本攫取东北关税，宋部长昨又发表宣言，满洲里税关被迫易帜！

国闻社云　财政部长宋子文以日本官吏及伪国当局，不□一切抗议与条约，近日竟实行劫取东北关税，昨特根据牛庄、安东海关电告税款被劫情况，再度发表英文宣言，公告世界，兹译录如次：

日本官吏与所谓满洲国之当局，不顾一切抗议，竟违反条约，强行劫取牛庄、安东各地所积存之关税，此项公款，已两月未解到上海总税务司。兹将该两地海关税务司电沪之报告择录如下：

牛庄税务司六月二十日电　今日有一所谓新海关监督代表偕一日本顾问携伪国财政部一函来访，"令"余交出所有存在中国银行之税款，以支票转移满洲银行，禁余将税款再汇南京，并谓如有违抗，当以敌对行为论，且将以有效方法裁制。余当时予以拒绝，但彼等均谓该款如不交出，则将强行攫得。

牛庄税务司二十一日电　所有现在中国银行之关税，均被伪国强行提去，于昨日移存满洲银行，余已向中国银行提出抗议，海关经费，未被提去，故今日能照常发薪，余并向正金银行提出抗议，要求将该行所存税款，汇至上海总税务司，该行经理已于昨日电总行请示。

安东税务司六月二十日电　今日余得此间中国银行正式通知，谓顷接伪国财政部之威吓函件后，有警察来访，勒令交出所有截至六月十九日止之关余，平常支出之零星小款，亦同时交出，余闻日顾问已电长春商量虑置此为平时流通之少数款项。

【满洲里二十一日路透电】今日满洲里海关已改悬伪"满洲国旗"因海关已于昨日奉到哈尔滨关署之命令，自满洲里海关易帜，全满各机关已无一悬中国国旗者矣。

日本掩耳盗铃，希图政治解决

【东京二十二日电□电】关于"满洲政府"接收大连关税事，一部人士，虽预测日方若予承认，势将引起英美两国提出共同抗议，但外务当局则持如下之意见：（一）此属"满洲政府"与中国政府及大连税务司间之问题，殊与日政府无关。盖在明治四十年之海关条约中，虽已载明应由有日本国籍者充任该关税务司，而使福本氏任该职，然福本现属中国政府之官吏，而非日政府所能干预也；（二）大连海关及满洲各地海关收入，系归满洲人民负担，故自征税性质言，当对"满洲政府"此次所采措置表示同情，至其最终的解决方法，现虽尚未决定，但似舍由大连海关收入一千二百万海关两中，扣除供外债担保之十分之四，而将其余额七百万海关两，归中国政府及"满洲政府"按成摊分，以图作政治的解决外，别无他道。必要时，或将因此事在北

近代报刊东北海关资料编年（1906－1937）

平开使团会议，亦未可知。

【东京二十一日路透电】据可靠讯，日政府决定调解大连海关问题，俾能和平解决，日方将建议召集一驻华列强公使会议，探求解决方法，并提议指拨一偿还外债必需数额，余款则由中国海关及"满洲国"分得。

《盛京时报》[0004版]
满洲里海关亦易帜，青白旗已绝影矣

【满洲里电】满洲里海关已于廿日奉哈尔滨海关总局调令，卸下青天白日旗，代揭以满洲新五色旗，于是在满洲国内青天白日旗，完全消影。

《新闻报》[0004版]
汪罗昨晨离平返京

宋因东北海关事改今日南下，汪表示在平接洽结果甚圆满，调查团业已开始草拟报告书

伪国劫夺牛庄、安东关税，宋发宣言痛斥破坏条约

汪等昨晨离平

北平　汪精卫、罗文干、曾仲鸣及随员等十余人，晨七时乘专车离平，各要人均到站欢送。张学良因病未到，由张学铭代送，汪到济拟分晤韩复榘、冯玉祥。

汪临行前谈话

北平　汪行前谈，顾东渡与赴东北情形不同，因东北为我领土，日为对等国，既不欢迎，自无同去必要，此种不友谊表示，诚难忍受，决训令顾勿往云。

路透社二十二日北平电　汪精卫及罗文干今晨乘专车返京，汪临行语记者云，过济时，将否停留晤韩冯等，刻尚未定，汪称，来平结果极为满意，北方经济政治问题，与张学良商榷后，已获解决云。

北平　关于顾代表是否与调查团同行赴日问题，汪院长、罗部长今晨临行发表谈话，略谓此次调查团东渡赴日，专为根据最近调查所得材料，与日本政府交换意见，以便编制报告书，自与四月间前赴我国领土之东省以完成调查使命情形不同，且中国政府与调查团交换意见，日本代表并未列席，调查团赴日与日本政府交换意见，中国代表亦原无参加之必要。

1932年

宋改今日飞京

北平 宋子文仍留平，续商华北财政，原定廿二日午离平，因雨中止，改廿三日乘机飞京。

过津时之表示

天津 汪精卫、罗文干、曾仲鸣，廿二日晨七时离平，在平津车中，汪谈此来，首为使国联调查团明了中国坚决之意见，故特偕外长北来，与调查团晤见，以示郑重。连日谈话，已将我政府意见详告，该团已明了，该团亦有请求详答之点，内容俱尚未便宣布，汪对剿匪表示乐观，对粤事认为不重大，内政难点，仍为财政，行政费缩减太过，将仍增加，三中全会，尚无确期。本预定九月举行，亦或略提前，国民参政会办法，正详审起草中，七月内定可草竣，汪之乘车归京，专为在济与韩晤谈，并拟赴泰山访冯，汪罗专车九时五十分抵津总站，停十分钟即换车头南下，约晚八时到济，当有数小时勾留。

伪国劫夺关税

北平 宋财长二十二日两发英文宣言，根据牛庄、安东海关电告，税款被劫情况，声明日官吏及伪国叛逆破坏条约，实行劫取东北关税，普告世界。

路透社二十二日北平电 财长宋子文今日宣称，东北海关事，虽叠〔迭〕经提出抗议，且此事确为违反条约协定，而日本与"满洲国"当局今仍实行强夺存积牛庄与安东之税款，宋并述牛庄、安东税务司来电之要略，牛庄之电乃六月二十日所发，内称新监督代表，今日携"满洲国"财政部函来谒，令余将存于中国银行之税项，开一支票，交付满洲银行，并禁续以税项解交国民政府，如不遵行，则将亲为敌对，而将取有力的计划云云。余即拒绝，该员乃称，将劫取税项，二十一日又来电称，所存于中国银行之税项，昨日均被用武力移往满洲银行，余向横滨正金银行提出抗议，并要求解款，该行行长，昨已电总行请示云。安东税务司六月二十日来电称，中国银行正式来函声称，六月十九日接满洲财长之恫吓函，当地警务长亦来行令勿移动税项，故已将所存税项余款交出，又所存少数海关行政费，亦经交出云。

（电通社二十二日东京电）关于满洲国接收大连海关问题，一部以为日

近代报刊东北海关资料编年（1906—1937）

本如果承认，英美两国，必联袂而向日本抗议，外务当局，关于此事，曾表示意见，分为下列二点：①此为中国政府与满洲政府间之问题，与日本无关。诚然，照明治四十年中日海关条约，系规定大连海关长须以有日本国籍之人充任之，故现任海关长，为福本氏，但福本在中国政府管理下而行动，非日本所得而知；①大连海关及满洲各地之海关收入，系满洲住民所负担，鉴于此征税之性质，则对满洲国此次处置，可表同情，但其最终的解决方法，尚未决定，从大连海关收入一千二百万两，除去外债担保四成，残余之七百余万海关两，除由中国政府与满洲国，平均分配，为政治的解决外，别无方法，甚至在北平开公使团会议，亦未可知云。

宋子文申明书

路透社二十二日北平电　宋子文今日发表关于大连海关设立之法律上与历史上之背景申明书如下：自称"满洲国"非法政治机关之代表，今图动用日本所租辽东地内大连海关之税收，如果实行，则为日本破坏与中国所订之条约义务，且将摇动海关本身之完整，而更远大之问题，牵涉辽东租借地之地位者，亦将因代表所谓"满洲国"之个人侵犯该地中日权利义务之行动而引起矣，夫所谓"满洲国"者，不过一在日本顾问指挥下之政治机关耳，辽东租借地目下虽由日政府管理，而在法律上仍为中国之土地也，此种特殊之地位，乃由一八九八年原订租约而发生，实为中国主权法令之结果，与中国东三省即满洲存在之行政体制，毫无关系，所谓"满洲国"当局对大连海关之任何干涉，皆属违反中日租地条约之条款，日奉既握租地之行政权，责当遵守原订租约中订明之信托条件，大连海关设于日政府管理之租借地内，如自称奉"满洲国"之命行事之个人加以任何干涉，则中政府将视为违反条约之条款，日本今仍占有辽东租借地，亦即根据此约之条件也，关于此节所不当忘怀者，即原订租约中规定虽行政权归属日本当局而租地之举，毫不侵犯中政府对该地之主权，则中政府之征收大连海关税，当然不成问题，查一八九八年七月六日中日条约之第五款，而于一九〇五年后约束日本者，规定中国可在边界对由租借地运入内地，或由内地运入租借地各货征收税项，此种税关，应专由北京政府管理，今谓辽东租借地乃向所谓"满洲国"租借，直为笑谈，夫所谓"满洲国"者，甚至尚未臻事实之存在，其所自称所辖之土地，尚不能管理，仅具一种飘〔缥〕渺之政治机关，其实权全操诸自称雇员之日顾问之手，此种无定形之政治机关，甚至日本尚未予以承认，彼自号"满洲国"官员之图动用大连海关税款，更足引起日本之条约义务问题，同时且危害中国海关本身之完整，此种事实，实为中外各国所不得不严重注意者也。（未完）

调查团已起草

日联社二十二日北平电　国联调查团之报告书，已由各专门家分担起草，各种事项，并加以检阅讨议，内中最重要之部门，为军队之配置及行动，其他条约附属地内之反日韩人、海关问题等草案亦已起毕，又电二十二日，国联调查团赴日路程拟取陆路，现正考虑中。

电通社二十二日东京电　国联十九国委员会，行将于二十四日左右，在日内瓦开会，待将中日问题调查团提出调查报告书之期限，决定延长后，似于数日中将继开国联临时总会，据日外务省所接之报告，其期限有四个月与六个月之说，因须参酌小国方面之意见，故其延期似将不附时限，然根据报告书讨论中日问题之十一月之临时总会，似不致变更。

6月24日

《东方日报》[0001版]

对于满洲国政府接收大连海关一事，英外部宣称，未接任何消息，此事若果属实，则英国自必立即干涉。下议院有人质问此事，外部次官艾登答称，外部尚未接到足以证实此项消息之报告云，情形殊为可疑。（□）

《益世报（天津版）》[0002版]

为东北海关事，外部提抗议，同时提诉国际联盟，英当局尚称未接扣留报告

【南京二十三日专电】外罗在平以日本唆使叛逆劫夺关税，已向日代使矢野提严重抗议，并照会各关系国公使抗议，照会原文，敬（二十四）由外部发表。

【日内瓦二十二日新联电】国联中国代表决定二十三日，向国联提诉满洲国攫取大连海关问题。

【日内瓦二十二日路透电】满洲国截留大连中国海关税款一事，将由中国出席国联代表向国际联盟会提出。

【伦敦二十二日路透电】自由党议员满德尔，本日在众院对于满洲海关问题提出质问，询及对于满洲国所出之威胁办法，现在之实况，英外务副大臣爱敦氏答称，至于满洲国提出任何提议一节，彼无所闻，至于实际情形彼未能于业经答复者外，再续行申述，彼又宣称，外务部方面对于报纸所载满洲国已强占海关一说，未接报告以征〔证〕实之云。

6月25日

《大公报（天津）》[0004版]

满洲里海关易帜

【哈尔滨二十四日下午二时一刻电】日本军队开抵满洲里，彼间关海已易"满洲国"旗帜。

《中央日报》[0002版]

东北海关问题愈严重，梅乐和免日税司职

因福山违抗总税务司命令，今后偿外债将生严重困难

（中央社）东北伪组织受日本指使，已开始支配东北海关之收入，并进而干涉大运〔连〕海关，同时复迫令存储关税之银行停止向总税务司解款，其破坏中国关税主权之种种非法，财政部宋部长两次宣言指陈极为详尽，兹悉外交部方面关于此事，亦提出严重抗议云。

中央社上海念四日路透电　总税务司梅乐和已商得宋财长之同意，将大连关税务司日人福山免职，因彼拒绝向上海汇交款项，梅乐和其后发表谈话，谓若关税问题，无办法，则赔款及以关税为担保之外债，皆将受影响云。

中央社上海廿四日路透电　总税务司梅乐和，关于大连海关事发表下列之谈话："伪满洲国"取缔满洲境内海关，向上海汇款之禁令，及最近扣留关税之举动，已令关税大形减少，对于赔款之支付，及外债之担保，均发生不敷分配之影响，加以目前之普遍经济不振、关税大减、近又发生截留税款之事，若满洲关税问题，延不解决，则对于履行偿还外债，将发生严重困难，同时大连税务司日人福山之行动，更令财政状况趋于严重，因彼竟拒绝接受总税务司令，彼转令存款银行，向上海解款之命令，福山谓彼已奉到关东厅外事课长川井之通知，谓若在此时汇款赴沪，殊有仇视"伪满洲国"之嫌疑，若"伪满洲国"采报复行动，必对日本在关东州之利益多有危害，故最好之办法，为将税款停止汇解，俟问题解决时再议云云。予（梅自称）于接到此特殊之消息后，即立电该税务司对其消极主张，加以驳斥，并令彼立即将款汇沪，否则以反抗命令论。乃该税务司于接到此电后，竟为下列之答复，彼称余此时，只能采消极态度，余个人深信同时余亦接到日本负责当局之警告，谓若大连海关与"伪满洲国"当局发生冲突，则对日本利益，殊多不利，若迳由余一日人而造成此项裂痕，殊属不可，且与余之良心违反，故余深盼总税务司能谅解余担负此种责任之不可能也云云。余接到此电后，即商得宋财长之同意，将福山免职，查该日人之不服从合法命令事，在有海关史以来，尚属第一次也云云。

沪银钱业宣言

中央社上海二十四日路透电　上海银行公会、钱业公会，及全国商联会今日对外发表下列宣言："日本假手其一手造成之傀儡政府，扣留满洲关税，不但直接破坏现行条约，且对中国之政治财政，加以威胁，满洲之关税，占中国全部关税总额百分之十五，而此款又为中国内外债之担保品，若此种截留税款果令其实现，则必将引起不幸之结果，同时促成中国国内长时间政治财政之纷乱。

为条约之尊严计，为各国对华之财政关系，及国际贸易计，吾等特要求各大国，对于日本之愚笨行为，加以制止，俾免中国愈趋纷扰"云云。

6月26日

《大公报（天津）》[0003版]

对东北海关决计维护，必要时不惜任何牺牲，日本对免福本事反提抗议

【南京二十五日下午十时发专电】财界息，政府对东北海关，决力图恢复常态，必要时不惜任何牺牲，即封闭各关亦所不辞，因此所受损失，应由日本负责。

近代报刊东北海关资料编年（1906—1937）

【东京二十五日路透电】日政府为大连税务司福本免职事，向中国政府抗议，谓为违犯一九〇七年协定第三条，按照该条规定，大连税务司之任免，须先征得关东长官同意，日本抗议华方所采独断行为，并蔑视现时在平进行希图和平解决之谈判，日本对今后发生之任何事件，须中国政府负责云。

【东京二十五日路透电】官场得悉，"满洲国"如遇大连海关拒绝将收入解交长春时，确拟在关东州边界瓦房店，设立海关。据称日官场对此讯，甚为惶惑，因如此则将征收两道关税。但据非官场方面观察，福本免职，日方更可进行与"满洲国"谈判整个东北海关问题，故日方对中国政府有今后发生任何事件须由中国负责之暗示。据闻日本在国联调查团报告发表前，不至承认"满洲国"，但预料内田就外相职后（大概为七月五日），其第一举动，即将发表宣言，说明日本对满之目的与意向云。

伦敦二十四日路透电 伦敦"经济新闻"鉴于此次"满洲政府"截留大连关税，显系得日本许可及默认，以及将来容或发生间接结果，引为可悲之事，该报称，此举势必惹起中国国内各省不满，使彼等效尤满洲前例，而截留中央政府收入，查海关行政之统一，乃维系国家分崩之连索，任何进一步之破坏，类如关税收入归地方截用，将贻中国政治上经济上莫大之害云。

《盛京时报》[0002版]
满洲关税独立问题，梅乐和亦发表声明

【上海二十四日电通电】总税务司梅乐和氏，本日发表声明，略谓满洲当局，对于关税收入，送致上海，加以限制，因没收各地关税收入，以致偿还以关税为担保之赔款外债，发生非常障碍，当此一般贸易不振，税收激减之时，如满洲海关之□局延长，则此等义务，履行困难，且关税担保之内债，亦濒于危险等旨，同时发表福本大连税关长未履"行急速寄存保管银行之税收"之命令，经宋子文许可，罢免福本税关长之旨。

《时报》[0005版]
日方指使实行攫夺东北海关，日当局反向我提出抗议
全是日人捣鬼

二十五日大连电 大连海关，因在关东厅（日设）之行政（租借）区域内，故"满洲国"之大桥（日人）"外交次长"，致牒与关东厅如下，"满洲国"将以实力接收大连海关，希与以协力，不设能协力时，则请默认该接收行为云。（电通社）

大连二十五日电　海关总税务司梅乐和，以大连海关税务司福本（日人）不服从税收汇解命令，将其免职，福本正与"满洲国外交部次长"大桥忠一协议对策。闻"满洲国"不问税务司之更迭如何，将强制接收，故大连海关之接收问题，有益趋纷纠之势。（电通社）

东京二十五日电　闻"满洲国"当道现切实准备，如大连税款不解交长春，即在关东租借地边界瓦房店地方设立税关，非官场之注视时局者，以为大连税务司福本之褫职，适闻日本向"满洲国政府"谈判东三省税关全部问题之门云云。（路透社）

开始强夺各关

大连二十五日电　"满洲国"当道已开始接管满洲各关，惟大连关除外，大连税务司福本免职后，海关各日员决计一律辞职。（路透社）

日方反提抗议

东京二十五日电　海关总税务司梅乐和得宋子文许可，二十四日将大连海关税务司福本免职，日外务省本日训电守屋代理公使向国民政府提出严肃抗议，其内容略谓，明治四十年关于大连海关之协定第一项，规定大连海关长以有日本国籍者充任，第三项规定，大连海关长之调任，由总税务司预先通知关东长官，然国民政府今此免福本职，未经如上手续，违反协定，日本政府关于"满洲国"接收大连海关问题，始终尊重中国海关制度之保全与外债担保之确保，而在"满洲国政府"与总税务司之间极力斡旋，国民政府蔑视日本政府如此立场，出于此种暴举，如此后大连海关发生任何问题，由国民政府负一切责任云云。（日联社）

福本发表强辩

大连二十五日电　大连海关税务司福本今日发表声明书，谓渠之拒绝汇解关税至沪，非奉"满洲国当局"之命令，如渠将关税解沪，则二重关税，必不可免，势将引起国际严重纠纷，为免此可能计，乃取渠所视为最佳之步骤云。（路透社）

大连二十五日电　大连海关税务司福本（日人），昨日下午，接得上海总税务司梅乐和免职电报,即将一切事务交高级职员中野代办,福本本日谓,电文未述革职理由,据余想象,或因停止解款以致违反命令,余想解款之结果,惹起国际问题,故采临时应急之办法而已,税务司之革职,从来未有此例,今后无论何人调任事务,不免发生纠纷云。(日联社)

财部应付方针

南京二十五日电　财部息,政府对日人指使伪国□收东北各海关事,决以一贯□□,□□□有□□,必要时,不惜任何牺牲,即封闭各关亦所不□,而因此所受一切损失,应由日人负完全责任。

《锡报》[0002 版]

日方劫夺关税邮权,积极实行

大连海关扣留关税,东北邮员被迫离职

东北海关均封闭,大连税务司撤职

【北平今晨一时本馆专电】总税务司因大连税务司福本,违抗命令,扣留关税,财部二十五日命令撤职。

【又电】东北邮务人员,因不堪日人压迫,络续入关者,已二百余人,据谈,日人命伪国限制邮务职工,须遵守之条件:①入伪国籍;②效力伪国,遵奉一切泄令;③填写志愿书,永远不泊漏伪国对外事件。

【南京今晨二时本馆专电】财部息,东北海关因日嗾伪国,实行劫夺关税,财部决令一律暂行封闭。

6月27日

《民报》[0002 版]

日嗾伪国,实行接收东北海关

关系各国将提抗议,外部复日抗议已发

本报念八北平电　外息,叛逆受日方嗾使,实行劫夺大连海关以外之各海关,所有日籍关员二十六日总辞职,表示与福本同进退。计此次接收之海关为营口、大连、安东、哈尔滨、珲春五处,及分关二十九处。

路透念六南京电　闻外交部已答复日本抗议大连海关日税务司免职事,

该文乃于昨晚送交此间日总领事，内容未经宣露。

本报念六南京电　英美法意等国以东北海关被日本指使攫夺，日内将分别向日抗议，应立予制止。

伪国夺税已遂

路透念六大连电　存储大连海关关税，以待争端解决之银行，将于"满洲国"之命令，于明日以税款缴付"满洲国"。

日联念五大连电　"满洲国"财政部二十五日开始接收大连海关以外之各海关，其所接收之海关为营口、安东、哈尔滨、晖〔珲〕春、爱〔瑷〕珲等五关及其分关二十九所。

路透廿五哈尔滨电　此间人士皆料"满洲国"当局将于八月一日或七月一日接管东三省税关与邮政哈尔滨税关及在北满日军与"满洲国"军势力所及各处之分关，连满洲里在内，现仅悬税关旗，中华民国旗或"满洲国"旗皆不悬挂，惟中国义勇军管辖境内之税关，则仍挂民国旗。邮局现照四月念七日"满洲国"当道与沈阳邮政司所签立之协定办理，该协定规定在交涉未经长春与中国邮政当道解决以前，邮政仍维持现状。

电通念六大连电　日政府对满政府接收大连海关之通牒，以为若反对则将另在瓦房店设立新海关。日本之意以为：（一）在大连、瓦房店二处征税，则为二重课税；（二）因二重关税，故各商之货将不经大连而由安东、营口进口，满铁将大受打击，大连必致衰败，故日政府与各关系方面，皆颇重视云。

日人阴谋毕露

华联念六东京电　满洲伪国侵夺海关之宣言，全系日人手作之把戏，为伪外次大桥忠一与伪财政部税务司长源田松三秉承本庄之意造出之问题，而外交部乃借口为政治解决，强迫各国承认其手创之伪国，日人心目中之政治解决方法早已自供出，伪国十八日发宣言，而十九日大阪每日新闻则登载外交部解决方针如下："最后之解决方法虽未决定，但现时所讲究中之办法，日本希望在北平开公使团会议，大连海关所收之关税年有一万二千万关两，其中欲清还外债者有四千八百万两，所剩七千二百万两，以按分比例分给伪国与中国为政费之用，在实质上使各国承认满洲伪国，日本当然积极援助满洲伪国，但各国是否能原谅日本之袒护满洲伪国，还是一个问题。"可见日人指使伪国夺海关之真相，而且非在指使之程度，事实上全出于日政府之意，源田及大桥均为日人官吏，现时源田、大桥、福本与日外部之要人在大连商议侵夺海关措置问题，便可明白此间之消息。

总税务司声明

路透念六上海消息　海关总税务司梅乐和爵士今日午后发表声明书如下，外传日本政府宣布大连税务司福本之免职，实背一九〇七年大连条约第三款，有以此事询诸总税务司梅乐和爵士者，据称，海关当局之免福本之职，并未违背该约，且不必商诸关东政府，兹为明了起见，特将该约首三款照录如下：（一）大连海关税务司或长官须用日籍之人，总税务司于任用新员时，将与北京日使署商得谅解；（二）大连海关各职员照例应为日籍，惟在陡然出缺，或暂需职务时，得临时派他国国籍人员至大连；（三）总税务司更动大连税务司，将先通告租借地长官。爵士谓观此可知在实行第三款之前，须先履行第一款，凡更动大连税务司，向例在未与日使署协商而经同意之前，从不照会关东当局，福本之继任者，今已委定，俟得日使署之同意后，自将依照第三款通告租借地长官。爵士又谓福本之违抗命令，此种行动，在海关历史上实从来所未有云。

哈税务司尽职

路透念六哈尔滨电　今日午后哈尔滨税务司与海关监督及"满洲国"财政部日顾问会商，请其为"满洲国"服务事，当经切实拒绝，并称渠决不交让海关，亦不准"满洲国"以任何压力加诸其职员，嗣关监督与日顾问通告该税务司，谓"满洲国"拟接收海关，海关现已悬"满洲国"旗。

大连日员去职

路透念六大连电　大连海关各日员均已辞职，今日宣称，因南京政府拒绝福本调停由南京与"满洲国"商订妥洽办法，故拟为"满洲国"海关自主工作云。

电通念六大连电　大连海关之中村副税务司以下六十五名之关吏，今晨十时电中国政府，提出辞任，限今日与中国断绝关系，并声明自二十七日起，投奔满洲海关云，又总辞职之理由系，此次免职之福本税务司，为二十七年之忠实关吏，而中政府竟突然免职惩戒，赛日人所不服，且中政府有失日人间之信赖云。

《锡报》［0002 版］

日对满侵略积极进行

嗾令伪国强制接收海关，实行改派东北外交官吏

准备与伪国订关税同盟，日法合作准备租借东铁

日嗾伪国强制接收东北海关

安东等四关已被接收，一律强迫改悬伪旗

接收大连关临时中止，密定狡计脱卸责任

【北平】伪国扣留东北五海关税款后，尚不满足，二十五日，开始强制接收各关，命一律改悬伪旗，并由伪财长熙洽，伪财务次长日人原田松平，发布命令，对各关税务所以次人员，威吓备至，须脱离中国，服从伪国者，方准继续服务，至各关人员，咸感服困务〔务困〕难。

劫夺大连关，日另定狡计

【北平】安东、牛庄、珲春、哈尔滨四海关，二十五日均被伪国强制接收，大连关接收时，经日满铁总裁内田与伪财次长日人原田等秘密会议后，临时中止，闻日人因惧国际干涉，为避免责任计，内田等对大连关，已预定采取下列两项手段：（一）嗾使该关日职员，借口反对福本撤职为理由，立即总辞职，使该关关务停顿；（二）由伪国在瓦房边设海关，替代大连关，内田准备俟此事办妥后，即返日就外相职。

福本免职后，日关员总辞

【大连】伪满洲国当道，已开始接收满洲各海关，惟大连除外，大连税务司福本免职后，海关各日本职员，决一律辞职。

日对我抗议，决置之不理

【北平】外部因日本嗾使伪国劫夺关税提出之严重抗议，二十六日晨，由日使馆转电日政府。

【东京】中国关于东三省邮政之抗议书，迄今尚未送日，闻日政府已决议置之不理，日政府表示，日本不能干涉东三省当局行政及邮务。

外部照会国联及公约国

【南京】外部二十六日照会九国公约国，除中日二国外，计七签字国，照会内容，谓日本嗾使伪国劫夺东省关税，破坏九国公约，一切行动，为侵碍中国行政完整之非法举动，同时并照会国联各会员国，请严重注意。

日方与伪组织将订立关税同盟
日方商品出入均得完全自由，华货输入东北决抽高率关税
实现经济合并之亡韩故智

【上海】据本埠日商业会议所传出消息，日方利用所谓"满洲国"名义，接收东北各地海关后，拟进一步，借"满洲国"与日政府订立关税同盟名义，实行经济的合并，该项计划，可于七月中实现，实行之后，满洲与日本各地之间，货物之输出输入，均得完全自由，毫无关税及其他税捐之障碍，以实行经济侵略，此种政策，完全蹈袭亡韩故智，本埠日贸易商，纷纷派员前往满洲各地，设立贸易机关，经营满洲方面贸易商务者顿增，此节预见日满关税同盟行将实现，至于实行所谓日满关税同盟后，对第三国货物输入，为避免列国干涉起见，决暂按照实行税率征税，惟对中国本部，认为无条约国，决征收高率关税，国货输入东北，行将告终。

《中央日报》[0002版]
东北海关全被劫夺
叛逆伪令移交大连海关存款，日人嗾使叛逆破坏海关行政完整

中央社大连廿六日路透急电　根据伪满洲当局之训令，银行所存大连海关之款定明（二十七）日全数移交与伪满洲当局。

中央社北平廿六日电　外息，叛逆受日方嗾使，实行劫夺大连海关以外之各海关，所有日籍关员，宥（廿六）总辞职，表示与福本同进退，计此次接收之海关，为营口、大连、安东、哈尔滨、珲春五处及分关二十九处。

中央社大连廿六日路透电　大连海关全体日员总辞职，并发表宣言，谓将与满洲当局协力计划满洲关税自主事宜，彼等称前大连海关税务司日人福本欲调解满洲与南京间之争执，而竟未邀总税务司之赞同云。

中央社大连二十五日路透电　"满洲"当局，已着手接收满洲各地之海关，大连海关未动，因税务司福本被免职，大连关之日本职员，均准备辞职。

中央社哈尔滨二十五日路透电　满洲邮政，仍根据四月二十七日邮务长与满洲当局在沈阳拟定之办法，暂维现状，至邮务总局与长春间接洽妥善时为止，哈尔滨海关及满洲北部满洲里等处之海关，仅悬海关旗，此间预料满洲当局，至迟于八月一日或迳于七月一日接收邮政及海关云。

梅乐和对福本事宣言

中央社上海二十六日路透电　关于日本抗议大连海关税务司日人福本免职事，总税务司梅乐和，今日（二十六日）下午发表下列宣言：

"海关当局免福本职事，并未违反一九〇七年协定之第三款，且无与关东军长官商谈之必要。为明了此点，该协定之三款应说明如下：

第一款，大连海关税务司应为日人，总税务司另委新人时，须先征求日本驻平使署之同意；第二款，大连海关职员应为日人，但如临时有缺或暂时为海关事务起见，可暂时委他国人去大连充任之；第三款，在更换大连海关税务司时，总税务司应预先通知关东行政长官。在履行第三款前，须先履行第一款与第二款，按惯例在与日本驻北平使馆商谈前，向不通知关东行政长官。海关当局已拟定福本之继任人选，日本驻北平使馆同意后，总税务司当根据第三款通知关东行政长官也。福本抗命，不接受总税务司之训令，实为海关历史上破天荒之行为。"

国人勿放弃责任

外交须以实力为后盾，某要人昨对记者谈话

本社记者以日本首相自斋藤继任，所谓满蒙政策，日趋积极，议会决议承认伪组织，更显系破坏九国公约。亚东风云，日紧一日，爰于昨日往访某要人，据其谈称，自日本议会决议承认伪满洲国后，更嗾使叛逆傀儡，攫取东省关税及邮权，日昨更盛传将增调十二师团入占平津，狼子野心，完全毕露。值兹国亡无日，河山不保，吾全国民众，应如何卧薪尝胆，举国一致以与暴日作长期抵抗，实行收复失地，不谓一般国人，咸注重于外交上之有无办法，实属太放弃国民责任，今之所谓外交家，即古之说客策士，苏秦张仪，可谓善于游说，长于折冲者，然使苏无强秦，张无六国，纵有舌剑，亦无所用之，盖外交仍须以实力为后盾也。德法之役，法之劳伦亚尔塞斯被德强力占领，斯时未闻法人曰，外交已无办法，或此为外交部事，举国一致，惨淡经营，养精蓄锐，誓必收复失地，大战以后果达目的。中外史乘可为殷鉴，国人对外心理，数十年来曾经几次激变。约略言之，鸦片战前为轻视，战后则为怕惧；拳乱之前为仇恨，乱后又为阿媚；至于今日，则纯为依赖。是国之未亡，而心已亡矣。今兹东省关税、邮权决非宣言所能保留，大好河山，更非抗议所能收复。惟有全国一致，誓以热血坚持忍耐，积极抵抗耳。

沪案协定，未曾辱国，不知者尚以为或系外交运用所致，实则倘无十九路军第五军三十三日之拼命，我外交当局断不能却敌一步，遑论完全撤退。今日报载日金百元仅合美金廿五元，日币惨跌，足证其国内经济之恐慌，倘吾人抵制日货，到底坚持，将更促其崩溃，当此危急存亡之秋，亟盼国人勿稍存依赖，侥幸之心，负起救国责任，与敌抵抗到底，则还我河山，正有日也。

6月28日

《国民导报》[0002版]
东北海关被日方劫夺后，我国又提严重抗议
日政府对大连海关事盼与我成立谅解，哈海关英税司不屈坚拒伪国派员接收
我外部对日又提出严重抗议

南京二十七日电　日本利用东省伪组织，先后干涉东省各海关事，经我外交当局严向日本抗议，业已屡志前报，兹闻外交部又于二十五日照会日使，提出严重抗议，略谓查大连海关，位于大连租借地，此项租借地，其主权仍属之中国，且光绪三十三年，中国总税务司与日本林公司曾订有大连海关协定，故总税务司对大连关所规定之税则，及指定存款银行，确定汇款办法各节，均与其他各海关同样办理，日本政府今乃不顾其条约上应尽之义务，一面嗾使东省伪组织与安东等处海关，一面复嗾令大连关日税务司，向总务司行贿税款，借以破坏中国在东省及大连关税主权之完整，应响中国内外债之担保品，此种举动，显违国联盟约，国联迭次决议，九国公约，及其他有关系条约之各规定，自应由日本政府完全负责，中国政府除保留要求各该关损失赔偿外，相应提出严重抗议。

福本被免职后，伪国仍命继任

东京二十七日电　大连报载，福本准备于今日起开始为满洲征收关税，但据外务省发言人称，日政府仍盼能与中国政府对大连海关成立谅解，故暂时大连海关税收，尚不向满洲汇解，福本已奉满洲令委为大连关税务司。

伪国凭借武力夺我东北海关

北平二十七日电　叛逆警察，二十五日夜半强占哈海关，改任英人古比尔为税务司，二十七日接事，原有高级人员均被监视，并迫令交代，其他安

东、营口、珲春各关,均于二十六日下午先后接收,安东关税务司系美人。

哈市八区海关竟被逆警包围

哈尔滨二十六日电　星期六午夜,哈市八区之海关,突被警察包围,警察中有一日人、俄人三、华人十三,彼等待税务司不在部时,竟侵入海关内室,其后税务司得电话通知,即赶至询问究竟,乃该日警察已遣〔潜〕逃无踪,而其余警察,亦不能提出包围海关之理由,现已成僵局。今日下午,税务司与某日本官吏讨论此事,该税务司发表声明谓,彼对海关职权,全部忠于中国海关,决不受外界之鼓〔蛊〕惑。又电,今日下午,关监督及财厅日顾问谒税务司,请彼加入满洲海关服务,当被拒绝,该税务司要求对哈关之职员,不得使用压迫,其后关监督及日顾问即通知该税务司,谓满洲即接收该关,现哈尔滨海关房顶,已悬满洲旗。

哈海关英税司,坚拒伪国接收

天津二十七日电　哈电　叛逆派警于二十五日深夜,将哈海关包围袭夺,二十六日已悬伪国旗,二十六日下午,税司英人白雷特莅关,伪顾问日人声明拟接收之意,并请其仍供职,经坚拒并声明决不移交,又不许胁迫关员,日人无法,称拟另行组织,闻安东关亦将被袭夺,该税司为美人。

伪国对海关事,表示顽强态度

长春二十六日电　今日据日人方面传出消息,满洲对于关税问题,主张坚决,并不因南京政府态度强硬而稍改变,满洲财政部附税司司长日人,已于今日统统赴大连,闻满洲当局,已决定若不能接大连海关,即将在与关东州交界处之瓦房店,设满洲海关,以为最后之手段,该地海关建筑费预定二万日金,一切筹备手续,均已完毕。

《时报》[0005版]

东北海关均被劫夺

哈尔滨税务司英人波拉地不从伪命

大连已免职之日人福本任伪职

外部公表抗议照会

南京二十七日电　外部二十七日公表关于日本嗾使东省伪组织干涉大连海关,迫令存放税款各银行停止向总税务司解款一事,已由部于二十五日晚照会日使，提出严重抗议。略谓，查大连海关位于大连租借地，此项租借地，其主权仍属诸中国，且光绪三十三年中国总税务司与日本林公使曾订有大连海关协定，故总务司对大连关税规定税则及指定存款银行确定汇款办法各节，均与其他各海关同样办理。日本政府令乃不顾其条约上应尽之义务，一面嗾使东省伪组织干预安东等处海关，一面复更令大连关日籍税务司向总税务司停汇税款，借以破坏中国在东省及大连关税主权之完整，影响中国内外债之担保品。此种举动，显违国联盟约、国联迭次决议、九国公约，及其他有关系条约各规定。自应由日本政府完全负责，中国政府除保留要求各该关损失赔偿外，相应提出严重抗议。

福本免职日反抗议

南京二十七日电　驻京日领事上村仲一，二十七日晨十一时，赴外部递送关于福本免职抗议，由外部国际司长接见，闻日方抗议内容，略谓根据中日签订大连海关协定第一条，大连海关长以有日本国籍者充任，及第三条该关长调任须由总税务司预先通知日本在关东最高长官，今中政府未经上项手续，罢免福本职务，认为违反协定。闻罗文干接到抗议，以日政府不顾福本破坏中国海关制度完整，与蔑视事实，谬误已极，拟即日提出答复其抗议照会，又外交界某要人谈，福本为中国雇用官吏，其去留中政府自有主权，且福本之罢免，系因帮助叛逆，劫夺海关，破坏中国海关完整，福本实为罪魁，福本违抗总税务司正当命令，已将中日签订之大连海关协定破坏无遗，中政府褫夺其职权，另易新人，日本政府实无置喙余地。

大连税司已提继任

北平二十七日电　日使署发言人今日宣称，关于大连免职税务司福本继任者一事，目下海关当局尚未与日使署开谈判或谈话，又称关于此事，尚未接得一字，新员姓名亦未经提出。（注）路透社得悉，新员姓名已于上星期六日由总税务司向驻沪日使署一等秘书提出矣。（路透社）

大连海关税务司福本，因抗命被免职后，总税务司梅乐和，□与宋财长商定继任人选，即由总税务司照会日公使馆驻沪办事处征询意见，记者昨访梅总税务司，探询一切，据云渠现尚未接到答复，故不知其情形将如何。新继任人选，现尚不能发表。嗣据探悉，其继任人选，并非猪熊氏，因猪熊税务司，现尚在日，大约将属日松津田，或北代继任云。（日联社）

假手叛逆发表伪命

大连二十七日电　福本税关长，昨日接到"满洲国财政总长"熙洽委以大连海关全权之任命电报，福本决定承诺，从本日起，为"满洲国"之税关吏指挥日本职员，执行大连海关之事务。（通通社）

武力劫夺哈埠海关

北平二十七日电　二十五日夜半，伪警察数百人，多数为日人及白俄人，包围哈埠海关，强行占领，时税务司英人波拉地，及高级关员均下班，在住守内受严重监视，不许行动。伪警出示伪国命令，改任英人古甑尔为税务司，二十七日接事，令即办理交代。闻伪国于数日前通知波拉地，欲接收该关，并令允继续服务，波拉地拒绝，故用武力强迫。伪警侵入后，深夜改悬伪国旗，留居海关住守之华人关员，均被迫服务。安东、营口、珲春各关，均于二十六日下午先后强行接收，安东关税务司系美人。

哈尔滨二十六日电　此间海关，今日被警察包围，税务司白莱约翰未在关内，警察十九名，计华人十五名，俄人三名，日人一名，旋即入内，占领海关，税务司闻讯赶到，责问警察依何权限，有此举动，警察未能答复，其中日人一名，乘机避去，现滨关仍被警察占领，税务司与日官员一名在谈判中，税务司顷发一宣言声明渠与其职员，素忠于中国海关，迭受某方运动，但皆置之不理云。（路透社）

大连二十七日电　今日正午时，大连，关之中日关员，仍照常执行关务，惟哈埠海关因鉴于接收问题之纠纷，已停止执行海关事务。（电通社）

哈尔滨二十七日电　伪国二十六日派顾向〔问〕平田偕滨江关监督巴英额接收滨江海关，税务司溥德以未奉政府命令，拒接收，午后二时，强挂一伪国旗，云二十七日实行派员办事而去。午后四时，各验关卡所均由警察把守，禁关员出入强制令为伪国办事，巴英额并发劝各关员安心服务宣言，满洲里常关二十六日为伪国派员接收，关员退出大半，吉黑境内十二分关，将于日内由伪国收去，溥德税务司二十六日电南京报告。

东北海关全被劫夺

大连二十七日电　"满洲政府"昨日中实行接收安东、营口、哈尔滨、珲春、龙井村、爱〔瑷〕珲、满洲里、卜克那尼齐亚八处税关完全竣事。本日起，由"满洲国"税关吏，开始事务，旧税关之总收入每年约二千五百万

近代报刊东北海关资料编年（1906—1937）

海关两，即大连海关一处占一千四百万海关两。（电通社）

《新闻报》[0004 版]
伪国继续夺取哈关
哈埠及满洲里等处海关被夺殆尽，福本受伪财部命任大连关税署长，日本居然警告伪国制止非法行动，外部已向日本抗议要求赔偿损失

哈关昨被强占

日联社二十七日哈尔滨电　满洲国二十六日下午三时一刻，接收哈尔滨海关，即揭满洲国旗，本日业已开始征税事务。

路透社二十六日哈尔滨电　此间海关，今日被警察包围。税务司白策约翰未在关内。警察十九名，计华人十五名、俄人三名、日人一名，旋即入内。占领海关，税务司闻讯赶到，责问警察依何权限，有此举动，警察未能答复。其中日人一名，乘机避去。现滨关仍被警察占领，税务司与日官员一名在谈判中。税务司顷发一宣言声明渠与其职员，素忠于中国海关，迭受某方运动，但皆置之不理云。

电通社廿七日大连电　满洲政府，昨日中实行接收安东、营口、哈尔滨、□春、龙井村、爱〔瑷〕珲、满洲里、卜克那尼齐亚八处税关，完全竣事。本日起，由满洲国税关吏，开始事务。旧税关之总收入，每年约二千五百万海关两，即大连海关一处，占一千四百万海关两，除去支付外债部分，满洲国政府，尚得莫大之新财源。

电通社廿七日哈尔滨电　哈尔滨海关监督巴英额，奉满洲政府之训令，向税务司普特约姆，交涉接收海关之事，税务司严词拒绝，遂发生正面冲突，满洲政府一面交以接收公文，一面于昨午后二时实行接收哈埠海关，并于三时，在海关屋上，插满洲国旗，旋次第接收满洲里、三姓、卜克那尼齐亚等处海关，满洲国内之海关，至此完全独立。

福本任伪关长

日联社廿七日大连电　满洲国任命前大连海关长福本为关税征收署长，福本廿六日奉满洲国财政总长命令，本日对贸易商人发布告谓，顷奉满洲国财政总长命令，自本日起，开始进口关税征收事务，大同元年六月廿七日，财政部关税征收署长福本顺三郎。

梅乐和委继任

日联社廿七日北平电　海关总税务司梅乐和发表，大连海关长继任者人选，业已通知北平日本公使馆，本日日公使馆声称，未曾接受如此通告。

路透社廿七日北平电　日使署发言人今日宣称，关于大连免职税务司福本继任者一事，目下海关当局尚未与日使署开谈判或谈话，又称关于此事，尚未接得一字，新员姓名亦未经提出。（路透社得悉，新员姓名已于上星期六日由总税务司向驻沪日使署一等秘书提出矣。）

伪外长之声明

日联社廿六日长春电　满洲国外交总长谢介石，关于大连海关问题语曰：接收海关问题，上海南京等已有先例，满洲国自当负担一切外债，与南京政府接收海关时不同性质，满洲国决意实行接收大连海关，满洲国外交部定于二十七日关于本问题发表长文声明书。

日政府之作态

路透社二十七日东京电　日本尚未承认"满洲国"，故不能发正式公文，但闻外务省现将对"满洲国"当局发一警告，止其在日本调解未获结果之前占据大连海关，文中声明不能承认海关收入之非法交代，并对"满洲国"表示同情，但谓"满洲国"如必欲占据海关，须尊重外债之担保物，及维持中国之税率云，又据报载消息，今晨满洲有九处海关已悬"满洲国"旗。

电通社二十七日东京电　关于满洲国政府，接收大连海关问题，日本外务省不能承认已唤起满洲国之注意，即外务省关于大连海关职员之人事问题，虽不与闻，然满洲国乘此接收海关，断难默认，尤其大连海关，在日本行政区域之内，与其他之海关，性质不同，故不用合法手续接收，绝对不能承认。日本政府因此之故，依保全中国海关制度及尊重外债担保之主义，关于大连海关问题妥协案，正与国民政府交涉中。若国民政府，不承认满洲国从大连海关收入中取出之部分，满洲国届时或不得已，须强制接收。今不待交涉之结果，蔑视日本之立场，遽尔接收，此种态度，万难承认云。

日联社二十七日东京电　大连海关日职员六十五人，因中国政府将税务司福本免职宣言总辞职，自动就任满洲国海关职员开始办公。外务省尚未接公电，然因案情极为重要，力谋圆满解决之方法，外务当局以为满洲国接收其版图内海关，从来中国各地已有先例，本问题虽于日本政府行政区域内发生，然如外债担保得严重保管，不必积极反对此举，以使事态愈形纠纷，解决本案，须将福本问题先行处理，为先决办法，故拟实行实际的政治解决，不必依据法规云。

外部严重抗议

南京　日本利用伪组织，干涉东省各海关，查安东、营口两关税收入，经两关日顾问向中国银行提交伪组织公文，强迫该行将三月廿六日所存两关税款，及自是日起所收各款，解交东三省官银号。我方以东省伪组织为日人所造成，该伪组织之此种叛逆行为，应由日本负责。当已于三月卅一日严向日本抗议。近该伪组织又复进而干涉大连海关，同时且通令存放税款各银行，停止向总税务司解款。自六月廿日起，该银行等即均停止解汇。我外部已于廿五日晚照会日使，提出严重抗议。略谓查大连海关，位于大连租借地，其主权仍属诸中国。且光绪三十三年，中国总税务司与日本林公使曾订有大连海关协定，故总税务司对大连关所规定税则，及指定存款银行，确定汇款办法各节，均与其他各海关同样办理。日本政府今乃不顾其条约上应尽之义务，一面嗾使东省伪组织干预安东等处海关，一面复更令大连关日籍税务司向总税务司停汇税款，借以破坏中国在东省及大连关税主权之完整，影响中国内外债之担保品。此种举动，显违国联盟约，国联迭次决议，九国公约及其他有关系条约各规定，自应由日本政府完全负责，中国政府除保留要求各该关损失赔偿外，相应提出严重抗议云云。

英议员之质问

路透社廿七日伦敦电　今日下院开会时，保守党议员萨缪尔爵士起问日本对于履行其条约义务，常甚犹豫，今乃破坏一九〇七年关于中国海关完整之条约精神，不知外相西门爵士曾向日本有所声明否。外相先答复该员问话，谓日政府自六月十九日至今，对满洲海关完整事，未发任何保证，此事现正在活动考虑中，渠已与东京通电云，外相续答该员问话，谓哈尔滨、牛庄、安东海关税收，已由"满洲国"当局令中止解沪，又谓东京英大使已奉命查明关于大连海关案之事实，并向日政府表示英政府关心此事……

《益世报（天津版）》[0002 版]

东北海关全被暴力夺取，事态重大日本故作折冲

哈埠满洲里吉黑各关均强迫易帜，福本接受伪令昨开始为叛逆征税

【哈尔滨二十七日下午四时本报专电】伪国宥（二十六）日派顾问平田，

偕滨江关监督巴英额,接收滨江海关,税务司溥德,以未奉南京命令,拒绝接收。午后二时,强挂一伪国旗云,感(二十七)日实行派员办事而去。午后四时,各验关卡所,均由警察把守,某关员出入,强制令为伪国办事,巴英额并发一劝各关员安心服务宣言。满洲里常关,宥(二十六)日为伪国派员接收。关员退出大半,吉黑境内十二分关,将于日内由伪国收去,溥德税务司宥(二十六)日电南京报告。

【哈尔滨二十六日路透电】滨江关昨晚被伪国警察包围,十六人即入内,实行占据。此中有日人一名,白俄三人,其余为华人。当时海关已闭门,税务司闻讯,当即到海关质问何故占据海关,并令出示命令,当时均无以为应,闯入之日人即逸去。本日情形无变化,税务司刻正与日方讨论解决办法,税务司已发表宣言,决始终忠于中国政府。

【哈尔滨廿六日路透电】滨江关税务司本日拒绝将海关交与伪国,伪国日顾问及海关监督当即通知税务司,无论如何,满洲国须接收海关。伪国国旗,刻已飘扬于海关大楼之上矣。

【大连廿六日路透电】满洲国发出命令,现存银行中之关款,须于明日交满洲国政府。

【大连二十七日新联电】被总税务司梅乐和罢免之大连海关长福本氏,二十六日受满洲国财政总长委任为海关事务全权,福本乃于廿七日对一般输出入商发出第一号告示如下:"依据满洲国财政总长之委任,由本日起,开始执行输入关税征收事务云。"

【东京二十七日路透电】大连报载福本准备于今日起开始(满洲)征收关税,但据外务省发言人称,日政府尚未能与中国政府对大连海关成立谅解,故大连海关税收,暂时尚不向(满洲)汇解云,福本已奉(满洲)令委为大连关税务司云。

【东京二十七日新联电】激昂国民政府无警告罢免福本之大连海关,日本税关吏六十五名一致提出辞职,而受满洲国委为海关吏,已开始征税。日本外务省对此虽未接到公电,但以事态颇为重大,现正腐心于圆满解决,外务省首脑部,以满洲国接受其版图内之海关,从来于中国各地已有前例,故即使于日本政府之行政区域内发生,既能对于外债担保之保管严正的履行,而仍无端的反对,乃徒使事态纠纷,殊为不宜,以此本件解决之先决条件,即福本罢免问题之处理，拟不拘泥于法规，而采取实际的政治解决之意向。

【东京二十七日新联电】对于满洲国接收大连海关之件，日本外务当局决意持慎重的态度，目下外务省关于本问题提示妥协案，正与南京政府折冲中，然不俟拆〔折〕冲之结果如何，决定先唤起满洲国注意不可出于轻率之举。

【上海廿七日下午十时五十分本报专电】总税务署为东北扣税事，连日办公至子夜始息，日代使守屋，感（二十七日）将福本免职抗议照会，交驻京日领，当晚携京，转呈我外部。

【长春二十六日路透电】南京政府对大连海关问题，虽持强硬态度，惟据日方消息，满洲国之政策决贯澈〔彻〕到底，伪国财政部税局局长日人某，今日已匆匆赴大连，闻满洲国已决定接收大连海关，事如不能成功，即在大连附近自设海关，并已准备以二万日金为建筑海关大楼之用云。

【南京廿七日下午九时专电】日本利用伪组织干涉东省各海关查安东、营口两关税收，前经该两关日顾问向中国银行提交伪组织公文，强迫该行将三月宥（廿六）日所存两关税款，及自是日起所收各款解交东省官银号。我方以东省伪组织，为日人所造成，该伪组织之此种叛逆行为，应由日本负责，当已于三月世（卅一）严向日本抗议，近该伪组织又复进而干涉大连海关，同时且通令存收税款各银行，停止向总税务司解款，自六月虞（七日）起，该银行等即均停止解汇，外部已于有（廿五）日晚照会日使提出严重抗议，略谓查大连海关，位于大连租借地，其主权上属诸中国，且光绪三十三年中国总税务司与日本林公使订有大连海关协定，故总税务司对此两关所规定税则及指定存款银行确定汇款办法各节，均与其他各海关同样办理，日本政府今乃不顾其条约上应尽之义务，一面使东省伪组织强迫侵占安东等处海关，一面复令大连关日税务司向总税务司停汇税款，借以破坏中国在东省及大连关税主权之完整，影响中国内外债之担保，此种举动实违国联盟约、国联迭次决议、九国公约及其他有关系条约各规定，自应由日本政府完全负责，中国政府除保留要求及各海关所有赔偿外，相应提出严重抗议云云。

【南京二十七日下午九时专电】大连税务司福本免职后，日方对我抗议，感（二十七）由驻京日领上村亲送外部，由国际司长吴南如接见。闻外罗以日人破坏我国关税，更饰词狡辩，对该抗议，即将予以驳斥，又据外部某要人谈，福本为中国海关雇用官吏，其去留我有主权，且罢免原因，系帮助叛逆，劫夺关税，破坏中国海关完整，福本实为罪魁，且福本违抗总税务司命令，是已将中日签订之大连海关协定，破坏无遗，政府在其职权之内，另易他人，日本实无置喙余地。海关方面，感（二十七）晚接辽宁来电，东北叛逆业于感（二十七）正式接收安东、营口、哈尔滨、珲春及大连各关，被我免职之福本，及曾经辞职之日本关员，均已接受叛逆命令，到关办事，其余华籍及外籍职员见叛逆此举，均极愤慨，纷纷致电税务司，请示应付方法。

6月29日

《民报（无锡）》[0002版]
逆强劫东北海关，总税司已接正式报告，电呈宋财长请示办法

本报念八日上海电　关于日本假手满洲伪政府攫夺大连等处海关事件，今日据此间总税务司办公处消息，已接到东北之哈尔滨、安东、晖〔珲〕春等八处海关，被伪国派人强制接收情形，闻梅总税务司接到报告后，已转呈财长宋子文请示办法，目下正在会商应付方法，对此未曾发表若何意见云。

滨江关悬伪国旗

税务司以未奉命拒绝接收，各关卡由伪警驻守禁出入

本报二十七日哈尔滨电　滨江关二十六日，由日顾问平田、关监督巴英额接收，税务司柏特以未奉南京命拒绝，但日顾问言，二十七日无论如何以新关员组新国海关，午后三时，悬一新国旗始去，各关卡下午均由警察驻守，不许关员出入。

本报念八日哈尔滨路透电　滨关现仍闭门，今日情形未有进展，税务司声明，当局对其职员施以威胁云。

6月30日

《国民导报》[0002版]
日对东北海关问题大肆宣传

东京二十九日电　此间官场预料满洲海关问题，不久即可解决，其办法

近代报刊东北海关资料编年（1906－1937）

为满洲得接收满洲各地之海关，但大连海关，仍由中国政府管理，以其收入为外债担保，若大连收入不敷时，满洲应向南京政府汇解不敷之数，闻若此种办法能实行时，日本政府将要求将福本复职。

《晶报》[0002版]
暴日对于东北海关之之预计 （谛谛）

所谓伪满洲国者，已实行接收东北海关，大连关款竟亦移交伪满洲国，至今日而财外两部，发表宣言，实则早已在预测之中。去年十二月六日日本内阁秘书长森恪，曾有"满蒙委任统治草案"之拟定发表，中有云"独立国政府成立，即时使其接收各海关，倘有第三国反对时，由日本向各债权国提议，将中国外债划出若干，归独立国担任，日本保证本利之偿还，如此则在不识不知间，使各国可以承认该独立国也"，其计甚狡，盖他人谋我，预有一定之步骤，犹之高手下棋，四面俱到，不似吾国外交家之朦胧，政治家之颠顶。及至事已无可挽回，乃做一篇文章，发一次宣言，听人家为之判断也，呜呼东北事件，日人久有一定之预计，今后将变化不已，徒尚空言，又何补哉？

《人报（无锡）》[0002版]
日传满洲海关问题不久即可解决，其办法为大连海关由我管理，其收入作外债担保

日军恫吓东北关员

北平二十九日电　哈电　领事团二十八日决定由领袖美领韩森，请当局对于恫吓关员予以说明，波拉称伪警察由日军官矢木率领，至关员住宅，以手枪恫吓，迫其签字与叛逆所派关员合作，彼并目睹二关员被捕，但日领否认有日本军人参加，现滨江关闭关不办公，静待解决。

日对解决满关主张

东京二十九日电　此间官场预料满洲海关问题，不久即可解决，其办法为满洲得接收满洲各地之海关，但大连海关仍由中国政府管理，以其收入为外债担保，若大连收入不敷时，满洲应向南京政府汇解不敷之数，闻若此种办法能实行时，日本政府将要求将福本复职。

1932 年

哈埠海关尚未办公

哈尔滨二十八日电　海关形势仍未打开僵局，仍未办公。如今止有六人被迫表示愿为满洲服务，税务司尚未接到上海方面之训令，哈海关现有日宪兵驻守，因有日顾问在彼办公也。

《锡报》[0002 版]

日嗾伪国劫夺东北海关邮权

英美干涉渐趋硬化

财宋草拟制裁方针，我决封锁东北关邮

日提转圜办法三项，矢野来沪与我磋议

日军残杀哈埠关员，哈领团将提声明书

【北平】日方劫夺东北关税，鉴于各国形势不良，自提转圜办法三项：一、伪国不准接收大连关，并不准另设代替关；二、国府承认大连关外，其他各关应归伪政府管辖；三、国府收回大连关福本革职令。

【上海】英美对日嗾伪国劫夺海关将严重抗议，日甚恐慌，决提调停办法三项：一、日政府尊重中国海关制度之保全；二、对关税担保之外债，极力保护；三、依照张学良领取大连关税的前例，由满洲领取大连关税。

【上海】外部息，日代使矢野，将来沪商东北海关事，有中日互换大使说。

【上海】日方实行劫夺东北海关，财宋除发表宣言表示反对外，连日在私邸邀请总税务司梅乐和、及财部顾问等，详密讨论应付方针，日内决将宣布制裁日人利用伪国，劫夺东北海关之最有效的方针，东北各地海关，暂行停闭，拟用特殊方法征收东北关税。

【上海】美对日嗾夺东北关税邮权，引起严重反感，已由史汀生照会日政府，促其注意，英亦由驻日大使林德莱访日有田，表示对中国关税制度被破坏，抱严切忧虑，促日方速设法改善，英美对日干涉，已渐现硬化。

【哈尔滨】外息，东北各海关今仍停顿中，日采与伪警续拘不屈服之关员，现除大连外，各关华员被拘者，已达九十五名，内十余人，被非刑拷打，有四人已生死不明。

【南京】政府对伪国夺取邮权，决定：一、通告国际邮联会，要求维持万国邮约；二、宣告各国取缔伪邮票，不得通行；三、实行封锁东北邮运。

近代报刊东北海关资料编年（1906－1937）

《新闻报》[0004 版]
争持中之东北税关问题
日方所传妥协调解案

电通社廿九日东京电　关于满洲国接收大连海关问题，英法意俄各大使，一两日来，分赴外务省，访有田次官，听取该问题之经过。关于南京政府与满洲国政府间之斡旋，唤起日本政府之注意，日本政府，立于下列之见地，向中国满洲两国间，斡旋妥协的解决办法，即：一、立脚于保全海关制度及保证外债担保二大原则之上，订正满洲国方面之要求；二、满洲之关税，系由满洲国住民负担，故将满洲关税之或部分归诸满洲国，征诸东北政权确立时代，所已实行之事实，实为至当。但满洲方面，主张从满洲海关全收入中，除去海关经费及外债担保，所有关税剩余全部，须为满洲政府之收入，中国方面，则主张除大连海关外，满洲各海关之全收入，归满洲国保有，亦无不可，惟大连海关收入须归南京政府，不过可由南京政府，负担与在满海关担保外债相当之额，双方主张相殊，然以金额计之，不过三百万海关两，两政府当事者，如容纳日本政府好意的斡旋，当有解决之可能性云。

日联社二十九日东京电　大连海关问题，由英日等关系各国与中国政府折冲结果，可得调停案，已见解决希望，即调停案内容规定中国政府除大连海关外，承认满洲国接收满洲各海关，大连海关收入，形式上归于中国政府，但中国政府将全满海关之外债负担部分一千万两，由大连海关每年收入一千三百万两中支出，余款尽交满洲国作为政费，中国政府取消福本税务司之免职，中国政府如对于此项调停案无异议，英国及其他各国亦似支持此案，因此外务省拟将本案提交满洲国要求承认，满洲国承认此案，则海关问题可以完全解决。

路透社廿九日东京电　此间官场今晨表示，东三省税关争执，不久可获折中解决办法之希望，日方以为除大连外，东三省税关可悉归"满洲国"管理，而中国则保持大连关，以便抵付外债，如大连关收入不敷抵付外债，则"满洲国"应以可补不足之款，解交南京，依此办理，可获解决，此种折中办法如获同意，日本将请求恢复福本大连关税务司原职云。

电通社廿九日东京电　满洲国之接收海关问题，因日本好意的调停斡旋，将近有圆满解决之希望，日政府所提调停妥协案之内容列举如下：一、满洲国不准接收大连海关，且不准在瓦房店及其他地点设立代替大连关之海关；一、南京政府承认大连以外在满海关，属于满洲国，得征收关税；一、南京政府取消罢免福本大连关税务司之职，日关员亦撤回辞呈，上述日本之调停妥协案，已经英法两国之支持，故南京政府或将承认，满洲政府亦因日本之特为调停斡旋，似将承认云。

伪政府在连设收税处

电通社廿九日大连电　满洲国财政部在满铁码头事务所之五楼，设立大连关收税处，立即开始事务。

伪外次大桥之声明书

（电通社廿九日大连电）满洲国外交部次长大桥廿八日午后发表声明书云，日本政府，对满洲国即时接收大连海关，表示反对之旨，然满洲国并非接收大连海关，不过征收应归满洲国所有之税而已，若因日本之压迫，不能执行事务，则满洲国不得已，惟有将征税机关，改设瓦房店而已，届时日本方面，或主张满铁附属地内之行政权，亦未可知，但其结果，不啻否认新国家之关税征收权，如此则非满洲国所能承认，同时想尊重满洲国主权之日本，当不致如此主张，但若日本仍设法阻止，则满洲国拟于满铁附属地交界之处，设关征税，惟日本并此若仍以实力破坏阻止，则满洲国之财源，其重要部分，全被隔绝，惟有崩坏耳。

延吉关亦被伪国劫夺

日联社廿九日延吉电　满洲国海关官吏，今晨九时接收延吉海关，揭扬满洲国旗。

滨江关关务完全停顿

哈尔滨　滨江关廿七日未办事，各关卡由武装警察及探捕内外把手，禁关员出入，文卷均加封，各关员亦均未到班，关事完全停顿。海关监督署日顾问加藤达四郎，廿七日晨自长春请命归，午召集日本关系机关商对策，据关署负责人谈，三四日内即由满洲国开始满洲关事务，俄国派员去同江，接收拉哈苏之分关。

路透社廿九日哈尔滨电　滨关闭门停止办公后，形势未有更动，据税务司称，海关职员仍时受威胁，但愿为"满洲国"服务者仅六人。

滨关税务司力抗伪命

哈尔滨　滨江关税务司柏特，廿六日夜九时，以副税务司美人名义，邀集英法德各关系外债国领事，在美领馆中密商甚久，柏特并决定指挥全体关员，不得无命令复职。散会后，有一长电致京报告。

华联社廿九日北平电　大连海关之华人关员，均抗拒伪国之命令，不出办公，而伪国财政部昨日竟发命令，谓限至廿九日上午九时不至关服务者，即开除免职，而华员坚拒到底，至今晨未有一人至海关服务。

伪警威胁哈关华职员

国民新闻社二十九日哈尔滨电　兹据可靠消息，哈尔滨领事团为调查满洲伪政府被控以手枪威胁哈尔滨海关华雇员签署合同归顺伪邦继续供职之真相起见，业于昨日特别会议席上决定，要求伪政府对于哈尔滨税务司所控各节，加以说明，按哈尔滨税务司报告此间代表十二国之领事团声称，伪政府日警务顾问率领华俄警察，向哈尔滨税关华职员执枪拟其首，企图威胁其签立合同，保证归顺伪邦，仍留哈税关照旧供职，哈税务司曾力言伪政府日顾问所率领之警察，有便衣日人及自称为军事机关代表者在内，但日领事竹川则声称，并无日籍人民涉及此举，现经领事团讨论之后，以各国既不承认伪政府，此时不欲即向伪政府正式抗议，因即决定请日领事转达该警务顾问，要求说明一切，并一面请哈尔滨地方官或交涉员注意此事，又闻哈税务司曾称，伪政府此种举动，无异中古时代野蛮方法，现哈税关若干华职员，实际上被禁家中，致关务暂行停顿云。

天津银行公会之抗争

天津　津银行公会为东北海关事，二十九日电府院外财部云，报载日本违背条约规定，破坏我国关税完整，嗾使东北伪组织干预东北各海关，令向总税务司停汇税款，此举于我国内外债担保影响甚巨，誓难承认，务请政府努力抗争，以保国权。

《益世报（天津版）》[0002版]

东北海关问题严重化

日本趋避各国质问，宣传中日已臻妥协，竟诡称中国同意平分关权

【东京二十九日路透电】此间官场，预料满洲海关问题，不久即可解决，其办法为满洲得接收满洲各地之海关，但大连海关仍由中国政府管理，以其收入为外债之担保，若大连之收入不敷时，满洲应向南京政府汇解其不敷之数目，闻若此种办法能实行时，日本政府将要求将福本复职云。

【南京二十九日新联电】英国大使林德列，二十八日赴外务省访问有田次官，对于满洲国之接收大连海关问题，传达英国政府对其推移忧虑，旋对该项问题复听取日本政府之意向后辞去，又法意苏俄等国关于该问题之经纬，亦均有所质问，然各国关于大连海关问题并非向本政府提出抗议，有田次官对各大使声称，关于接收大连海关问题，根据事实，正谋圆满解决，目下已与南京政府折冲中，日本政府对该项折冲，仍系有希望以求谅解，又中日两国间之折冲，中日双方目下已有妥协案提出，日本案如下：①对于中国关税制度之保全及外债担保之确保，始终的尊重；②然征诸满洲之海关，依满洲国人民之负担而征税之实情，以及张学良时代满洲各地海关之收入，南京政府亦未取得之例，故希望南京政府默认包括大连之满洲各地海关之收入归满洲国使用之事；③其事实问题系在南京政府取得三百余万两与否之问题，故将不为关系列国所虑。

【东京二十九日电】大连海关之中国雇员，在中国人俱乐部内开会讨论对策，形势将趋严重化。

【大连二十九日电通社电】伪国外交次长日人大桥忠一氏，对于接收大连海关问题，及日本关系上，于昨日午后发表下项声明："日本政府对于"满洲国"即时接收大连海关问题，表明反对，惟"满洲国"对于大连海关，实非接收，乃应属该国征收之税务，若因日本之压迫，进行事务，如不可能，即不得已撤至瓦房店附近，日本方面将力主其附属地内之行政权，结果否认"新国家"之关税征收权，似此不稳主张，即"满洲国"不能认可，对于满铁附属地设关征税，若仍以实力施行破坏，则"满洲国"不免崩毁云。

《中央日报》[0003版]
东北海关问题难决，海关中国人员讨论对策

中央社东京二十九日路透电　此间官场，预料满洲海关问题，不久即可解决，其办法为满洲得接收满洲各地之海关，但大连海关，仍由中国政府管理，以其收入为外债之担保，若大连之收入不敷时，满洲应向南京政府汇解其不敷之数目，闻若此种办法能实行时，日本政府将要求将福本复职云。

中央社北平廿九日电　哈电　领事团俭（二十八）决定由领袖美领韩

森，请当局对于恐吓关员，予以说明，波拉地称，伪警察由日军官矢木率领，至关员住宅，以手枪恫吓，迫其签字与叛逆所派关员合作，彼并目击两关员被捕，但日领否认有日本军人参加，现滨江关闭关不办公，静待解决。

中央社哈尔滨二十八日路透电　海关形势，仍未打开僵局，仍未办公，迄今止有六人被迫，表示愿为满洲服务，税务司尚未接到上海方面训令，哈海关现有日宪兵驻守，因有日顾问在彼办公也云。

中央社东京廿九日电　大连海关之中国雇员，在中国人俱乐部内开会，讨论对策，形势将趋严重化。

7月1日

《民报》[0004版]

东北被夺各关，政府决全力收回，日宣传调解绝对不能同意，驳覆〔复〕日抗议今明日即发出

日警强占满洲里税关，关员将退出

本报三十南京电　政府对东北海关决用全力设法收回。日方宣传调解办法，绝对不能同意，以东省伪组织全系日方一手包办，我国根本不能承认，对日方嗾使叛逆劫夺海关事，自亦不能承认。

外部以日方对福本免职案抗议毫无理由，已由亚洲司据理驳复，文字整理将竣，明后日即可发出，国联大会原定九月开会，兹因调查范围扩大，未能如期竣事，经李顿电请展期，国联十九委员会已予通过，惟时期未定，据事实上视察，调查报告九十月始可编竣，故大会须十一月始能举行，但如临时发生严重问题，我仍得随时要求召集大会云。

路透三十东京电　此间政界虽称现仍望海关问题可获一平顺解决办法，但已表示中政府与"满洲国"当局均反满调停之建议，此项建议规定满洲各海关除大连外，均归满洲国管理，大连海关仍归中国管理，以便清其外债义务，大连海关所收税项不足抵付外债，则所差之数，应由长春当局拨款弥补，大连税务司福本则当准予复职，闻中政府已切实拒绝考虑此项建议，尤以福本复职为最，按已故总税务司安格联爵士前去职后，又欲复职，中政府犹拒绝未准云。

路透三十上海消息　管理满洲里税关事务之人员发来报告，谓渠未能与哈尔滨通讯，渠之办公处已为日警包围，并被占据，税关人员不得不立即迁让云。

国民三十南京电　满洲里分关隶属哈尔滨税关，设在中东铁路毗连西伯利亚处，顷据主管关员电告，税关房屋已为日警包围强占，现已不能与哈尔滨税关通讯，全体关员有立即退出之必要。

路透三十哈尔滨电　日本宪兵守于海关及职员寓所之外者，业已撤退，但"满洲国"警察仍驻守未去，日宪兵之撤退，据传乃由领事团申请所致。但此说尚无从征〔证〕实，星期二日至海关之日"顾问"，其姓名职位，未能查明，日军事当局阳称为保护若辈计，不得不派特别卫队云，海关现未办公，水关虽仍办公，但甚凌乱，盖多数职员不肯为其所谓新主任服务也。

《益世报（天津版）》[0001版]
东北海关先后易主，日与叛逆再劫邮权，政府决定对□□□□

【上海六月二十九日路透电】据国民通信社接哈尔滨消息，滨江税务司普雷约翰氏，通告外国领事团云，满洲国俄籍警察及华警，由日本顾问八木率领，访问滨江关华职员，以手枪威吓，以图迫令彼等签字于效忠满洲国及情愿照旧供职之愿书，普雷约翰力言此次威迫关员之警察，内有日本便衣警士，彼称满洲国所采方法为中古式，并称，滨江关服务之华员某，俨然被拘禁于住宅，据上海某方接间岛电称，满洲国官员业于星期三晨，将延吉关接收，并悬挂满洲国旗云。

【北平三十日路透电】昨日大连外讯，最近被梅乐和免职之福本，已放弃旧海关公署之监视，结果华方职员曾决定与新海关合作者（即与满洲国委任之新关吏合作），实行罢工，并发生骚动，据闻货物经过新海关未纳税者，须于关东租借地边界补纳，否则扣留，满洲国外长谢介石发表宣言，称新国家正在征收各海关关税，如大连关税，无法征收时，则将于他处征收之，彼又再三申明，新国家愿担负应付外债之义务，安东海关之日人，已皆辞职，然逆料彼等将参加新海关工作，海关事务，仍照常进行，牛庄海关已被新委任之监督，率领日本顾问一名，及大队警察，强行接收，二十七日该海关发出布告称，日本人某已接到满洲国财政总长之训令，正式接收海关，并被任命为代理监督云，此外另一布告称，现行进出口税则，仍有效云。

《中央日报》[0003版]

东北海关誓必收回

日方所传调解说绝不同意，哈尔滨满洲里关均遭强暴

（中央社）日方嗾使叛逆劫夺东北海关，破坏我国主权之完整，增加我国财政之困难，曾经财长宋子文两度发表声明，外部亦向日方严重抗议，闻政府方面对东北海关，决用全力设法收回，乃日方竟宣传东北海关问题将有调解办法，大连海关仍归我国，其他五关，则归叛逆。闻中央对于此种办法，绝对不能同意，因东省伪组织，全系日方一手所包办，我国根本不能承认，则对日方嗾使叛逆劫夺海关之举，当然亦不能承认之。

（中央社）大连海关税务司福本，因擅派税款，被总税务司梅乐和依法免职，日方竟因此向外部提出抗议。按福本因劫夺税款破坏我海关之完整，而被免职，实罪有应得，总税务司梅乐和，已发表声明，详述罢免福本为合法之举。闻外部以日方抗议，毫无理由，已由亚洲司据理痛驳，文字已将整理完竣，约明后日即可送交驻京日领馆，转送日政府云。

中央社哈尔滨廿九日路透电　滨江关税务司约翰，昨日出席领团会议，报告由顾问YAGJ率领之满洲警察，威吓海关华籍职员之情形，当即由日副领TAKIGAWA函傀儡外部，责以不应有恫吓行为，并请加以解释云。

中央社上海三十日路透电　总税务司梅乐和，接得满洲里海关负责人来电称，彼已不能与哈尔滨海关通信息，日本警察已将其办公室包围，并将办公室强占，彼觉有即时保护海关服务人员他去之必要，以免危险。

中央社东京三十日路透电　日本官方对大连海关问题，表示虽调和尚未绝望，但中国与满洲双方，均已拒绝，六月二十九日日本所提出之办法，日方所提办法，即（一）大连税务司福本复职；（二）前总税务司安格联复职。

7月2日

《大公报（天津）》[0003版]

关于东北海关问题，外交部辟谣，接受折中办法说无根

【南京一日下午七时发专电】外部负责人否认接得日本政府对大连海关问题已向我国提出折中办法，谓既未接得，更何来愿意接受之说。

【哈尔滨一日路透电】自昨日起,滨江关已开始收税,一日内收四万九千元,满洲当局宣称,若旧职员希图破坏海关行政,则将采严厉处置。

【哈尔滨三十日路透电】滨江关总关不办公,惟沿江分关仍在继续工作,但工作不能照常,因关员大多数均拒绝为伪国服务,"保护"海关及某某关员住宅之日宪兵,顷已撤退,□关系因领团要求,但"满洲国"警士仍未撤。

【北平一日路透电】此间日使馆关于福本后任人选,并未得沪方任何消息,关于东北海关谈判,由日使代表守屋在沪进行。

【长春一日路透电】满洲伪政府外次大桥于接收海关后,已由大连返此,其后□赴伪政府会议。

【东京三十日路透电】官场虽仍希望海关问题最后能获得和平解决,但据暗示,中国与"满洲国"均反对日方调停办法,中政府切实拒绝恢复福本原职,查前此中政府对安格联复职要求,亦曾予以拒绝云。

【华盛顿三十日合□社电】据国务部本日公布,关于所谓"满洲国"官吏攫取大连中国海关事,美国已正式照会日本,国务部方面消息,此照会由美国新任驻日大使葛罗陈交东京政府,葛罗以美国政府名义,在致日照会中指陈,因中国对美庚子赔款,根据征收关税,故美国对于满洲关税收入,确切注意,日本致葛罗之覆照,尚未公布,美国将取何种步骤并无表示。

【大连三十日新联电】本日上海总税务司梅乐和致日秘书英人勃德氏密电,命其将关税收入之余款迅速解寄,故"满洲国"方面已监视勃德之行动。

【哈尔滨特约通讯】伪国派滨江关监督公署监督巴英额,协同伪特区长官公署首席顾问平田(日人),于二十五日由伪警察管理处第三署署长景有昌及探访局局长率领警士数十名,以非法强硬手腕,接收滨江关,滨江关税务司英人勃雷特姜以未奉南京财政部税务司命令,拒绝接收,并斥骂巴英额为卖国贼、日本走狗。平田乃指挥伪警强将海关楼顶所悬海关旗撤去,改悬伪国旗。二十六日又派警将海关办公室完全包围,禁止职员出入,逼令各职员服从"新国家",并须签字作证,各职员均拒绝,巴英额遂与平田亲至海关楼房后身勃税务司住宅劝驾,勃拒而不见,并令人传谕:"海关办公室,已被把守,予固无力抵抗,斯乃余之私人住宅,他人不得擅入,如君等再至，余当以小偷待之，海关楼房可交，海关行政权余未奉到移交命令前，决不放弃。"巴与平田见勃氏态度强硬，遂令伪警严紧把守海关办公室，有数职员均被困办公室内，内班长谢某且一度被伪警抓住，逼令其签字，谢托言可到税务司家去签，谢至勃家，遂不敢出。警察亦不敢侵入勃宅，其他职员亦多逃至勃宅避难，八站暨道外十六道街分关及分卡，亦被伪警把守，更恐各职员暗自离哈，遂依户籍册，将各职员住宅，分别设岗把守，不许职员眷属移动。八站分关有数职员，被逼不过，签字声明服从"新国家"，照常服务，巴英额更发表接收海关宣言书，声称对各职员现在地位待遇均照旧予以保障，按巴英额历任江省旅长，任海关监督以前，曾任黑河镇守使，与英额同为昔年江省旗籍要人，故日人借机利用之，而巴之听命也如是，驻哈英领事连日与各国领事迭有会商，内容不详，惟观察勃税务司之意，决拒绝接收到底，万一不能，亦必率领全体职员，同向关内，但以伪警防备严密，各职员将来能否说定不无问题也。（六月二十七日）

《国民导报》[0002版]
东北海关被劫夺后

滨江关开始收税

哈尔滨一日电　自昨日起，滨江关已开始收税，一日内收四万九千元，满洲当局宣称，若旧职员希图海关行政，将采严厉处置。

长春一日电　满洲外次大桥，于接收海关后，已由大连返此，其后即赴政府要人会议。

英对伪海关表示

伦敦三十日电　在下院中质问时间，爱顿外次答复关于大连海关之质时称，英国政府已向日本政府表示，英方希望对满洲海关问题之解决，不可违反一九○七年中日关税之协定，以至危害各国之利益，或因满洲问题之解决，更趋困难。

接收满洲里海关

哈尔滨三十日电　满洲里海关已于六月二十八日为满洲接收，有中国估价助手一人为日警捕获，押解来哈，哈尔滨海关今日已为满洲接收，但仅存六人在内供职，其余华籍职员二百二十人均逃匿，满洲当局仍用威吓手段，令人供职，闻南满路码头部职员加藤，将任税务司……

大连关折中办法

南京一日电　东京六月二十九日电称，关于大连海关问题，日本政府已向中国提出折中办法三项，并称中国政府，已愿接收等语，兹据外交界负责人员谈话，极力否认，并称中国政府，并未接到日本政府之所谓折中办法，更何来愿意接收之说，可见其决非事实。

《人报（无锡）》[0002版]

一九〇七年中日关税协定

英国对满关对日表示不可违反，叛逆接满洲里关，滨江关已收税

叛逆已接收满洲里海关

哈尔滨三十日电　满洲里海关已于六月二十八日为满洲接收，有中国估价助手一人为日警捕获，押解来哈，哈尔滨海关今日已为满洲接收，但仅有六人在内供职，其余华籍职员二百二十人均逃匿，满洲当局仍用威吓手段，令人供职。闻南满路码头部职员加藤蒋任税务司。

英对满洲海关问题表示　不可违反中日关税协定

伦敦三十日电　在下院中质问时间，爱顿外次答宪关于大连海关之质问称，英国政府，已向日本政府表示，英方希望对满洲海关问题之解决，不可违反一九〇七年中日关税之协定，以至危害各国之利益，或因满洲问题之解决，更趋困难。

滨江关日收四百九十元

哈尔滨一日电　自昨日起，滨江关已开始收税，一日内收四百九十元，汉州当局宣称，若旧职员希图海关行政，将采□厉处置。

《锡报》[0002版]

英美劝日勿侵东北关税

美谓大连税关条约上日有应负义务，英望日政府不致容许破坏税关协定

英美对日劝告

【东京】英美两国均劝日本勿侵略东省关税。美国务院，一日发表关于日本劫夺满洲中国海关问题之声明，驻日美大使葛罗，曾向日外务省表示意见，谓根据中日条约，大连海关日本应尽保护义务，因该关收入系庚款一部之担保品，日方表示，彼亦亟欲维持中国海关之完整，同时英大使亦有同样交涉。

【伦敦】艾登外次答复，关于大连海关之质问时称，英国政府，已向日本政府表示，英方希望对于满洲海关问题之解决，不可违反一九〔零〕七年中日关税之协定，以致危害各国之利益，或令满洲问题之解决，更趋困难。（路透社）

各使拒任调停

【北平】外息，日方已将国籍不明之外人三名，分任哈尔滨、营口、安东三关税务司，并由日方捏称该三人均英美籍，但此三人不敢轻试，平各使馆对日方请求调停事，已表示拒绝。

我拒日提办法

【东京】关于大连海关问题，日本政府，已向中国提出折中调停办法三项，并称中国政府已愿接受等语，兹据外交界负责人，竭力否认，并称中国政府，并未接得日本政府所谓之折中办法，更何来愿意接受之说，可见其决非事实。

哈关被迫收税

【哈尔滨】自三十日起，滨江关已被强迫开始收税，一日内收税四万九千元，满洲当局宣称，如旧职员希图破坏海关行政，将采严厉处置。（路透社）

7月3日

《国民导报》[0002版]

汪精卫等赴沪晤宋，协商财政整理计划

华北形势严重须与各方协商对策，罗刘乘机飞沪与各方商东北问题，孙科在港任务已毕，业已启程返沪

南京二日电　汪兆铭、何应钦、李济琛，及褚民谊、顾祝同、曾仲鸣等一行，昨晚乘车赴沪，闻汪等赴沪任务，最重要者即为与在沪之财长宋子文，商洽整个财政计划，打破财政难关，使军政各费得有确切办法，闻汪等二日已与宋子文会晤二次，三日继续作秘密之讨论。此外华北形势，近因日方增兵榆关，形势紧张，汪等此次赴沪，将与各方要筹应付之策，又陈铭枢经行政院准予给假之月后，拟赴欧美作长期休养，汪等赴沪，已与陈氏会

晤，极力挽劝，不可消极，俾能共同负责，应付此严重国难，闻陈氏出洋之意，可望打销〔消〕，外长罗文干，昨晚本拟与汪等同行赴沪。以外次刘崇杰由平来京，今晨到达，关于华北最近情形及调查团最近态度，有与刘氏先行晤谈之必要，故特留京候刘，刘氏于今晨八时半由平乘车抵浦，随即过江，乘车赴外部谒罗外长，报告一切，至十一时刘罗二氏，乘机飞沪，抵沪后由刘罗报告最近外交，俾与在沪各领袖，会商应付办法。

又电　中委孙科，前协唐生智氏赴港，调解粤潮，请息纠纷，并于〔与〕胡汉民会晤，请其北返，精诚团结，共赴国难，闻粤陆海二军已各愿让步，立息纠纷，胡氏亦允于相当时期北返，共膺艰巨，孙氏昨已港启程返沪，约今晚或明晨到达，孙氏抵沪后，将与汪等会晤，报告南行经过，并商榷一切大计，至汪等一行，在沪尚有一二日之勾留，至迟下星期一晚车即可返京，俾出席星期二行政院重要会议。

满洲里海关职员被逼为伪国服务

满洲里海关职员被强迫服务

哈尔滨一日电　据满洲里电讯，该地海关之职员，均已被捕，在压迫下为伪国服务，前哈尔滨海关开除之中俄职员数人，现均复职。

大连海关被夺，后英舆论一斑

伦敦一日电　英舆论界及国会中，仍以大连海关问题为讨论之焦点，惟在国联调查团之报告未提出以前，各大国或将无所表示，各报纸对此亦颇多批评，星期评论云，大连海关之被侵夺，实为对各国之示慧一种羞辱，又谓日本指导傀儡政府之成功，一若其不宣而战之收获。

《锡报》[0002版]

日夺东北海关，调查团秘书来沪晤宋

【上海】国联调查团秘书英人达尔曼，携李顿爵士之使，访晤总税务司梅乐和密谈颇久，复与梅同访宋子文晤谈数小时，闻达来沪目的，系调查大连海关问题。

英舆论界表示

【伦敦】英舆论界及国会中，仍以大连海关问题为讨论之焦点，惟在国联调查团之报告未提出以前，各大国或将无所表示，各报对此，亦颇多批

近代报刊东北海关资料编年（1906－1937）

评，星期评论云，大连海关之被侵夺，实为对各国之示威，又谓日本指导傀儡政府成立，一若不宣而战之收果。（路透社）

满关关员被迫

【哈尔滨】据满洲里电讯，该地海关职员，均已被捕，在压迫下为满洲服务，前哈尔滨海关开除之中俄职员数人，现均复职。

《中央日报》[0002版]

东北叛逆继续压迫东省各海关

安东关被强夺，全体职员撤退；满洲里海关职员被强迫服务

中央社哈尔滨一日路透电　据满洲里电讯，该地海关之职员，均已被捕，在压迫下为满洲服务前，哈尔滨海关开除之中俄职员数人，现均复职。

中央社东京一日路透电　日外务省已令日本在长春领事，通知东北叛逆谓日本政府调解海关纠纷之计划，为最后之办法，满洲若不接受，将蒙不利云。

强夺安东关

中央社上海二日路透电　海关总税务司梅乐和，今日（二日）接安东税务司来电如下：虽余（安东税务司自称）处在南满铁路区内，仍受干涉，昨日（六月三十）一日本顾问，偕自称满洲警察者数人，着便衣，但均携有武器，冲入余住宅，强迫余交出文卷，余向彼等抗议，谓此种特殊行为，势必引起重大国际纠纷。日本顾问答称，彼奉令而行，即违抗日领，及任何其他方面，亦所不惜云。余随即派一英人至隔壁〔壁〕日领馆请其保护，日领外出，仅副领在馆内，日副领称彼无权干预此事。在南满路区内之海关人员，仍照常工作，但三人已为满洲警察所捕去，满洲警察，既在南满铁路区内横行无忌，余乃以书面通知日领如日领不能担保海关人员之安全则余将撤退一切人员。日籍职员除一人外，余均已辞职。满洲当局之行动，表示丝毫不能让步，今日海关人员，异常恐慌，致应付一切尤为困难。

今日梅乐和又接得安东税务司之第二次电报内称：日本顾问，制止海关人员继续工作，故彼已将全体人员撤退，同时日领向该税务司表示，彼将禁止满洲当局在南满铁路内一切不法行为。

英舆论激昂

中央社伦敦一日路透电　英舆论界及国会中，仍以大连海关问题，为讨

论之焦点，惟在国联调查团之报告未提出以前，各大国或将无所表示。

各报纸对此亦颇多批评：星期评论云：大连海关之被侵夺，实为对各国之智慧一种羞辱，又谓日本指导傀儡政府之成功，一若其不宣而战之收获云云。

7月4日

《锡报》[0002版]
东北海关被夺后，伪国暂不变更关制

叛警威胁，关员交涉

【哈尔滨】据警署报告，一日警察当局，访晤前税务司越汉，质问哈警威胁海关职员，有何凭证，若不能提出明证，即为诬蔑，哈方将采严厉措施，税务司答称，若非威胁，则目前于压迫之下在海关服务之人员，应听其自去，不应强迫工作。警方称，此非警察范围，应由新税务司着手决定。

哈税务司，严重抗议

【北平】黑河电，滨江关税务司波拉地，访伪师长鲍逆观澄，代表总税务司梅乐和口头抗议，嘱即转达伪国，嗣波拉地复表示，彼个人对伪国以武力接收海关，亦严重抗议，此后彼无论如何，仍拟继续行使职权，最后波拉地又宣称，叛逆警察当接收海关时，将关员数名威胁，深觉不满，特提出交涉，希从速纠正。

伪税务司，改称关长

【黑河】伪国暂保持海关制度，变更税务司名义，另委前税务司溥德为满洲里分关总裁，但溥不就，已改委俞绍武任滨江关关长，代税务司地位。

《新闻报》[0004版]
东北税关汇讯

总税务司抗议

黑河　海关形势仍在混沌中，南岗本关寂无一关员，仍由大队警探严密监视，旧关员静候税务司柏特之指示，柏特一日得总税务司梅来电，特访市长鲍观澄氏，代表总税务司口头抗议，嘱转达伪国梅抗议电大意：余对满洲

近代报刊东北海关资料编年（1906—1937）

政府武力接收海关，严重抗议，并应绝对继续事务，今后若有驱逐关员出境命令，则绝对不他去云。

伪国提调停案

日联社二日长春电　满洲国对于日政府关于海关接收问题之调停案之对策已完成，本日下午抵此间日领事送达日政府，其内容如次：①中国政府除大连海关外，承认满洲国接收各海关；②如中国政府承认满洲国接收大连海关，其收入全归中国政府（外债担保由中国负担）；③如中国政府不承认满洲国接收大连海关，则其收入归于满洲国（满洲国不负担外债担保）；④全满海关外债担保还清后，海关行政名实共归属满洲国。

电通社三日长春电　满洲国政府，关于大连海关接收问题，对关系各国所提唱〔倡〕之一，大连海关，由列国共同管理，一、承认中华民国之主权等，所谓满洲国实质的接收案，绝对反对决始终依自主权确保之既定方针进行，如中国方面，依然回避满洲国之接收要求，则将第三国所认为妥当之分担金，交正金银行或上海银行团，以公正之态度，对抗中国政府，其根本方针，务必由南京政府，与满洲政府，直接交涉解决之。

哈警威胁柏特

路透社二日哈尔滨电　据今日警署方面消息，警员往晤滨江关税务司柏特，予以警告，谓其所发威胁税关职员之说，如不能证实，则警署将认为毁谤，将来再有此种毁谤言论，警察将以严厉手段对付之云。柏税司答称，如果无威胁旧职员情事，则现被强迫工作之职员，何不听其他去，警员称，此事警察不能作〔做〕主，如何处置新职员，须全由新任税务司办理云。

路透社二日哈尔滨电　目下滨江关之职员，皆为数日前满洲国当局所强募者，由前南满铁路大连局长加藤任新税务司，督率办公。除被胁迫服务之旧职员外，尚有曾经开除之中俄人数名，旧职员现仅有当地之华人六名，为柏特服务，其余未加入"满洲国"职员者，闻均避匿。

安东关之交涉

日联社二日安东电　满洲国接收安东海关后税务司波得本日命关员等死守满铁附属地内关务，海关监督布告，非满洲国任命之官吏禁止办公，两方态度强硬，争执渐有重大之势。

《中央日报》[0002版]

汪罗宋郭在沪，会商东北海关问题

对日本所提调解办法决拒绝，汪院长等昨晚离沪起程返京

中央社上海三日电　罗文干、郭泰祺江（三日）晨九时许，偕往宋宅，会商东北关税问题，谈一小时，罗、郭复同往谒汪，晤谈后，罗先辞出，汪、郭同出至郭宅续谈，至午汪始返寓，汪及何应钦下午五时许先后至宋宅，与宋会商至晚始散。闻两日会商结果，对叛逆攫夺关税已决定应付办法，对剿匪军费，及苏省财政，亦商得相当结果，汪下午在寓邀银行界要人李馥荪等，及各报代表说明施政近况，并谘〔咨〕询一切，汪偕陈璧君、曾仲鸣夜车返京。

中央社上海四日电　汪精卫、曾仲鸣江（三日）晚十时专车返京，罗文干、石青阳江（三日）夜快车返京，顾孟余江（三日）下午三时廿分返京。

中央社上海三日路透电　闻日本提出关于东北海关问题调解办法之照会已由梅乐和转交外交部，昨晚汪、宋、罗、郭之会议，席中曾将日方照会提出，讨论结果，决定加以拒绝云，今日下午郭泰祺已偕其夫人及幼子乘日本皇后号赴英，送行者有罗外长、英美总领事等，郭将经坎拿大赴英，预料八月三日可抵伦敦。

中央社北平三日电　黑河电　滨江关税务司波拉地访伪市长鲍逆观澄，代表总税务司梅乐和口头抗议，嘱其转达傀儡组织，波拉地并谓彼对叛逆武力接收海关，严重抗议，并应绝对继续事务，今后若有驱逐关员出境命令，亦绝对不他去，叛逆对波拉地向外宣称，叛逆警察当接收海关时，向关员拟枪拘禁吏员数名，为一种威胁，甚觉不满，特与其交涉从速更正，否则取断然手段处置云。

中央社哈尔滨二日路透电　据警署报告，昨日警察当局访前税务司约翰，质问彼称警察"威胁"海关职员，有何凭证，若不能指出明证，即为诬毁警方，将采严厉措施，税务司答称，若非"威胁"，则目前在压迫下为海关服务之人员，应令其自去，不应强其工作，警方称此非警察范围，应由新税务司酌定云。

中央社东京二日路透电　据长春传来之日方消息，东北叛逆已准备对海关问题，对日方提出对案，其要点如下：（一）中国应承认叛逆得接收满洲

各地之海关,但大连海关除外;(二)若大连海关之行政权能交叛逆则叛逆仍将大连海关之收入,应还外债部份〔分〕外,将关余汇解南京;(三)若此种办法,不能实行时,则所有各关收入,均将归叛逆,但对于抵押部分,不能负责;(四)俟外债偿清后,满洲各地之海关行政权,均应一律移交叛逆云云。

对日将再提出抗议

据财部某要员谈,日人主使伪组织,抢夺东北关税,已到最后严重时期,英美均因债务关系,已向日政府提出严重质询,现在交涉关键,以大连海关为中心,宋财长于迭次宣言中,声明日政府对于租借地内应负中国关税行政完整之全责,而日人毫无履行之意。日前外部向日政府提出抗议后,毫无结果,外长罗文干,前日赴沪,与宋财长续对应付办法,再作详商,我方对此事,所采之坚决政策,即在完全恢复东北各海关之现状,最后虽到任何牺牲,亦所不辞,前被免职之大连关税务司福本,已受伪组织之非法任命,开关征税,并武力威胁全体关员参加,但中国关员一百余人,均已躲避,近福本下令,严禁辞职关员离境,如被查获,即交由伪组织,治以叛国之罪,总税务司所任命替代福本职务之大连关前副税务司(日人),令其即日就职任事,但因受日本军事当局之警告与恫吓,未敢执行职务,刻下中国在大连之海关,已无形被迫停顿,安东关复被抢夺,其他各海关关员,亦均被迫服务,观察上项情势,实已到最后严重时期,财部现已将此事及其关系文件移送外部,全权办理,并向日本再提出严重抗议云。

7月5日

《时报》[0002版]

罗谈东北海关,日提荒谬折中办法,我方坚决反对

南京四日电 罗文干四日晨八时返京,罗谈,日嗾叛逆劫夺东北海关,以紊乱我国财政,经我严重抗议,日又提折中办法,拟交还大连关以便偿付外债,而爱〔瑷〕珲、滨江、营口、珲春、安东等五关则属叛逆,我国对此决坚持原来主张,坚决反对,誓用全力设法收回,伪组织为日人一手包办,劫夺关税,亦由日方所嗾使,且大连关在日租借地内,故日方应负完全责任。总之海关问题,为东省整个问题之一部,吾人应努力收回海关,尤应努力收复东北失地，而收复东北失地之责任，不应仅由外交当局负之，尤应全国一致共同努力云。罗又谓何应钦、李济深留沪，系候孙科返沪，对粤事再作商洽，务期消弭战机，一致对外云。（中央社）

南京四日电　罗文干四日晨抵京，谈东北关权问题，在沪与汪宋等会商后，已拟有应付办法，依照原定计划严重交涉。

《时事新报（上海）》[0002 版]

英下院重要问答，圆桌会与东北海关

（路透伦敦电）今日午后下院开会时，保守党议员萨谬尔询问外相已否接到日政府声明其关于大连海关事志愿之文，日政付〔府〕曾否保证遵照一九〇七年条约，维持中国海关之完整与一切债务，外交次官艾登答称，日政府已允对于此事，竭力告成满意之调停，又称，一九〇七年条约仅于大连设立海关以杜私运事，萨氏于是又问曰，外相其知一九〇七年之条约一旦破坏，则其结果将使满洲商业完全落于日人掌握乎？艾登答称，渠深知此约之重要，故英政府乃有诘问之举也，艾登继又宣布顷收到上海和明商会提议召集圆桌会议之决议案全文，现正在考虑中。

《新闻报》[0008 版]

东北税关问题

伪国拒绝日本调停

电通社四日长春电　关于接收大连海关之日本调停案，二日午后，田中副领事，赴满洲政府外交部，访大桥次长，当即面交满洲国方面，大桥次长与谢介石部长协议之后，驹井总务长官、坂谷次长、源田税务司长等，复在大和旅社，协议一切，结果均以日本政府之苦衷，虽应原谅，然置大连海关于中国政府主权之下，则侵犯满洲国之独立，紊乱满洲国之关税组织，绝对不能承认，决以此旨，回答田中副领事，结果决定仍照现状，继续征税事务，至随此而发生之国际关系，观望形势，随图应付，务使毫无遗憾云。

政府决定竭力抗争

南京　外罗四日晨返京，据谈，东北关权问题，在沪与何宋等会商后，已拟有应付办法，决依原计划，与日严重交涉，誓死抗争，以达收回目的，决不畏强暴，丧权辱国，为后人唾骂。

美领往满洲里视察

哈尔滨、哈美领翰森往满洲里，视察海关被接收后情形。

伪国擅委滨江关长

哈尔滨　伪国委前充满洲里海关帮办俞绍武为滨江海关长，权同税务司，俞一日来任，午前由日顾问加藤伴同视察各关卡，南岗本关二日有新旧关员十人办公，洋员无一人上班者。

柏特不就伪国新职

哈尔滨　伪国委税务司柏特为满洲里海关总办，柏特未就。

英下院议员之质问

路透社四日伦敦电　今日午后下院开会时，保守党议员萨缪尔询问外相已否接到日政府声明其关于大连海关事志愿之文，日政府曾否保证遵照一九零七年条约维持中国海关之完整与一切债务，外交次官艾登答称，日政府已允对于此事竭力告成满意之调停，又称一九零七年条约仅于大连设立海关以杜私运事。萨氏于是又问曰，外相其知一七[①]零七年之条约一旦破坏，则其结果将使满洲商业完全落于日人掌握乎？艾登答称，渠深知此约之重要，故英政府乃有诘问之举也，艾登继又宣布顷收到上海和明商会提议召集圆桌会议之决议案全文，现正在考虑中。

7月6日

《大公报（天津）》[0003版]

东北海关被夺结果，关税收入不敷偿债，总税务司昨发表重要声明

【上海五日路透电】关于英外次艾顿氏四日下午在下院之宣言，总税务司梅乐和发表下列谈话："中国政府不能承认大连海关条约仅关系在大连设关阻止偷运事件之说，此约条款表示，大连海关职务须酌量需要而修改，与在中国各通商口岸所订之条约相同，防止偷运事件虽属主干重要问题，在大连与他处情形无异，惟海关根本目的，则在征收税款，故日本违反条约，不

---

① 原文为七，应为九。

仅为税收能力损失问题，如大连海关现时偷运事件即甚繁夥，偷运者获有盈利，且令中国财政收入，实际削减，因此碍及以关税担保之债务云。又本日梅乐和发表下列通告："因满洲海关收入为所谓满洲国当局者攫取，故海关六月份收入剧减，本月间债务与赔款偿付总额为上海银一千二百九十三万五千两，而总收入额则为一千二百八十二万七千两，因此不但不能如寻常获得盈余，且发现短绌十万八千两，因任何单独或综合原因，收入如再稍有削减，即将影响抵押债款之偿付"云。梅乐和又引证前五年之岁入谓由一九二七至一九三一年，每年总收入为香港银一四三.〇四八.五四一两，东省各处收入为一九.九一〇.〇一七两，付债赔款总数为一二五.一四四.四三九两，其中东省各海关应担负一七.四一八.一〇三两。

【哈尔滨五日电】满洲里海关代理税务司挪威人伊律克希越氏，今午搭火车来哈，在车中被捕，此事顷已通知挪威政府。据某外人谈，"满洲国"顷间并无一国承认，满洲在日本军事占领中，日人自应负保护外侨安全之责，且"满洲国"行政官吏，多为日人，故日本尤不能卸职，顷间列强对满洲情势，异常注意云。

【东京五日新联电】关于接收大连海关问题之日政府妥协案，因中国政府与"满洲政府"各持反对的态度，纠纷愈甚，然日本外务当局仍坚持该妥协案之立场，无论如何不能容认〔忍〕大连海关为"满洲国"之海关，以促"满洲国"之反省，同时并继续与中国政府作同样之折冲，以期圆满解决，倘双方仍固执各自之主张，则大连海关舍暂维现状外无他法。

英下院之质问

【伦敦四日路透电】议员合维斯氏在下院请求英政府，令日本担保其"满洲国"政策，须遵照国联盟约第十条与九国公约第一节之规定，外次艾顿氏答称，在国联大会三月十一日决议案中，日代表曾经宣称，对于请求注意审慎尊重条约义务原则，日政府异常欣慰，认为具有绝大重要性，又日政府曾公然宣称，准备维持九国公约义务，因此无需再令日本作此类之担保云。又电，议员山穆尔氏在下院质问外长，曾否获得日政府对于大连海关意向之声明，或有任何担保，愿按照一九〇七年条约，维持中国海关完整，以及偿付债务办法。外次艾顿答称，日政府现已允许设法获得一圆满办法，又称一九〇七年条约仅关系中国在大连设关，以及防止偷运事件。山穆尔又问，外

近代报刊东北海关资料编年（1906—1937）

长是否得悉，倘令一九〇七年条约被破坏，满洲之整个海外贸易，将尽入日人之手，艾氏答称，彼极明了此项条约之重要，因此英政府提出劝告云。

《中央日报》［0002版］
梅乐和宣告，东北税关被夺影响
税收激减不足偿付债赔各款，关税担保各款必受重大影响，罗文干对东北海关问题将发表谈话

关于东北海关问题，日方宣传之所谓折中办法，政府根据保持主权行政完整之原则，已决定拒绝，业志前讯，兹闻外交部罗部长，今日（六）将有重要谈话发表，表示中国对东北海关问题之态度与解决此问题之途径云。

本社五日上海专电　梅乐和宣言上月应由关税拨付内外债及赔款，共关银一二九三万五三八四两七钱二分，现因东北关税，被所谓满洲国攫夺，该月内全国海关汇沪税款，仅一二八二万七七四四两五钱一分，是非但无盈，且对债赔各款，应付本息，尚缺一〇七六四〇两一钱一分，假使关税循此，无论因何原因，再行短少，则关税担保各款，必受重大影响，兹再将全国关收总数等按近五年平均计算如下：（甲）全国关收总数一四三〇四万八五四一两；（乙）东北各关税收总数一九九一万零一七两；（丙）应由关税项下拨付债赔各款总数一二五一四万四四三九两；（丁）东北各关对债赔应担负总数一七四一万八一〇三两。

中央社上海五日路透电　总税务司梅乐和于评论昨日英外次在国会中之言词时，称爱敦谓大连海关设立之目的，在防止私运，此点中国政府难以赞同，按大连海关条约之规定，大连关之职务，与其他中国通商口岸之海关相同，防止私运，固为责任之一，因大连私运最多，但其主要目的，仍在征收税款，故日本违反海关条约之行为，不但便利私运，实际上中国国家收入，亦为减少，结果必至危及以关税为担保之债务云云。

7月7日

《国民导报》［0002版］
关于东北海关事件，罗文干发表重要谈话
日本既唆令傀儡政府劫夺我国东北各海关，尚惺惺作态提出所谓调停办

法欲我国承认,各友邦不察日之鬼〔诡〕计竟劝我政府接受调停,破坏我国海关行政完整之条件我决不接受。

英外次爱顿称大连海关系日人移交伪国者

罗外长对东北海关事件重要谈话

南京六日电　关于日本嗾使东北伪组织,掠夺我国海关事件,我国政府,已坚决表示对日方提出所谓调停办法,决不接收,誓用全力收复东北海关,乃近来各友邦竟诱劝我国政府,接收日方所提办法,罗外长以此种诱骗,实大背我国所定方针,今日特发表谈话,其大意如次:日本一面嗾使其傀儡组织,劫夺我东北海关,一面惺惺作态,提出其所谓调停办法,希我承认,日本此项举动,不仅侵犯我国海关行政之完整,抑且损害内外债之担保,不仅违返〔反〕国联公约、九国条约之规定,且破坏一九零七年中日关于大连海关之条约,友邦政府为保障公约信义计,为维持外债担保计,对于此项事件,自不能默尔而息,但解决此案之正确途径,应向日政府提出交涉,科其责任,绳其谬说,不应向中国政府劝诱承认,换言之,友邦政府应设法制止侵略者之侵略,不应敦促被侵略者之让步。

英外次称日移交大连海关于伪国

伦敦五日电　英外次爱顿今日于众议院中答称,大连海关,并非为满洲所强占,实由日本在海关服务人员撤职后,将大连海关移交与满洲,既由日本及英国驻华使署,出任调停,已转达中国当局,调停办法:一、东三省所应担负之海关外债担保,及偿还款额,仍照将提权之完整,预料满洲可接收调停办法,中国政府之态度,此时尚不明了,英国政府将继续努力于可能范围内,以合法方式,维持外债之信用,及海关之威信。

《人报(无锡)》[0002版]

罗外长发表重要谈话……

东北海关问题解决途径,各友邦应向日提出交涉科其责任绳其谬说

罗外长对东北海关事件之谈话关于日本嗾使东北伪组织,掠夺我国海关事件,我国政府已坚决表示,对日方提出所谓调停办法,决不接收,誓用全力收复东北海关。乃近来各友邦,竟诱劝我国政府接收日方所提办法,罗外长以此种诱骗,实大背我国所定方针,今日特发表谈话,其大意如次:

近代报刊东北海关资料编年（1906—1937）

　　日本一面嗾使其傀儡组织劫夺我东北海关，一面惺惺作态，提出其所谓调停办法，希我承认，日本此项举动，不仅侵犯我国海关行政之完整，抑且损害内外债之担保，不仅违反国联公约、九国公约之规定，且破坏一九〇七年中日关税协定国之条约。友邦政府为保障公约信义计，为维持外债担保计，对于此项事件，自不能默尔而息，但解决此案之正确途径，应向日政府提出交涉，科其责任，绳其谬说，不应向中国政府劝诱承认。换言之，友邦政府应设法阻止侵略者之侵略，不应敦促被侵略者之让步。

　　伦敦五日电　英外次爱顿，今日于众议院中答称，大连海关并非为满洲所强占，实由日本在海关服务人员撤职后，将大连海关移交与满洲，现由日本及英国驻军使署出任调停，已转达中国当局。

　　调停办法四、东三省所应担负之海关外债担保，及偿还款额，仍照旧提交中国海关当局；五、维护中国海关管理权之完整，预料满洲可接收该项调停办法。

　　中国政府之态度，此时尚不明了，英国政府将继续努力于可能范围内，以合法方式，维持外债之信用，及海关之威信。

　　南京六日电　近日日方盛传伪国已通告万国邮联会，接收东省各邮务机关，宣布邮政自主。昨据外交人员称，万国邮联会并未接到此项通知，且即有此项通知，在伪组织尚未加入该会前，亦决不能有此效力，凡有新国请求加入万国邮联会，照例须先由各该国函达瑞士国，然后通告各国，经各国一致允可，始可加入，是则东北伪国组织求加入为势所不可能。

　　东京六日电　今日各报对日外交次官向英大使林德立之言，谓日本在调查团未离远东前，将不承认东北傀儡组织一节，有强硬批评，谓此虽小事，但日本颇感棘手，因恐外次之失言将引起社会之反对，令形势愈趋复杂，但又谓外次之言仅能代表个人意见，若政府认为有积极承认东北傀儡组织必要时，似得予以承认，此间各报社论，对于调查团某君向日本知报称日本承认东北傀儡组织及违反九国条约一节亦表愤激之意。

《申报》［0004版］
罗文干发表英文谈话，为东北海关事告友邦
　　南京　罗文干对日本嗾使东北伪组织掠夺我国海关事件，六日发表英文谈话，大意谓，日本一面嗾使其傀儡政府劫夺我东北海关，一面惺惺作态，提出所谓调停办法，冀我承认，日本此举，不仅侵犯我国海关行政之完整，且损害中国内外债之担保，不仅违反国联公约、九国条约之规定，且破坏一九零七年中日关于大连海关之条约，友邦政府，为保障公约信义计，为维持外债担保计，对此事自不能漠焉置之，但解决此案之正确途径，应向日政府提出交涉，科其责任，绳其谬失，不应向中国政府劝诱承认，换言之，友邦政府应设法阻止侵略者之侵略，不应敦促被侵略者之让步云。（六日专电）

中央关税损失

南京　财部息，东三省五海关，日来每月平均收入三百余万，除偿还外债约二百余万外，尚盈余百万左右，均解国库。自傀儡政府截留后，中央财政每月损失三百余万。沪战后各地关收入（除本省关税不计外），六月份较去年同月约减三百余万，连东北计算，损失四百余万。（六日专电）

《时报》[0002版]
外长罗文干发表谈话
掠夺东北海关应科日本责任，不应劝诱被侵略者让步
日本惺惺作态提出所调停办法，英外次在下院答问亦可怪异

南京六日电　关于日本嗾使东北伪组织掠夺我国海关事，罗文干六日晚发表谈话云，日本一面嗾使其傀儡政府劫夺我东北海关，一面惺惺作态，提出其所谓调停办法，冀我承认日本此项举动，不仅侵犯我国海关行政完整，抑且损害中国内外债之担保，不仅违反国联公约、九国条约之规定，抑且破坏一九零七年中日关于大连海关之条约，友邦政府为保障公约信义计，为维持外债担保计，对于此项事件，自不能漠焉置之，但解决此案正确途径，应向日府提出政交涉，科其责任，绳其谬失，不应向中政府劝诱承认，换言之，友邦政府应设法阻止侵略者之侵略，不应敦促被侵略者之让步。

伦敦五日电　国会下院今日复提及大连关问题，外次艾登答工党议员台维斯之问话，称大连关非被"满洲国"占领，大连日籍税务司因拒绝将税款解沪，致被免职，日职员遂全体辞职，以大连交与"满洲国"云云。艾登续称，英日两使馆已转告中国当局以关于保障东省各关应担负债赔各款额数及维持中国关税完整之办法，想"满洲国"对此或有同意希望，中国政府将采

何态度，现尚未定，英政府将继续以可能及适当方法，谋各项债款之稳定，及中国关税之完整云。（路透社）

《新闻报》［0012版］
满洲里海关主任被捕

梅乐和接滨海关税司电告　路透社六日上海消息　总税务司梅乐和接滨海关税务司柏特来电，据称满洲里海关主任那威人舒卓资，于本月四日被非法逮捕，此事渠有充分证据云，上述非法行动，现将通知那威当局。

《益世报（天津版）》［0001版］
日本劫夺海关破坏条约，友邦政府应纠正其谬失

外罗昨发表谈话认为解决正确途径，满洲里分关主任四日突被叛逆逮捕

【南京六日下午八时十分本报专电】外罗对日本嗾使伪组织劫海关事，鱼（六日）特发表英文谈话，大意谓日本嗾使傀儡政府，劫我东北海关，一面又提出其所谓调停办法，冀我承认。日本此举，不仅侵犯我国海关行政之完整，抑且损害中国内外债之担保，不仅违反国联公约九国条约之规定，抑且破坏一九零七年中日关于大连海关之条约，友邦政府，为保障公约信义，及维持外债担保计，对于此项事件，自不能漠视，但解决此案之正确途径，应向日本政府提出交涉，科其责任，纠其谬失，不应向中国政府劝诱承认，换言之，友邦政府应设法阻止侵略者之侵略，不应敦促被侵略者之让步云云。

【上海七日零时四十六分本报专电】梅乐和接滨江关电告，满洲里分关主任挪人施约斯，突于支（四日）被捕，已获确据，刻已通知挪领。

【上海六日路透电】总税务司梅乐和接到哈尔滨海关税务司伯来特约电称，西伯利亚边境满洲里海关税务司西乐（瑞典人）于七月四日被满洲国逮捕，已将此非法行为通知瑞典当局云。

【伦敦五日路透电】英外务副大臣爱敦氏，本日对工党议员达威斯作一说明，谓大连海关并非由满洲国强占，自该关日本员司辞职后，即将海关事务交与满洲国接收，一方并将规定以关税作保之外债满洲税关应摊部分，以及维持海关完整之办法内容，经由驻华英日两国使馆转达于中国当局，此项条款满洲国当局或可被关说而同意也。爱敦继称，中国政府对于此事所持之态度如何，依然未定，而英国政府自必按照其势所及，采取因时制宜之方法，以谋外债本利之保障，与夫中国海关制度之完整云。

【南京六日下午五时四十分本报专电】日方盛传满洲伪组织已通告万国邮联会，接收东省各邮务机关，宣布邮政自主等情，顷据外界人称，万国邮联会实并未接到此项通知，盖凡有新国加入万邮会，须先由该会函达瑞士政府通告各国，经各国一致允可，始能加入，故伪政府即有上项通知，亦属无效。

7月8日

《民报（无锡）》[0002版]
东北海关问题，英方提出调停案
外部尚未答复但已决意拒绝，英美反对各地代收东北关税

本报七日上海电　自日人利用其傀儡，劫夺东北海关后，国府拟宣布停闭东北各地海关，所有该处应完税款，由东北以外各地海关代收，外交当局，曾以此意，向英美方面要求谅解，但英美均以为该项办法，将引起二重关税之纠纷，表示反对，兹闻使团方面，主张开国际会议解决，此事英方提倡最力，最近英国驻日大使林德立，向日外务省提出之调停办法，即为将来国际会议中提出之基础案，北平英国代理公使，亦以林德立调停案，向我方提示，征求意见，外交部虽正考虑答复，但已决意拒绝云。

《锡报》[0002版]
日夺东北海关，英使主开国际会议
已向两国政府提议，我允考虑后答复

【南京】自日本利用伪国，劫夺东北海关，我国府将宣布封闭东北海关，所有东北进口应完税款，由东北以外各地海关代收，外交当局，曾以此意向英美要求谅解，英美因此项办法，易肇纠纷，表示反对。近英使主张，召开国际会议解决，驻日英大使林德立，已向日外交部提出此项办法，北平英代公使亦以此项办法，向中国提出，征求意见，外部允考虑后答复。

7月9日

《大公报（天津）》[0003版]

宋子文与银界商定废两原则

惟银元法价标准难定，宋昨返京商东北海关问题

【南京八日下午七时发专电】宋子文八日晨抵京谒汪，报告在沪筹划财政经过，即日起继续到部办公。

【南京八日下午十一时发专电】宋子文下午二时谒汪，报告在沪接洽筹款经过，旋邀罗文干至汪宅，共商东北海关事，晚汪至北极阁宋寓，与宋长谈财政问题，宋因须与银界会谈，明后日即拟赴沪。

【上海八日下午八时发专电】七日晨宋子文与银界在本宅商定废两原则，实行期未定，但三个月内可准备妥当。最未易决定者为银元法价标准相去太多，难于划一。沪造币厂俟新模到即开铸，并开始自由铸造制。关于此点，银钱两会有说帖呈宋。

《大公报（天津）》[0004版]

安东海关之傀儡把戏

强接后仍称中国海关，日职员加入"满洲国"

海关华员之一封书

【北平通信】清华大学某君近接安东海关职员来函云，安东海关已于六月二十八日上午被强暴接收，但属地内在名义上尚能称为中国海关，在实际上已为海关之日人把持，所有日人虽仍照以前办理，但已加入"满洲国"，海关外班华员全体已于二十九日起怠工，而在火车站内海关班，仍照常上班，但多不办公，以待日人正式驱逐，作为将来交涉之根据。惟迟至今日尚未驱逐，而税务司美人及港务长英人之私宅已为日人率"满洲国"之日本警察强行搜查一次，在港务长家中，毫无所得，在税务司家中，强取海关公文八车，港务长已函请英领抗议。华员外班亦本拟仍在属地之分卡照常工作，但日人采恫赫〔吓〕手段，阻止上班，因是无理被拘者三人，软禁至二十五小时之久，始行放出，其罪名则为"不慎行为"四字。此外又指名四人，往华员俱乐部搜捕，我亦内中之一员，是以同人无不惊惶，吾等之生命财产，均无保障。刻下同人均已束装待发，一切用俱〔具〕，统行拍卖，一元之物不过三角，我之家俱〔具〕仅得大洋二十元，但总务司尚无一定办法，实令人焦急万分。本埠尚平安，但出外数里，已极不平安，日人之生命时时亦在危险之中。东省人心未死，中央作战命令一下，东省人民准可实行总动员，余不多书云云。

《民报（无锡）》[0002版]
劫夺东北海关案
我方发出抗议后，日政府覆〔复〕文到沪

本报八日上海电　关于日人利用其傀儡劫夺东北海关，国府于前日对日政府提出严重抗议，今晨日外务省致一训电于本埠日使馆办事处，驳答我国抗议，据其内容之大概为，东北海关事件，系"满州〔洲〕国"自动行使其主权，与日政府无关，故对贵国政府抗议，自无逐条答复之必要，惟对贵国政府，认满州〔洲〕国，为本属领，甚属错误。

《民报》[0003版]
财宋昨晨返京，与汪罗详商财政，结果极圆满已打破难关
东北叛逆劫税，各关税关系国将以公使名义对日郑重表示

本报八日南京电　宋财长八日晨八时返京，十一时赴部视事，询财次李调生最近财政状况甚详。下午一时，谒汪院长，适罗外长在座，宋除报告在沪接洽经过外，并与汪罗商东省海关问题之对策。晚八时许，汪罗又赴北极阁宋宅详商，结果极圆满。宋定九日再赴沪一行，与金融界再度具体接洽，再返京主持全国财政会议。闻财政问题，经历次详商，已打破难关。开源方面，或将再发公债一次，节流则仍持紧缩政策，剿匪经费，原拟于一千三百万外，每月增加五百万，现决增二百五十万。何应钦请将增加数目，续发六个月，惟尚未决定。又八日随宋返京者，有关署长张福运、盐务署长邹琳、烟酒印花税处长黄维崟等，黄及财部总务司长邓敏仁、奉派筹备财政会议，邓在沪，九日可返京，即着手筹备进行云。

本报八日南京电　领署息，各关税关系国，以东北海关被劫，正准备以公使名义，个别对日有郑重表示。

中央八日南京电　日嗾叛逆劫夺东北关税后，日政府惺惺作态，提出所谓折中办法。我政府已坚决拒绝，誓以全力，收回东北各海关。罗外长七日发表重要谈话，望各国应劝侵略者让步，勿劝诱被侵略者承认，后闻各关系国颇为注意，惟尚未有何表示云。

《新闻报》［0012 版］
英美两国反对征收二重关税
对我国处置东北海关办法持异议，主张在沪召集有关各方共谋解决

关于东北伪国劫夺我国海关主权问题，业经我外交财政两当局商定整个应付方针，对满洲伪国，决再提严重抗议，如伪国仍不悔悟，则决取必要处置，将大连海关实行封锁，并重新征收进出口关税，兹悉此项办法宣布后，颇引起国际方面之注意，英美两国，对上项处置办法，已表示反对，谓大连海关封锁，有无利害，姑且勿论，惟引起二重征收税之纠纷，则为意中之事，此项纠纷，足以影响各国在华之商业运输，英国方面，且主张在沪召集一重要会议，邀请有关各方列席，共谋一适当解决方法，庶几不致影响各国商业，现驻沪英美两总领事，已分别交换意见，拟日内即向我国外交当局征询同意云。

7月10日

《时事新报（上海）》［0002 版］
东北海关问题在调解中，封锁政策暂缓实行，东北输入货品暂允通过

东北叛逆在暴日操纵之下，不独组织傀儡政府，近且更进一步，劫夺我东北暨大连等处之海关，我政府一方向日本政府提出严重抗议，而对于被夺各海关之应付方略，除免去大连海关日籍中国官吏税务司福本之职外，业已筹有相当办法，并拟实行封锁政策。自此消息传出后，颇引起各方之注意，对于由满输入货品之通过问题，或将成为一空前绝大之问题，不意前日（八日）汉口来电，谓本日午后大连汽船公司之河南丸，由大连装运，抚顺煤来汉，提示伪满洲国大连海关之货单，上盖有财政部大连税务稽征所字样之戳印，竟未发生任何问题，并得安然通过。昨日记者特以此事往各处详细探询，兹据可靠方面宣称，谓自东北及大连等处之海关，经东北叛逆非法接管后，殊引为国际间之注目，深恐危及外债赔偿问题，乃由各驻华友邦公使，从事查解，在未得整个圆满解决之前，对于实行封锁政策，暂缓实行，同时并提出由东北输入货品，暂时准予通过之折中办法，财政部方面，业已非正式通知各海关，在被攫海关问题未解决之前，或谈判未破裂之后，暂时允予通过，故日前来沪之长春丸，及新抵汉口之河南丸，载来货物，竟得安然通过，至于各友邦公使之调解办法，进行颇为顺利，我政府始终根据以统一海关行政权为原则，最近双方之谈判，大致可无问题。闻尚有二项极重大之问题，双方争执颇烈，意见各趋极端，预料该项问题，或将引起谈判之破裂，如调解成立，则该项调解办法，闻仅限于未收复东北失地以前之暂时方法云。

滨江关副税司已释

（路透八日哈尔滨电）昨晚警察拘捕之滨江关副税务司沃伦堡与其助理罗查夫二人，现释放，但警察迄未宣布搜查此二人住宅并拘捕其人之理由，查此二人均悉白俄。

《中央日报》［0002 版］

东北海关被攫夺中，哈警搜捕哈税务司

捕去四华仆，借口有共产嫌疑，副税务司欧兰勃等被捕旋释

中央社哈尔滨八日路透电 昨日哈警偕同副领事往海关税务司勃莱约翰家中，实行搜查，谓勃之仆人四名皆华人，有共产嫌疑，现该四华仆已被捕，又副税务司欧兰勃及助手罗索夫二人，俱被捕，居宅被搜，又有海关职员俄人四名，及其他俄侨十三名，内有在粮食出口商供职者，均以共产嫌疑被捕，彼等皆被指为国际革命协会会员云。

……

前被捕之海关职员欧兰勃及罗索夫二人已被释。

7月11日

《大公报（无锡）》［0003 版］

伪国已定今明日宣布东北海关自主

因英美态度变化，决采原定政策，日运输会议反对我方封锁政策

关于东北海关，日人利用伪组织实行劫夺以来，因英美方面，相继提出

近代报刊东北海关资料编年（1906—1937）

抗议，日人见情势不佳，便唆使其傀儡表示妥协解决，并愿声明保证，照常支付外债担保，缓和列强态度，近又因英国方面态度忽有变化，驻日英大使提出所谓调停办法，日方遂亦根据该项办法，提出另一调停办法，以诱我方承认伪组织之违法行为，我方对其调停办法，置之不理。

宣布自主内容

日方既见英美态度不能一致，乃采行原定政策。定明日中伪组织宣布东北海关自主，闻其内容如下：

一、大连海关及东北各关，均由满洲国实行接收自主管理；

二、大连海关之存在，系侵害满洲海关自主权，故满洲决拒绝任何第三国之调停；

三、外债担保，拟托日本正金银行支付。

日运输业会议

又自日人唆使其傀儡组织，劫夺东北海关，国府方面有拟以封锁东北各关，由东北以外各地海关，征收关税之说，日人乃大起恐慌。昨晚本埠日运输业组合，在其本部开会，协议应付办法，决向日政府要求预先指示办法，以便临时不能应付，至其组合方面意见，国府倘若实行由东北以外各关征收关税，则此无异抽两重关税，应绝对拒绝。

伪国证单通行

最近华山丸、唐山丸等日轮，由大连关至本埠，各项关海凭单，均署名伪组织，江海关当局，并不拒绝，故日商方面以为海关当局，已默认伪组织证单之有效，颇有欢喜。

《人报（无锡）》[0002 版]

伪国已定今日宣布东北海关自主

因英美态度变化决采原定政策，日运输会议反对我方封锁政策

关于东北海关，日人利用伪组织实行劫夺以来，因英美方面，相继提出抗议，日人见情势不佳，便唆使其傀儡表示妥协解决，并愿声明保证，照常支付外债担保，缓和列强态度，近又因英国方面态度忽有变化，驻日英大使提出所谓调停办法，日方遂亦根据该项办法，提出另一调停办法，以诱我方承认伪组织之遍法行为，我方对其调停办法将置之不理。

宣布自主内容

日方既见英美态度不能一致，乃采行原定政策。定明日由伪组织宣布东北海关自主，闻其内容如下：一、大连海关及东北各关，均由满洲国实行接收自主管理；二、大连海关之存在，系侵害满洲自主权，故满洲决拒绝任何第三国之调停；三、外债担保拟托日本正金银行支付。

《新无锡》[0002 版]

伪国已定明后日宣布东北海关自主

因英美态度变化，决采原定政策，日运输会议反对我方封锁政策

上海十日电　关于东北海关，日人利用伪组织实行劫夺以来，因英美方面，相继提出抗议，日人见情势不佳，便嗾使其傀儡表示妥协解决，并愿声明保证，照常支付外债担保，缓和列强态度。近又因英国方面态度忽有变化，驻日英大使提出所谓调停办法，日方遂亦根据该项办法，提出零一调停办法，以诱我方承认伪组织之违法行为，我方对其调停办法，置之不理。

宣布自主内容

日方既见英美态度不能一致，乃采行原定政策，定明日由伪组织宣布东北海关自主，闻其内容如下：一、大连海关及东北各关，均由满洲国实行接收自主管理；二、大连海关自主权满洲决拒绝任何第三国之调停；三、外债担保，拟托日本正金银行支付。

日运输业会议

又自日人嗾使其傀儡组织，劫夺东北海关，国府方面有拟以封锁东北各关，由东北以外各地海关，征收关税之说，日人乃大起恐慌。昨晚本埠日运输业组合，在其本部开会，协议应付办法，决向日政府要求预先指示办法，以便临时不能应付，至其组合方面意见，国府倘若实行由东北以外各关征收关税，则此无异抽两重关税，应绝对拒绝。

伪国证单通行

最近华山丸、唐山丸等日轮，由大连关至本埠，各项海关证单，均署名伪组织，江海关当局并不拒绝，故日商方面以为海关当局，已默认日伪组织证单之有效，颇为欢喜。

近代报刊东北海关资料编年（1906—1937）

7月12日

《国民导报》[0002 版]
社论
如何收复东北海关（云）

据昨日北平电讯 "日政府已决定采行原定政策，定今日由伪组织宣布东北海关自主，闻其内容如下：一、大连海关及东北各关，均由满洲国实行接收自主管理；二、大连海关之存在，系侵害满洲海关自主权，故满洲决拒绝任何第三国之调停；三、外债担保拟托日本正金银行支付。"这事就表面上看来，似乎宣布海关自主的是伪国，实在则谁不知是日本所嗾使。伪国宣布关税自主，实际就是日本对外表示说："从今天起，东北海关是我的了，以后永远和中华民国脱离一切关系。"

自日本嗾使叛逆劫夺我东北各海关问题发生后，英美法意各国政府亦曾命令各该国驻日公使向日政府一度提出抗议，同时与我政府亦有相当接洽，据闻我政府方面，对此事亦决定应付办法三项：一、向日政府严重抗议；二、通知各国促其注意，并希望主持正义；三、于必要时封锁东北各海关，而另在上海于各货出口或经过上海运往东北时，预抽东北各关入口税。

我们知道东北三省是我国的领土，东北海关是中国的海关，为甚么被人家劫夺去了，非但不肯交回，反敢公然荒谬地宣布海关自主呢？不用说，谁叫我们东北当局自己先就不挣〔争〕气，在一贯的不抵抗主义下，失去了东北三省。俗语说得好"皮之不存，毛将焉附"，整个东北三省也失去了还说甚么东北的海关，失去了东北海关，自然痛心，但，失去了整个东北三省的领土和主权，难道便不觉得更应该痛心吗？

我们应该怎样去收复东北的海关呢？向日政府提严重抗议吗？抗议即使严重，日本是根本不会理会的；二、向列强请求主持正义吗？列强没有征服日本的武力，那便永远不会主持甚么正义的；三、封锁东北各海关，另在上海征收吗？东北叛逆岂不会照常在那里征收，结果也只会酿成二重征收的关税，无非使商人多受痛苦，中国商民也许能够忍受压迫而无从挣扎，但各国商民，那些以本国政府武力作后盾的洋大人，又怎会甘心？

我们要收回东北的海关吗？唯一的方法是"立即抛弃不抵抗政策，集中全国实力，一致抗日并从速誓师出关，驱逐盘踞东北之日军，扫荡东北叛逆，实行以武力收复东北，整个东北收复了，东北海关又怎怕不能收回？"

7月13日

《中央日报》[0002版]
满洲里海关有两员抵哈
中央社哈尔滨十二日路透电　满洲里中国海关职员勃伦柏及史乔斯二人，已于今晨抵此，但彼等不愿对记者申述彼等在满洲里所受日满当局压迫之状状。

7月16日

《大公报（天津）》[0003版]
封锁东北海关，外财两部计划实行
【南京十五日下午八时发专电】财界息，外财两部对东北海关及大连海关问题，因日本置我抗议不顾，已拟定最后应付办法，我方决拟实行封锁，令中国各部海关于货物起运或通过时，代征东北或大连各关之入口税。

《申报》[0004版]
东北海关问题，最后应付办法——实行封锁政策，总税务司先提警告
南京　外财两部对东北及大连海关问题，拟有最后应付办法，如抗议无效，只有实行封锁政策，令中国各埠海关，于货物起运时或通过时，代征东北或大连各关之入口税，东北海关征二重税时，商业必受重大影响，英美各国维护中国海关制度之完整，素具热心，对此举当能谅解，现先由总税务司提出最后警告，予以犹豫时期，至不得已时，即毅然行之。（十五日专电）

哈税务司柏特暂住海关住宅，至七月底为止
哈尔滨　"满洲国"当局经美领调解，已允税务司柏特及其他职员暂住

近代报刊东北海关资料编年（1906—1937）

海关住宅，至七月底为止。（十五日路透社电）

《时报》[0002 版]
应付东北海关被夺，将实行封锁政策

南京十五日电　财部某当局谈，财外两部，对东北及大连海关问题，已拟定最后应付办法，日方对我抗议，置之不愿，我决实行封锁政策，令我国各埠海关于货物起运或通过时，代征东北或大连各海关入口税，如伪组织强行征二重税时，商业必受重大影响，英美等国对中国海关制度完整，素具同情，对此举已表示谅解，现尚未施行者，由总税务司提出最后警告，予以犹豫时期，闻此时期亦甚短促云。

《益世报（天津版）》[0002 版]
封锁东北海关，总税务司已提最后警告，将代征东北各关入口税

【南京十五日下午十一时专电】叛逆劫夺东北海关后，汪宋罗即发宣言，并向日政府严重抗议，但日方仍置不理，闻总税务司已提最后警告，如仍不理，则我决实行最后办法，将东省各海关及大连关实行封锁，由各埠海关对运往东北货物，于起运或通过时，代征东北各海关或大连关应征之入口税，如叛逆再行征二重税，则各国必提出抗议，闻此项计划，英美两国已表示同情与谅解云。

《正气报》[0001 版]
东北海关的损失　混沌

中国海关，权不己操，一听列强的支配，自吓〔赫〕德开办海关，迄于今日的梅乐和，总税务司总是英国客卿充任，前曾有一次系法人帛黎，代理总税务司，已引起英国的质问。后来大连开关，日本人以条约关系，攫得税务所之权，此次大连税务司福本，竟尔违背职权的管辖，破坏中国整个的关税，宋子文的宣言，不能得到各国的同情，福本的褫职，竟有日领代他出头，现在日政府假仁假义，出而调停，但其调停之法，似乎得到各国的赞助，惟中国东北海关损失，究有若干，谨以十九年度二十年度东北各关收入表列下：

关名	十九年度收入	二十年度收入
大连	一千三百二十万八千元	一千二百九十九万三千元
安东	三百七十一万四千元	三百六十九万七千元
瑗〔珲〕春	二十二万九千元	二十二万六千元
滨江	五百三十一万八千元	五百一十八万八千元
延吉	五十七万七千元	五十七万八千元
瑗珲	三百八十八万九千元	三百七十九万九
	共二千六百九十三万九千元	共二千六百五十八万一千元

据云大连一关收入，每年实计二千万以上，此表所载每年收入仅一千二百万之谱，福本之贪得无厌久已怀抱异心，惟此关税所担保的外债，为数甚巨，即以东北关税抵日本外债，已经有余，不过中国整个关税问题，自此打破了，中国要自己去整顿，像财宋的宣言，真不知他所处的地位了。

7月17日

《时事新报（上海）》[0003版]

东北海关问题，日图破坏封锁政策

我政府决定最后应付办法，日拒绝我提连关新税务司，福本急赴长春密议破坏策

（本报十五日南京电）外财两部对东北及大连海关问题，拟有最后应付办法，如抗议无效，只有实行封锁政策，令中国各埠海关，于货物起运时或通过时，代征东北或大连各关之入口税，东北海关征二重税时，商业必受重大影响，英美各国维护中国海关制度之完整，素具热心，对此举当能谅解，现先由总税务司提出最后警告，予以犹豫时期，至不得已时，即毅然行之。

（日联十六日东京电）中国政府决定任命总税务司处总务处长岸本广吉，为大连海关长，最近托日公使馆询问日本政府意见，外相内田康哉训令矢野代理公使，向中国政府答以日本政府绝对不承认中国政府任命之新海关长。

（路透十六日东京电）中政府提议任海关总税务司秘书长岸本为大连税务司，以代因违命褫职之福本，闻日外务省已命驻华日使署勿予同意，因福

近代报刊东北海关资料编年（1906—1937）

本渎职案尚未解决也。

（日联十五日长春电）满洲国大连海关长福本今晚八时许，来此向财务、外务两当局报告接收大连海关之结果，并关于善后办法受满洲国政府指令，豫〔预〕定明日返大连。

（日联十六日长春电）满洲国财政部，因国内海关之接收事宜完毕，拟于日内在长春，招〔召〕开全国海关长会议，协议海关事务之统制，防止私运货物，及海关收入问题等，中国政府已任命大连海关长，满洲国考虑对付方策。

7月19日

《大公报（天津）》[0003版]
封锁东北海关，政府决即实行

【南京十八日下午十一时发专电】财界息，政府对东北海关，决实行封锁，即将由总税务司通告，凡运进东北或运出东北货物，一律须向国民政府指定东北进出口税征收海关完纳进出口税或转口税，始可通行，否则以漏税处罚。

【上海十八日路透电】哈尔滨讯称，伪警受日顾问怂恿，通知哈税务司勃雷特姜氏，立时须将海关住宅交出，氏已向驻哈英领事请求保护。

《时报》[0005版]
封锁东北海关，总税务司即将发出命令

南京十八日电　财界息，日人主使伪组织抢劫东北各海关后，影响政府内外债担保甚巨，为巩固信用保护各国债权起见，不得已出于封锁各关计划，该项命令，即将由总税务司发出。

7月20日

《人报（无锡）》[0002版]
封锁束〔东〕北海关命令即由总税务司发出，东北货物一律征进出税

南京电　政府为保护各国债权，将实行封锁东北各海关，进出东北货物一律征收进出口税，命令即由财部总税务司发出，财部税务司因结束接收需

时，定八月一日正式成立，一日前仍以原名征税。

《时事新报（上海）》[0002版]
梅乐和已发最后警告，东北海关决将封锁，各关日籍职员或将一律罢免

（本报十九日南京电）关署息，大连另设伪关征税，梅乐和已发最后通牒，向日警告，如不觉悟，即实行将大连及东北各关封锁。

（本埠消息）关于东北暨大连等处之海关问题，自暴日嗾使东北叛逆非法劫夺后，我政府对之，虽一再提出严重抗议，而日方始终置若罔闻，同时各友邦之驻华公使，以事涉外债赔偿问题，曾迭次从中调解，我政府为尊重各友邦善意的调停起见，始根据海关行政统一之原则，允与洽商匝月以来，双方意见，尚能一致，日前所谓尚有二项重大问题，双方争执颇烈，闻迄今尤未解决，意见两歧，各趋极端，谈判形势，至为恶劣，各友邦公使为避免谈判破裂起见，又复提出折中办法。该项折中办法，我政府对之，或可表示赞同，惟日政府方面之态度，究属若何，迄无确切之答复，虽经各友邦公使之一再敦促，而日方一味推诿，故意延宕，是以各方对日之印象，亦认为毫无诚意，故将来谈判结果何如，未可逆料，或竟因此决裂，亦未可知，闻我政府刻正严密筹磋最后应付之方法，所谓最后应付方法者，即如何实施封锁政策是也，万一谈判破裂，即将于短期间内，采取该项办法对付，同时或将发表一种声明，申述日方破坏我国海关行政之统一，并危及担保外债赔偿等各项问题云。

又据可靠方面消息，谓自东北叛逆劫夺各处海关后，所有各该关经我政府雇用之日藉〔籍〕关员，近日一致倾向伪国，如此不忠于职务，不独间接破坏海关行政之统一，亦且直接违背关员服从之天职，东北关员如此，其他海关之日藉〔籍〕关员可知，与其养痈成患，何如早日肃清，况全国海关所雇日藉〔籍〕关员，既无与日方有协定，自无必须雇用之理，闻我政府已拟有相当办法，除特殊关系者外，其他各地海关之日藉〔籍〕关员，或将一律罢免，其本兼各职，正本清源，借申法纪云。

《锡报》[0002版]
东北海关实施封闭，关务署研究过渡办法

【南京】财部关务署长张福运，邀外财两部代表，研究实施封闭东北海关以前之过渡办法，结果暂守秘密。

7月21日

《时报》[0002版]
封锁东北海关，命令未发出
南京二十日电　财部对封锁东北海关命令，尚未发出，拟视外部交涉情形及总税司最后通牒之结果如何而定，宋子文定一二日内返京，与汪罗详商决定。

《时事新报（上海）》[0003版]
东北海关被劫后，对外赔款磋商减成，闻各关系国可表同意
东北各关税被劫后，全国税收方面，平均每月约损失三千九百余万元，惟此项关税，乃系担保外债之赔偿，今突然蒙此影响，致缴付外债问题，遂感困难。最近外财两邦，对于该项问题，提出减成偿还办法，曾与各关系国迭次磋商，闻各国可表示同意，惟所减成数，则尚未决定，闻现下仍在继续磋商中，大致将以东北税收数目为比列〔例〕，计算之标准，而决定减偿若干成云。

（电通念日东京电）关于大连海关问题，国民政府有采二重课税，以为报复之说，遂唤起日本外务省深甚之注意，据当局见解，二重课税，不外下列三法：①停靠中国沿岸，到大通起岸之货，废止转港税，而在上海等处，课以入口税；②转港连仍旧，对通过货物课高率之税；③对满洲出口货，除大连出口税外，在上海附课入口税，但此三者，均违反中日通商条约，若中国方面实行，决提严重抗议云。

《申报》[0007版]
封锁东北海关，尚待最后决定
南京　财部封锁东北海关命令，尚未发出，拟视外部交涉情形及总税务司最后通牒之结果如何而定，宋定一二日内返京，将与汪罗再度会商，以资决定。（二十日专电）

东京　关于大连海关问题，国民政府有采二重课税，以为报复之说，遂唤起日本外务省深甚之注意，据当局见解，二重课税，不外下列三法：①停靠中国沿岸，到大连起岸之货，废止转港税，而在上海等处，课以入口税；②转港税仍旧，对通过货物，课高率之税；③对满洲出口货，除大连出口外，在上海附课入口税，但此三者，均违反中日通商条约，若中国方面实行，决提严重抗议云。（二十日电通社电）

《盛京时报》[0002 版]
南京政府已决意封锁东北海关传说

【上海二十日电通电】南京政府，关于东北海关问题，有决定近日封锁东北海关之情势，据闻其方法，为对于满洲输出入□物，赋课总税务司特定之输出入税，即招来所谓二重课税之结果，对此项课税，如有不缴纳者，则当按照规则处罚，如断行封锁东北海关，实施二重课税，则满华贸易，所受影响，实非浅鲜，满华贸易或因此杜绝，亦未可知，前途颇堪忧虑。

《锡报》[0002 版]
梅乐和向日最后警告
决任岸本为大连税司，日如不同意或无答复，即实行封锁东北海关

【南京】确息，梅乐和对岸本继任大连关税务司事，已向日本致最后警告，并向日使馆催询同意，如日不答复，或答复不满意，我方即下令实行封锁东北各海关，并发表声明书。

《益世报（天津版）》[0002 版]
各国同意减偿外债，因东北海关被夺
梅乐和严重抗议，我政府决定封锁

【上海二十日下午十时本报专电】东北关税被攫，税收减少，政府决减偿外债，各国已同意，成数在磋商中，如日对我抗议，置不覆〔复〕，或无圆满结果，决封锁东北各关，并开革全体目员。

【南京二十日下午七时专电】封锁东北海关，政府已准备就绪，俟财宋返京，与汪罗再作一度磋商，即可决定有期。

近代报刊东北海关资料编年（1906—1937）

7月22日

《大公报（天津）》[0003版]
外财两长会商，封锁东北海关
政府日内将下令，迭经抗议日方毫不觉悟

【南京二十一日下午八时发专电】二十一日下午罗文干往访宋子文，商对东北海关事，闻政府封锁东北各关命令，日内公布。

【南京二十一日下午九时发专电】日方嗾使叛逆劫夺东北及大连海关，迭经中央严重抗议及宣言，总税务司并向日提最后警告，但日方毫不觉悟，态度极强硬，闻中央已决定采用最后办法，实行封锁政策，日内将见诸实行。

【上海二十一日路透电】此间当局预料，明日宋子文抵此后，对满洲海关纠纷将决定采严厉方法应付。据闻日方对中国政府一星期前交日外交人员关于此事之照会，迄今尚未答复云。

【上海二十日电通电】当地海关当局，拟于日本对华方关于大连海关问题所提抗议，不予以圆满回答时，即封锁满洲海关，并依其收入减少情形，而核减外债支付率，故刻正在调查其收入减少额中。又电，传总税务司梅乐和，拟于日方不同意派岸本氏继福本氏之后，任大连海关长时，即为预防今后发生问题起见，将在其他海关服务中之日籍税关吏，悉数免职，并对满洲海关，采取封锁手段。

《申报》[0013版]
封锁东北海关，俟宋来沪决定

东北海关封锁问题，现在渐趋紧张，梅总税务司所致日本使馆之最后警告，已有一星期之久，日本政府愿虑国际形势，更以侵占满洲之日本军阀，不受节制，颇感无法应付，故迄未有覆〔复〕文发出，本报记者，昨据海关方面消息，封锁全部东北海关问题，现静候财政部长宋子文来沪，作最后之决定，封锁一举，势所难免，宋财长今明日可望到沪。

1932年

《锡报》[0002版]

宋子文由浔回京，汪罗晤商，封锁东北海关等问题

【南京】宋子文二十一日由九江回京，李调生往访，对改革币制等，均有详细报告，后宋谒汪院长，对财政事有所商洽，后罗亦访宋，对封锁东北海关事，讨论甚久，宋二十一日晚夜车赴沪。

《益世报（天津版）》[0002版]

宋子文已拟具封锁东北海关政策，将发声明公告世界各友邦

日又决定八月一日实行劫邮，颜代表通知国联唤起其注意

【南京二十一日下午八时专电】日嗾使叛逆劫夺东北及大连海关，迭经中央严重抗议及宣言，总税务司并向日提最后警告，但日毫不觉悟，态度极强硬，闻中央已决定采用最后办法，实行封锁政策，日内将见诸实行云。

【南京二十一日下午九时专电】报载东北叛逆定八月东（一日）实行接收邮政，记者特访交部邮政司长林实，叩以实情，据谈本部皓（十九）曾接吉黑邮局电告，叛逆已制定邮票及明信片，准备八月东开始发售，至我方应付办法，早有决定。惟关系重大，此时尚未至发表时期，叛逆劫夺关税，我方对日两提抗议，总税务司梅乐和，亦迭次抗议，日方迄无答复。兹悉梅乐和又发最后警告，同时并通告国联，述明日方背约铁证，更拟封锁东北各海关，以备万一时之应付，又据另一消息，财宋对日人嗾使叛逆攫夺海关，异常愤慨，已拟具封锁东北海关政策，原文候到沪检阅后拟先发声明然后公布，以公告世界各友邦，又闻被叛逆驱逐之东北关员，现均绕行海道来沪，梅乐和已电部请示善后办法，闻将依照海关制度，所有逃沪关员仍照原有待遇发薪，听侯〔候〕调遣。

【日内瓦二十日路透电】中国代表颜惠庆博士，将其最近接到中国政府之电报，送达国际联盟，内容为日本强占东三省邮政一事，唤起国联之注意，颜氏称，此举愈使形势陷于纠纷恶化，且违反国联行政院对日本之迭次警告云。

《中央日报》[0002版]

财宋昨返京，与汪罗谈洽后已赴沪，对东北海关再度商讨

财政部长宋子文氏，于上周飞汉晋谒蒋总司令，面商剿匪军费问题，停留二日，即乘江汉关海关专轮赴浔，转往庐山谒林主席，于二十日晨下山，仍乘

近代报刊东北海关资料编年（1906—1937）

原轮东下，昨（二十一）日上午六时半抵下关，停泊海军码头，当即偕同参事沈庆圻秘书黄志成等下船，改乘汽车进城，迳往北极阁私邸休憩，八时余，次长李调生往谒，报告部务，钱币司长徐堪亦奉电召前往，关于奉派赴沪与银钱各业领袖交换废两为元意见结果，有详细报告，并作讨论历两刻钟之久，宋氏决于赴沪后，再度召集各界，详细交换意见，以便确定，十时宋即往谒汪院长，报告此行赴汉结果，并对财政问题，亦有详商，旋即返邸，下午一时余，外长罗文干往访，讨论东北海关问题，及封锁政策，与实行之期限甚详，二时汪院长往访宋氏，旋皖财厅长叶元龙亦往谒宋，下午五时半宋氏业已乘车赴沪云。

《中央日报》[0003版]
我国对东北海关将实行封锁政策
梅乐和向日本提最后警告，日毫无觉悟，我将取最后手段

中央社上海廿一日路透电 由海关方面传出消息，前经决定对满洲海关应采之严厉处置，不久即将实行，其最后之决定，将俟宋财长抵沪时，再行处置，海关方面对日方所提出之警告，并未得覆云。

（中央社）日方嗾使叛逆劫夺东北，及大连海关，迭经中央向日方严重抗议，并发表严重宣言，总税务司梅乐和，日前并向日方提出最后警告，但日方毫不觉悟，态度仍极强硬，闻中央已决定采用最后办法，实行封锁政策，日内将见诸实行云。

关于日本嗾使东北叛逆劫夺东省关税，及大连海关事，外交部先后两次向日政府提出严重抗议，日方迄无答复，我外部以大连海关，根据中日一九二〇年所订协定，日本有保获〔护〕大连海关之义务，日人破坏协定，违背条约，我方除拟再促进日政府之注意外，即行采取最后方针应付之同时通告国联促请认识日人违背条约之又一铁证，关于最近总税务司梅乐和致东北伪组织之最后通牒，据报彼方态度，异常崛〔倔〕强，不受任何善意的解释，此最后希冀，已趋绝境。关务当局，连日筹议封锁政策之实现，预料在数日内官方将有重要公布云。

哈尔滨、营口、安东、晖〔珲〕春四海关，及延吉、满洲里各分关，不服伪组织指挥之关员，悉数被伪组织警察，驱逐出境，现均绕行海道来沪，总税务司梅乐和电部请示善后办法，闻将依照海关制度，所有逃沪关员，仍照原有待遇，发薪听候调遣云。

中央社哈尔滨二十一日路透电　哈尔滨税务司勃特詹已保释，七月七日被捕之海关华员四人，勃特詹担保该四华人无非法行为，且须即时离满洲境。

7月23日

《大公报（天津）》[0003版]

东北海关决定封锁，昨行政院会议议决，命令将于日内公布

【南京二十二日下午十一时发专电】二十二日行政院会议，决定对东北海关采封锁政策，明后日公布命令，交罗文干、宋子文办理。

《人报（无锡）》[0002版]

封锁东北海关，中央决采最后办法，日内即将见之实行

日嗾使叛逆劫夺东北及大连海关迭经中央严重抗议及宣言，总税务司并向日提最后警告，但日毫不觉悟，态度极强硬，闻中央已决定采用最后办法，实行封锁政策，日内将见诸实行云。

又电　梅乐和电财部，请示东北被驱逃沪关员善后，财部将依海关制度发薪，听候调遣。

《申报》[0004版]

行政院决拟封锁东北海关——尚待正式通过——封闭后之应付办法

南京　封锁东北海关问题，外部二十二日在行政院会议上，有详细报告，主张实行封锁，保全主权，并根据中日大连海关协定，再向日政府提出条约上之交涉，当一致表决赞同。罗文干因封锁手续及事后办法，须再与宋子文切实磋商，下午即赴沪，闻封锁命令，一二日内即将颁布，其办法，乃由其他海关代征东北及大连海关进出口之关税，惟依海关制度，于实行时，尚有一犹豫时期云。（二十二日专电）

南京　发息，封锁大连及东北海关事，决于下星期提出行政院会议正式通过后即公布。（二十二日专电）

南京　封锁东北各海关行将实行，封闭后应付办法：①凡由各地或外洋运赴东北之货物，一律按照海关税则，即由经过该关征收进出口税各一次，由海关给单为证；②如各轮有避开原定航线绕道漏税情事，一经查出，即停止该轮航行权，或下次不予经关，并扣留原船；③视事实之需要，在临近各关之海面，增设巡船，或其他足以维护关税之设备，闻该项办法，将由总税务司于封锁命令发布前，公告中外各商轮，一律知照。（二十二日专电）

《时报》[0002 版]
罗文干来沪，再商东北海关事，封锁后之办法

南京二十二日电　行政院二十二日会议，外长罗文干将东北海关交涉经过，作详细报告，并主一面封锁，保全主权，一面根据中日大连海关协定，再向日提出条约上之交涉，罗当于二十二日下午三时半赴沪，晤宋子文，研商一切手续，闻封锁命令日内即颁布。

南京二十二日电　财界息，封锁东北各海关封锁后之办法，大致为：①凡由各地或外洋运赴东北货物，一律按照海关税则，即由经过该关征收进出口税各一次；②如各轮有绕道漏税情事，查出后，即停止其行驶权，并应扣留原船；③视事实之需要，在各海关增设巡船，上项办法，将由总税务司于封锁令下时公告各商轮及内外全体商人知照。

南京二十二日电　东北叛逆劫夺东北关税，自总税务司最后通牒遭拒绝后，封锁政策之实行，不容再缓，关务当局对一切准备手续，业已妥筹完竣。

《时报》[0007 版]
宋财长抵沪解决东北海关问题与废两改元事，昨与总税务司商洽将召实业界征询意见

财长宋子文氏，前为送其夫人张乐怡其土赴赣避暑，由汉赴庐山，兹已事毕。宋氏于前日返京，当日与汪院长、罗外长等洽商一切后，即于下午五时乘江汉关坐轮峡光号启程来沪，当于昨日上午十时〇五分，驶抵吴淞口浚浦局畔河泊司码头，宋氏登陆后，即偕同随行人员返祁齐路寓所，昨日偕同宋氏来沪者，计随从卫士四名，暨财部秘书王纯道，参事杨炯，宋之妻舅张远北等数人。宋氏返寓后，孔祥熙氏即于十一时一刻往访，谈约半小时，孔始辞别，十一时三刻，杭造币厂长韦京周亦往晋谒，据谈系请示杭造币厂之善后问题。

海关问题

关于东北叛逆攫夺海关问题，中央当局，业已确定对付办法，宋氏前日与汪罗诸氏晤商时，决命宋氏相机应付，宋氏昨日曾召总税务司梅乐和商洽一切，闻具体计划决定后，宋氏即当发表一正式声明。

废两问题

宋氏前当在沪时，与本埠银钱业方面讨论废两改元事件，经确定进行各项原则，宋氏晋京后，以此事势在必行，不可或缓，故再命钱币司长徐堪，与各方商洽一切，兹该案进行，业有相当进展，此次宋氏来沪后，下午即复召集本埠钱业代表，讨论此事，此外实业界方面，宋氏亦将召集谈话，征求关于废两改元之事，待有相当程度后，即当举行一正式会议。

《锡报》[0002 版]

行政院会议决，实行封锁东北海关

罗文干、宋子文赴沪，协商封锁手续及善后，封锁明令日内即下，财宋将有严重表示

【南京】封锁东北海关问题。廿二日经罗文干在行政会议提出，当经通过，并将根据大连关税协定，向日政府提出条约上交涉，封锁命令，于一二日内即下，惟关税制度实行时，尚在犹豫时期。

【上海】罗文干廿二日下午抵沪。

【上海】宋子文廿二日晨乘轮到沪，于下午召集梅乐和、张寿镛、张福运等，会商东北关税事，经一小时，结果决明日再一度会商，宋将发表重要声明，作严正表示，至改两为元问题，宋亦定今日再召银钱各界领袖，作最后讨论，然后决定。

《新闻报》[0011 版]

封锁东北海关将决定，外班关员退出者约五十人

东北海关问题，自总税务司梅乐和向日本下最后通牒后，将逾旬日，日方毫无答复，就此点观之，日方实有畏缩之表示，如果再无答复，我方决实行封锁，现财长宋子文已于昨晨抵沪，大约日内即将有最后之决定，至东北各关职员，现已退出者，计由安东到沪之外班人员二十余人，由哈尔滨逃往天津者二十余人，共计约五十人左右。

南京电　外长罗文干二十二日下午三时半特快车赴沪，闻其任务，系二十二日上午行政院会议时，汪兆铭为封锁东北海关事，嘱罗赴沪，与宋财长作进一步商讨，定二十四日夜车返京。

二十二日行政院会议，外罗将东北及大连关最近交涉经过，提出报告，认为对方蓄意劫夺，已决非书面文字所能挽回，惟有一面先行封锁，保全主权，一面根据中日大连湾协定，再向日提严重交涉。出席各员发言颇多，对外罗主张一致赞同，以封锁后一切手续，有与宋财长研商必要，二十二日下午三时半赴沪，另据关署消息，日方嗾使东北叛逆据夺海关，我国为维护海关行政完整，已决采断然手段，必要时将大连及东北各关实行封锁，惟兹事体大，须经院会决定后，方可由财部关署发布公告。如日对总税司最后警告，仍置不理，下周院议即可提出决定，由关署宣示各国。闻封锁东北海关令再经一度商榷后，一二日内即可发出。至封锁后办法，大致为：一、凡由各地或外洋运赴东北货物，一律按海关税则由所经海关征收进出口税各一次，由海关给单为证；二、各轮有避开原定航线绕道漏税情事，一经查出，即停止该轮航行权，或下次不予结关，并扣留原船；三、视事实需要在邻近各关、海面增设巡船，或其他足以维护关税设备，此办法在封锁命令发布前，即将公告中外各商轮及中外全体商人一律知照云。

《益世报（天津版）》[0002版]

行政院会议昨通过，封锁东北海关命令

财宋在沪与梅乐和商办法，日已派藤原任伪邮局总办，此已失之关邮争回希望亦几希！

【上海二十二日下午十时四十八分本报专电】宋子文晨十时乘海关星光轮抵淞，换乘汽车来沪，午后三时在宅接见梅乐和、张寿镛、张福运、陈行等，谈东北关税事及废两改元问题。拟日内邀银钱界商改元办法，吴铁城、孔祥熙下午均往访晤。又讯，封锁东北海关，日内财宋与梅乐和将有最后决定，东北关员，总税司早已下令撤退，安东外班关员二十余人，已到沪，由哈逃津者，亦有二十余人。

【南京二十二日下午九时专电】关署息，日本嗾使叛逆攫夺海关，政府已决定采断然手段，必要时，将大连及东北各海关，悉行封锁，惟兹事体大，必须经行政院会议决定后，方可实现，关署长张福运日前赴沪，即与梅乐和商洽此事，现财宋亦已付沪，将作最后商决，如日方仍不觉悟，则下星期行政院会议，对封锁政策可正式决定，并由关署将经过情形，宣示各国，又养（二十二日）行政会议时曾讨论封锁东北海关事，特派财次罗氏赴沪，与财宋再作一度商讨，罗氏当即于下午三时搭快车赴沪。

【南京二十二日下午九时本报专电】关于日嗾使组织攫夺东省邮政事，据外部负责人称，日本自三月组织傀儡政府后，积极企图巩固其地位，始则强行接收我□务机关，继而占领我东北各海关，近复欲进夺我东省各邮局，因邮政有国际公约关系，故用逐渐利取步骤，近愈积极对我邮务员工常施压迫。上月删（十五）辽宁邮务员等竟被日宪兵队部酷刑拷打，逼各员工填具愿为伪组织服务书。月前日当局派藤原伪组织邮政总办，常有日本昔日交通界人物二十余人前往，现藤原已就职，于本月到沈，屡晤辽宁邮务长山立地，用威胁利诱，以冀我邮务人员为其服务，公然宣称，伪邮票决于八月东（一日）起发行，伪邮务汇票亦于同日使用，近复派视察员至沈哈邮局，每局各三人，并拟定邮政监察官八人，监察员四人，隶属邮政司，以管理并监督邮政事务，似此步步进迫，东省邮务人员终恐不克继续执行职务，外部虽已迭向日本提出严重抗议，声明日本应负全责，而日始终设词推诿，反极力宣传我邮务机关有与伪组织妥协之说，以淆惑国际观听，我政府对此事态度，至为坚决现外交通两部遇有重要事件，随时会商，业已定有抵制办法，于必要时将取断然手段，总之我国邮务主权决不能听其蹂躏也云云。

【南京廿二日下午九时本报专电】封锁东北海关命令，行政院养（廿二日）通过，罗文干去沪，与宋商进行办法。

7月24日

《大公报（天津）》[0003版]
封锁东北海关，货物仍须纳税
宋召梅乐和议办法，对剿匪经费及废两改元，宋将宴银钱两业磋商
【上海二十三日下午九时发专电】宋子文今晨九时，召张福运及东北某

近代报刊东北海关资料编年（1906—1937）

关主任史寅斯等七人，在宅商封锁东北海关后办法，未几张寿镛、梅乐和亦至，讨论内容，系对封关后一切进口货，仍须照章纳税，及设关地点等问题，十时许散，午后四时复在宋宅续谈，宋此来除讨论关税事外，对剿匪军费及废两改元问题，须与银钱界磋商，宋拟二十四或二十五日宴银钱界领袖，徐堪今亦到沪。

《国民导报》[0002版]
宋宅开会讨论封锁东北海关
宣言书及声明书皆在起草中，梅乐和已有意见书昨交财宋

财政部长宋子文，于前晨由南京乘海关巡舰到沪后，除召总税务司梅乐和氏探询关税问题外，今晨八时半，复召关务署长张福运，秘书林某，及由东北至沪之某关卡主任史密司等七人，在宋宅开会讨论东北关税之封锁问题，历二时之久，至十时许始散。本报记者向出席会议之各代表探询会议内容，均严守秘密不肖吐露。但据向他方探询，闻财政当局决下令封锁东北各关，详细办法业经署长于前日拟妥，交宋财长核阅，现正在拟议下令封锁时之宣言及对外声明，大约今日会议此两项问题，至其宣言及声明书内容，闻梅总税务司已有意见书于昨日交宋财长云。

《民报》[0006版]
宋宅开重要会议
封锁东北海关解雇日员，昨会商结果有具体决定

财政部长宋子文，前日抵沪，曾在宅召见总税务司梅乐和、关务署长张福运，咨询关务问题。宋氏为应付东北关税事，刻不容缓，明晨复在宅召集会议，对封锁东北各关问题，有具体决定。宋氏并定今日邀集银行界，商财政及废两改元事，兹分记各项消息于后。

昨晨会议

昨晨八时四十五分，宋财长在宅邀集财部重要职员，会议封锁东北各关问题，到关务署长张福运、财政整理委员会秘书长曾镕甫、李基鸿、税则委员会副委员长周典、委员兼总务科长李己均、江海关进口部副税务司包林森，及副税务司赫门。对封锁东北各关，由其他口岸代行征税办法，及解雇

日员重要问题,均有重要决定。至十时二十五分散会。

召见张梅

昨日下午四时许,宋财长复邀财政次长张寿镛、关务署长张福运、总税务司梅乐和,咨询关务及财政问题。

宴请各界

宋部长此次来沪任务,除对东北关务问题外,尚有剿匪经费及废两改元之两问题,亟须与沪上银钱两业及商界领袖协商一切,宋氏已决定今日下午四时后,宴请各界领袖,共商上述两项办法。又前与沪上银钱业交换废两改元之钱币司长徐堪,亦已于昨日上午八时许抵沪,参加今日讨论该项问题云。

《人报(无锡)》[0002版]

昨晨宋宅开会,讨论封锁东北海关

宣言书及声明书皆在起草中,梅乐和已有意见书昨交财宋

财政部长宋子文,于昨晨由南京乘海关巡舰到沪后,除召总税务司梅乐和氏探询关税问题外,今晨八时半,复召关务署长张福运,秘书林某,及由东北来沪之某关卡主任史密司等七人,在宋宅开会讨论东北关税之封锁问题,历二时之久,至十时许始散,本报记者向出席会议之各代表探询会议内容,均严守秘密不肯吐露,但据向他方探询,闻财政当局,已决定实行下令封锁东北各关,详细办法业经关务署长于前日拟妥,交宋财长核阅,现正在拟议下令封锁时之宣言,及对外声明,大约今日会议即讨论此两项问题,至其宣言及声明书内容,闻梅总税务司已有意见书,于昨日交宋财长云。

沪日侨讨论海关热河问题,议决一致拒绝两重课税

日侨时局会委员会于今日下午一时,在日本俱乐部开会,议案:一、南京政府封锁东北海关及两重课税问题;二、热河形势与排日问题,关于封锁东北海关,日侨方面,最为重视,贸易运输业者及日纱厂,已有一致拒绝两重课税之决议。

《申报》[0013版]

宋子文昨开重要会议,讨论东北海关问题,并将宴请各界领袖

国闻社云,财政部长宋子文,前晨由京乘海关峡光巡轮到沪,昨早九

时，召关务署长张福运等至寓，会商东北海关被攫问题，至十时四十分散出，午后四时许，又至宋宅会谈。

参与会议

昨日上午九时，参与宋氏会议者，除宋外，华人方面，有关务署长张福运等三人，其他西人方面，有东北总关某主任史密斯等三人，共七人。自九时一刻起，直至十时四十分谈毕而散，至午后四时许，张福运又至宋宅，未几财次张寿镛、总税务司梅乐和，亦均莅止。但张福运入内，未几即辞出。记者晤张于宋宅前，叩其所谈结果，张秘不肯言，只曰，一切叩诸宋部长可矣云云。

会商内容

昨日宋宅会商，关防既密，而参与诸人，又未能显泄，嗣记者由其他方面探得内容，即系对于东北海关实行封锁后一切进出口货物，仍须照章纳税一次，而设关纳税地点，又须择枢要处所，故昨日所讨论，大概即此问题耳。

宋来任务

昨日据接近宋氏氏者谈，宋氏此来任务，商洽封锁东北海关，固系第一，但对于剿匪军费与废两改元二问题，仍有与本埠银钱各界讨论切确之必要，故宋氏有定今晚或明晚在寓，宴请银钱各界领袖商洽进行，钱币司长徐堪，亦已于昨晨，由京乘车到沪，闻宋氏此在沪次，将不久留，大概与银钱各界，再作一度会商，即返京云。

《盛京时报》[0002版]

国府将封锁满洲海关

【上海二十三日电通电】宋子文于二十二日由南京乘飞行机抵沪，预定本日（二十三）与总税务司梅乐和会见，协议东北海关问题中国侧最后的对策，本日两氏会见之结果如何为各方面所重视。日本侧对于国民政府第二次抗议之回答，尚未达到。然梅乐和已有决心，无论日本侧回答如何在最短期间内，中国侧不免公布封锁宣言。

【南京二十二日电通电】据国民政府发表，文官宋子文等连〔联〕名向本日之行政院会议提出即时封锁满洲海关案，讨论结果，以委任外交、财政两部实行为条件，满场一致通过。

【南京二十三日电通电】财政部长宋子文，外交部长罗文干两氏，向本日之行政院会议，提出下记二案：

一、即时封锁满洲海关之原则案；

一、提出联盟案。

讨论结果，以委任财政、外交两部实行为条件，满场一致通过。

《时报》[0007 版]
宋宅召开关务会议，封锁东北海关及日员解雇均已议有相当结果

钱币司长亦已来沪，今日下午宴请各界领袖，共商废两等重要问题

财政部长宋子文氏，自前晨抵沪后，即召集总税务司梅乐和等，讨论应付叛逆攫夺东北关税问题，宋氏又于昨晨九时三十分在祁齐路私邸，召集关务署署长张福运、江海关副税务司包林森、财政部税则委员会副委员长周典及财部关署两处干员共七人，举行关务会议，至十一时三十分许始散，闻对于封锁东北海关问题及解雇海关日员等各项重要问题，均已次第议就相当结果。下午四时半，关务署长张福运、总税务司梅乐和复往宋宅，有重要协商，谈至五时二十分始散。记者于散会之际向关务署长张福运叩询内容，据云，此事须宋部长考虑决定后，直接由部长发表，现在恕未能见告，但据记者探悉，大体办法，讨论已有结果，不日当可公布，五时二十分财政次长张寿镛亦往访宋，晤谈财政问题。

剿匪经费与废两改元

宋部长此次来沪任务，除对东北关务问题外，尚有剿匪经费及废两改元两问题，亟须与沪上银钱两业及商界领袖协商一切，兹悉宋氏已决定今日下午四时后，宴请各界领袖，共商上述两项办法，又前与沪上银钱业交换废两改元之钱币司长徐堪，亦已于昨日上午八时许抵沪，参加今日讨论该项问题云。

《时事新报（上海）》[0002 版]
财长宋子文召集税务司会议，讨论东北海关问题

东北叛逆，甘为日方傀儡，追对东北海关，业已完全强制接收，此事则财部当局，不仅收入方面，顿受影响，即与有关之各国外债，亦有难以应付

之苦，重以日藉〔籍〕关员，助虎作伥，不惜抗违总税务司梅乐和之命令，因此财长宋子文氏，为彻底对付起见，有决定封锁东北海关暨解除全国各关日员之计划，惟当未实施前，函应与各地海关税务司互相洽商，故当宋氏前次赴京时，即分电平津鲁鄂各地海关税务司来沪，昨日下午，宋氏返沪后，即行接见总税务司梅乐和，洽商一切，昨日上午九时，正式召集关务署长张福运暨来沪上各地海关税务司举行会议，并十一时许，始告散会。讨论内容，经记者分向关务署张福运暨总税务司署等各处访问，均不愿有所发表，惟据确悉，昨日讨论内容，系在确定封锁东北海关及二重税则施行办法，同时对日员违抗命令，设法统行解雇一事，亦有透彻之讨论云。

《新闻报》[0012 版]
今日集银钱业协议，商剿匪军费及废两事，昨讨论东北海关问题

财政部长宋子文，自前日来沪后，即于前日召集梅乐和等，一度有所咨询，昨日复在本宅召集张福运等会商两次，今日对财政问题，将与沪上各界协商，兹分志详情于下：

昨日两次会商

昨日上午九时，财政部长宋子文，于祁齐路本宅召集关务署长张福运，及海关重要人员等七人，会商东北海关实行封锁办法，讨论时间约一小时半，内容详情，因尚未具体决定，暂不宣布。下午四时半，关务署长张福运、总税务司梅乐和，复往宋宅，有重要协商，谈至五时二十分始散，事后新声社记者于散会之余，向关务署长张福运叩询内容，据云此事须宋部长考虑决定后，直接由宋部长发表，现在恕未能见告。但据记者探悉，大体办法，讨论已有结果，不日当可公布矣，五时二十分，财政次长张寿镛亦往访宋氏，晤谈财政问题。

今日重要协议

宋部长此次来沪任务，除对东北关务问题外，商有剿匪经费及废两改元两问题，亟须与沪上银钱两业及商界领袖协商一切，兹悉宋氏已决定今日下午四时后，宴请各界领袖，共商上述两项办法，又前与沪上银钱业交换废两改元之钱币司长徐堪，亦已于昨日上午八时许抵沪，参加今日讨论该项问题云。

《益世报（天津版）》[0002版]
封锁东北海关，宋宅会商实施办法，外部再照会日本辨明责任

【上海二十二日下午十一时三十六分本报专电】宋子文宅今晨九时有重要会商，到宋子文、张福运、李基鸿、周典、梅乐和总税务司及西人包林森、赫门，闻所讨论者，为东北海关封锁后，一切进出口货，仍须照章纳税一次，及选择设关地点问题，下午宋复召梅乐和、张福运到宅咨询，定敬（二十四）日午后四时邀沪银钱业及商界领袖商剿匪经费，及废两改元事。

【上海廿三日下午七时本报专电】今早财长宋子文与总税务司梅乐和，及关务署长张福运等商谈约二小时之久，讨论封锁东三省海关详细办法，据云于实行封锁计划，将有宣言发表，说明东三省海关为满洲当局强占之经过，今日此间已有正式报告，谓封锁东三省邮政计划定世（三十一）日起实行。

【南京二十三日下午九时专电】日本嗾使伪组织强夺东省关税，外部曾严重向日抗议，嗣准日方覆〔复〕称系伪组织之所为，日本不能负责，外部以其一味狡赖，意图卸责，特又搜集证据，严词驳诘，以明日政府应负责任，此项照会，漾（二十三）已发出。

7月25日

《国民导报》[0002版]
封锁东北海关，日内实行
我国当局已作积极准备

南京二十四日电　日方嗾使叛逆劫夺东北及大连海关后，我方已迭次发表宣言，并向日方严重抗议，日前总税务司梅乐和，并向日方最后警告，但日方态度屈〔倔〕强，迄未觉悟，我方现已决定实行封锁政策，凡输往东北货物，由其他海关代为征收进出口税，但实行封锁以前，我方决发表宣言，说明经过此项宣言，今明日可发表，又某国驻华外交官，亦曾向我诱劝承认折中办法，即大连关税，由我征税，其余各关，则由叛逆管理，可以不生问题。曾经罗外长当面痛斥谓，破坏九国公约精神，损害我国主权领土，独立完整，各国应主公道，不应为自身利益，向我诱劝，现各关系国，以我方实行封锁政策，理直气壮，俱表同情。

《民报》[0002版]

封锁东北海关，将发表宣言

已向日提最后警告，各关系国俱表同情

本报念四南京电　日嗾使叛逆劫夺东北海关，总税务司梅乐和已向日方提最后警告，但日方态度倔强，迄未觉悟，我现决实行封锁政策，今明发表宣言，述明经过，各关系国以我实行封锁，理直气壮，俱表同情。

《人报（无锡）》[0002版]

实行封锁东北海关，政府今日发表宣言

凡输往东北货物由其他海关代为征收进出口税

南京二十四日电　日方嗾使叛逆劫夺东北及大连海关后，我方已迭次发表宣言，并向日方严重抗议，日前总税务司梅乐和，并向日方最后警告，但日方态度倔强，迄未觉悟，我方现已决定实行封锁政策，凡输往东北货物，由其他海关代为征收进出口税。但实行封锁以前，我方决发表宣言说明经过，此项宣言今明日可发表，又某国驻华外交官，亦曾向我诱劝承认折中办法，即大连关税由我征税，其余各关则由叛逆接收俾外债可不发生问题。曾经罗外长当面痛斥，谓破坏九国公约精神，损害我国主权领土独立完整，各国应主公道，不应为自身利益向我诱劝，现各关系国以我方实行封锁政策，理直气壮，俱表同情。

《申报》[0003版]

封锁东北海关，将有宣言发表

各关系国俱表同情，日外部则拟提抗议

南京　日嗾使叛逆劫夺东北海关，梅乐和已向日方提最后警告，但日方态度倔强，迄未觉悟，我现决实行封锁政策，今明日发表宣言，述明经过，各关系国以我实行封锁，理直气壮，俱表同情。（二十四日中央社电）

东京　闻南京政府关于满洲海关问题，决实行二重课税，日本外务省决从下列二点，摘其非是，向南京政府提强硬抗议：一、照千八百五十八年天津条约第二十五条，关于中国领土之输出入品，规定输入货物在起岸地，输出品在上船地征税，故二重课税，违反现地课税主义，且违反条约；二、关于满洲国海关问题，日政府正努力好意的斡旋，谋发见妥协点，中国忽为报复的二重课税，则循环报复，无有已时，使日本好意，归诸徒劳。（二十四日电通电）

《时报》[0007版]
各业领袖组织经济讨论会，废两改元研究利害

虞洽卿等二十余发起人昨作非正式之会议，深虑滥发纸币，宋宅继续讨论封锁东北海关问题

财政部准备实行废两改元后，本市各业领袖为研究社会经济起见，发起组织经济讨论会，昨日上午十二时，各界领袖虞洽卿、俞佐廷、陈松源、冯炳甫、乌崖琴、秦楔卿、胡锡安、方巨川、缪振菫等二十余发起人在广东路三北公司大楼午餐时，作非正式会议，互相交换组织经济讨论会之意见，至于组织大纲，业已拟就，推定审查者积极审查，俟本星期内开发起人会议后，即将正式成立，记者于散会后往访各业领袖，据云，废两改元之原则，商人无不赞同，但实行后纸币需要，势必激增，为防止滥发纸币起见，应有具体补救办法。今为研究社会经济及目前废两改元后利害等问题，经互相交换意见后，认为经济讨论会之组织，实属刻不容缓，故决于最短期内正式成立云。

宋子文将重赴牯岭

财政部长宋子文，昨日终日在寓休息，并未出门，上午往访者有财政部杨顾问，闻仍系继续讨论封锁东北海关问题，下午未有宾客往访，至于前日自银行界方面所传出之消息，谓宋部长定昨晚宴请银钱业，继续协商剿匪军费及废两改元问题一事。昨向宋宅探问，据称并无其事，惟据可靠消息，宋部长定本周内返京，再赴牯岭一行，并有今日即行说。

《时事新报（上海）》[0003版]
封锁东北海关将发宣言，各关系国俱表同情

（中央二十四日南京电）日嗾使叛逆劫夺东北海关，梅乐和已向日方提最后警告，但日方态度倔强，迄未觉悟，我现决实行封锁政策，今明发表宣

言，述明经过，各关系国以我实行封锁，理直气壮，俱表同情。

财宋连日在沪召所属讨论叛逆劫税

财政部长宋子文氏，自前日由京抵沪后，先后即召见总税务司梅乐和、关务署张福运，及关税两署中外高级人员，连日在宋宅讨论应付叛逆攫夺东北关税问题。

东北关税

关于应付叛逆攫夺东北三省关税问题，财长以东北三省关税收入，关系一国整个财政，绝对不容外人置喙，况东北关税又涉及内外债问题，在我国固当努力收复，即有关系各国，亦当加以十二分之注意，宋财长等连日讨论，已得有相当结果，昨晨十时又召见海关外藉〔籍〕顾问杨氏等，对于封锁东北海关及解雇所属各关日藉〔籍〕职工诸问题，闻亦已拟就步骤，因在未施行前，未便宣布，俾免叛逆有所预备云。

剿匪经费

剿匪经费，前次汪院长、宋财长在沪会商，结果月增一百五十万元，宋氏此次赴汉谒蒋即将筹划剿匪经费之经过详为报告，故宋氏此次来沪最要任务，即为筹划此项经费及东北阅〔关〕税两问题，故连日与本埠银钱界会晤，闻大体业已解决。

将再赴浔

据可靠消息，宋部长定本周内返京再赴牯岭一行，并有今日即启行说。

日本情急

（电通念四日东京电）闻南京政府，关于满洲海关问题，决实行二重课税，日本外务省，决从下列二点，向南京政府提出强硬抗议：①照千八百五十八年天津条约第二十五条，关于中国领土之输出入品，规定输入货物在起岸地，输出品在上船地征税，故二重课税，违反现地课税主义且违反条约；②关于满洲国海关问题，日政府正努力好意的斡旋，谋发见妥协点，中国忽为报复的二重课税，则循环报复，无有已时，使日本好意，归诸徒劳。

《新闻报》［0004 版］
日对我国抗议，为东北海关二重课税问题

电通社二十四日东京电　闻南京政府，关于满洲海关问题，决实行二重课税，日本外务省决从下列二点，摘其非违，向南京政府，提强硬抗议：一、照千八百五十八年天津条约第廿五条，关于中国领土之输出入品，规定输入货物在起岸地，输出品在上船地征税，故二重课税，违反现地课税主义，且违反条约；二、关于满洲国海关问题，日政府正努力好意的斡旋，谋发见妥协点，中国忽为报复的二重课税，则循环报复，无有已时，使日本好意，归诸徒劳。

《中央日报》[0002版]
宋子文连日在沪召集会议讨论东北海关问题
中央社上海二十四日电　宋子文对东北海关问题，连日召各方会议，敬（二十四日）晨又召外籍顾问讨论废两改元事，由张寿镛与银钱两业接洽。

《中央日报》[0003版]
封锁东北海关，我国将发表宣言
外罗严拒承认折中办法，东省邮局重要文件运津
（中央社）日方嗾叛逆劫夺东北及大连海关后，我方已迭次发表宣言，并向日方严重抗议，日前总税务司梅乐和，并向日方提出最后警告，但日方态度倔强，迄未觉悟，我方现已决定实行封锁政策，凡运往东北之货物，决由其他海关代为征收。进出口税在实行封锁以前，我方决发表宣言，述明经过，此项宣言，今明日即可发表，又某国驻华外交官，前曾向我诱劝折中办法，即大连关税由我征收，其余各关，则归叛逆。俾外债可不发生问题，曾经罗外长面予痛驳，谓为破坏九国公约精神，损害我国主权领土独立完整，各国应主张公道，不应为自身利益，向我诱劝，现各关系国以我方实行封锁政策，理直气壮，俱表同情云。

日人唆使傀儡政府，攫夺我东北邮权，政府当局已令邮政总局，速将东省邮局概行停办。日日社记者昨特向交通部探询东省邮局停办之抵制办法，据该部某主管要员谈其办法如下：（一）命令东省，将原有中央邮务员工，一律调回，暂派关内各地邮局安置；（二）通告万国邮联会，由该会转达各国，所有寄达中国境内之信件，原由西伯利亚铁道经过东三省者，请其一律改经海道递送，因伪组织尚未经各国承认办理邮政，亦更难得万国邮联会之允准，万国邮联为维持世界邮权行政之完整，对我国此种断然手段，当能赞同，转达各国相辅遵行；（三）国内寄达国外原经东省之邮件，亦同样改道递寄；（四）由伪国地域寄出信件，虽已粘贴伪票，但不予承认，当由收信人补足中华民国额定邮资云云。

中央社天津二十四日电　辽邮务长巴立地，以伪组织，定未（八月）东（一日）劫夺东北邮权，势未可缓，故决定抵制办法，所有辽吉黑两邮务管理局，暨各一等局重要文件什器，已有百余袋陆续运津，邮务不动产，因沈变后，经费亏绌，现决以巴之名义出押抵借，借以保存，出关邮员，各给薪半月，充旅费，巴自留省清理待命，闻伪组织接收邮局后，将调日营递信局职员服务。

7月26日

《福尔摩斯》[0001版]
闻封锁东北海关，尚待外交而决定云。（羽）

《人报（无锡）》[0002版]
封锁东北海关，尚待外交方面决定，宣言等均已拟妥
关于封锁东北海关问题，经财政部长宋子文于上星期到沪，与关务署长张福运，及总税务司梅乐和等详商后，业经决定下令封锁，今晨本报记者，特为此事往访某机要科税务司，面询宋财长到沪后对于封锁东北关税所决定之内容，该氏因奉宋财长命令，不愿有所发表，但以友谊之关系，略表示关于封锁事实，已不成问题，所待者仅为外交方面之决定，盖此事为外交与财政双方之要务，财政部对封锁前之宣言等均已拟妥，如外交方面无问题，即可由财部下令关务当局执行云。

《申报》[0003版]
东北海关封锁宣言脱稿
南京　封锁东北海关宣言已脱稿，宋子文拟提请中央通过，并于文字上加以修正，将即日携带该项草稿来京，呈送核定后，即发出。（二十五日专电）

《盛京时报》［0002 版］
满洲海关封锁宣言案

【南京二十四日联合电】俟明（二十五）日行政委员会通过，即将发表之封锁海关宣言草案，自前日以来，由宋子文、梅乐和、罗文干等协议决定，其内容虽有封锁文字，但未确定实行期，此为残留与日本政府交涉之余地，故宋子文、梅乐和，尚暗中企图与日本妥协解决，确属事实。

《时报》［0002 版］
封锁东北海关宣言，将提中央会议

南京二十五日电　财部息，封锁东北海关，已决定实行，在命令未公布前，将发表宣言，昭告友邦，申述我政府不得已之苦衷，及日人破坏我关税完整责任，俾国际间得明了真相，是项宣言已脱稿，俟财长宋子文二十六日提请中央会议通过后，即发出。

《新闻报》［0006 版］
财部将发宣言，将封锁东北海关原因昭告中外

南京　财部决定封锁东北海关命令未公布前，将发宣言，昭告友邦，述我政府不得已苦衷，及日人破坏我关税完整责任，宣言业由财宋在沪草就携京，呈中央通过。

《新无锡》［0002 版］
封锁东北海关，尚待外交方面决定

上海二十五日电　关于封锁东北海关问题，经财政部长宋子文于上星期到沪，与关务署长张福运，及总税务司梅乐和等详商后，业经决定午令封锁，昨晨本报记者，特为此事往访某机关要科税务司，面询宋财长到沪后对于封锁东北关税所决定之内容，该氏因奉宋财长命令，不愿有所发表，但以友谊之关系，略表示关于封锁事实，已不成问题，所待者仅为外交方面之决定，盖此事为外交与财政双方之要务，财政部将封锁前之宣言等均已拟妥，如外交方面无问题，即可由财部下令关务当局执行云。

7月27日

《大公报（天津）》[0003版]

封锁东北海关宣言即发表

今日中政会开会将讨论海关案，宋子文到京蒋回汉后仍拟赴浔

【南京二十六日下午十一时发专电】封锁东北海关宣言与办法，二十六日晚已全决定，汪谕中政会秘书长唐有壬，列入议程，提二十七日中政会讨论，其理由由宋子文临时口头报告。

【南京二十六日下午十时发专电】二十六日晚汪在宅宴宋，并邀各部会长作陪，散后讨论东北海关问题，将提出二十七日中政会议。

【上海二十六日下午八时发专电】宋子文二十六日晨六时，偕张学良顾问端纳等，乘福特机飞京，宋到京后，是否赴平或赴牯岭尚未定。银界息，宋原定二十五返京，因邮务及废两事，有商洽处，故改今晨飞京，但宋不久仍来沪，废两尚无具体办法，废两改元研究会今日开会讨论。

【汉口二十六日下午九时发专电】总部高级职员谈，蒋日内仍拟赴浔一行，与汪等晤商外交云，蒋二十六日召见钱大钧及四十七、五十四两副师长，上官云相被委为五路总指挥。

【汉口二十六日下午十时发专电】党政委员会筹备于短期内，分别成立鄂、豫、皖三省党政会议，定二十七日召鄂省委及党委全体及保安处长范熙绩等谈话，先成立鄂党政会议，余豫皖亦将于旬日内召集成立。

【汉口二十五日下午十一时发专电】（迟到）蒋二十五日晨九时返汉，即赴总部，召秘书处人员个别谈话，指示方针，历一小时许，十一时返怡和村，张钫定日内来汉谒蒋，又党政委员会定二十七日开会，并请省府主席及各委参加，讨论成立鄂党委会议事。

【南京二十六日下午八时发专电】汪关心日军侵热，一时不赴庐山，热河消息连日沉静，行政院除接张汤电告日机巡视外，无若何警报。汪等观察，日军知张汤有准备抵抗决心，故未敢造次。宋子文、张福运及张学良顾问端纳，二十六日同乘机到京，端纳十时飞回北平，向张报告与宋会商东北海关处置办法。

【南京二十六日下午三时发专电】宋子文二十六日晨八时乘飞机到京，即出席行政院会议。会议中未讨论海关问题，会散后宋邀汪等至北极阁私邸，讨论东北海关问题，闻日内即可决定办法。正式宣布汪宋因政务繁忙，决暂不西上。

【上海二十六日路透电】宋子文抵此后，对于满洲关税收入被攫及废两改元事，与海关当局及银钱界讨论甚忙，预料将于一二日内赴京，然后转平。宋氏指派研究废两改元之委员会，将决定废两改元后之银元定价与成色，以及请求公众赞助改革之方法，委员会有外人三名，远东著名经济学者耿爱德亦在内。

《民报》[0002版]

封锁东北海关宣言，今日政会通过后即发表

财宋昨晨由沪飞京出席院议，日内将再西上晤蒋会商财政，端讷与宋同机到京即转平复命

本报念六南京电　封锁东北各海关宣言草案，二十六日午宋子文亲送呈汪院长审核，汪为缜密商讨，晚在私邸借为宋洗尘之便，邀各部会长作陪，席间对于封锁后一切办法有详细磋商，并定二十七日提中政会讨论，通过后发表。

中央念六南京电　我政府决于封锁东北海关之前，发表宣言，述明经过，该项宣言俟提二十七日中央政治会议通过后即可发表。

本报念六南京电　宋子文念六日晨八时四十分偕端讷暨调查团中国代表办事处顾问哈斯，平绥靖署副官王小亭等乘福特机抵京，旋赴行政院谒汪，商封锁东北海关办法及财政问题，端讷等即于十时十分与哈斯等六人原机飞平。

中央念六南京电　宋财长二十二日赴沪，连日与梅乐和、张福运等商封锁东北海关事，并与沪金融界商废两改元，均已议有办法，二十六日晨六时半由沪偕张学良顾问端讷，张福运、美驻京总领裴克及宋之秘书乘福特机飞京，八时许到达，宋返私邸稍息，九时许赴行政院出席会议，报告在沪磋商各项问题经过，宋以财政问题仍有与蒋委员长详商必要，日内将飞汉谒蒋，至端讷则于十时许仍乘原机飞平，谒张覆〔复〕命。

本报念六南京电　彭学沛谈，日军侵热，日来已趋缓和，院方未接最近

近代报刊东北海关资料编年（1906—1937）

报告，封锁东北海关问题二十六日院会未讨论。

  路透念六南京电 今日行政院会议，宋财长亦由沪到京参加，闻今日讨论之问题，东北海关亦居其一，散会后，汪院长偕宋至其寓讨论财政问题。

  东北关税被攫，影响对外债务甚巨

  七月份不敷三百余万两，情形危急势须设法补救，宋财长昨在京表示

  国新念六南京电 财政部长宋子文今日声称，七月份海关收入因东北各关既被攫夺，加以全国各关税收奇绌，预计以之抵拨本月份借赔各款应拨数额，尚将不敷上海规银三百七十万两，盖估计七月份关税纯收入只可得上海规银九百四十万两，比之去年平均每月纯收入一千九百三十三万一千两，相差几一倍以上，犹忆六月份税收，据总税务司本月初发表，共一千二百八十二万七千两，以之抵付应拨借赔各款一千二百九十三万五千两，不仅毫无余剩，且亏上海规银十万零八千两，乃本月份形势益非，估计不敷数额，竟将达三百七十万两之巨，此种危险情形，大半由于日人强夺东北各关连同大连海关全部税收后，近数月来每月顿少约上海规银二百万两所致，再加以日本在东北及上海军事行动，结果贸易凋疲，税收亦为之减少，观于目前税务情形，足见某方面所称国际间忧虑东北税关被攫后，关税收入或将不敷应拨借赔各款一层并无理由之语，乃属荒诞之谈，宋部长又谓大连、牛庄正金银行支店以奇突理由借口满洲伪当道禁其汇出，力拒将东北税关被攫以前所积存税金汇至上海总税务司借款担保账，此项积存税金连同中国银行亦被同样禁汇之积存税款，共达关平银二百万两，夫以国际银行界最寻常之原则，竟被以最脆弱之借口如此破坏，实属出于意外者也。宋部长又谓税收短绌，不敷抵拨借赔各款之此种危急情形，必当取种种可行方法，加以补救，今中国财政受世界经济凋疲之严重影响，既已日益加甚，乃日本复有攫中国担保国际债务之税收举动，使事态益加严重，诚属最不幸之事，近数月间日人所攫各关虽不汇分文，顾中国迄今仍能勉力维持债务之信用，但其应付此种紧张局势之能力，以税收短绌，累月不敷，应拨各款显正受有影响云。

  《人报（无锡）》[0002版]
  东北海关封锁宣言，提中政会讨论即可发表

  南京电 日方嗾使叛逆劫夺东北及大连海关，虽我方一再严重抗议，总税务司梅乐和，并在前日，发出最后警告，但日本态度强硬，迄未觉悟。我方决定实行封锁政策，并定在未封锁以前，发表宣言，详说经过。闻此项宣言，业已草定，将于今日提出中政会讨论后，正式发表。

《时报》[0005版]

讨论东北海关封锁后办法

南京二十六日电　实行封锁东北海关办法，经财宋与总税务司梅乐和等在沪数度磋商，已有初步决定，并将该项草案呈汪审核，汪为求缜密商讨计，特于二十六日晚邀财宋及各部长讨论封锁后一切办法。

南京二十六日电　封锁东北海关宣言及办法草案，已由宋子文二十六日晨携京，与汪等作缜密讨论，闻定二十七日晨提出中政会议，讨论通过后即发表。

《新闻报》[0007版]

宋子文返京，日内将赴汉谒蒋

封锁东北海关办法，今日提中政会讨论

南京　财部息，封锁东北海关办法，业由财宋在沪与总税司梅乐和等数度磋商拟定办法草案，呈行政院审核，汪为慎密起见，廿六下午六时，在私邸宴宋，并约各部长官作陪，席间对封锁后一切办法，有详密磋商，定廿七日提中政会讨论。

南京　宋财长廿二日赴沪，连日与梅乐和、张福运等商封锁东北海关事，并与沪金融界商废两改元，均已议有办法。廿六日晨六时半，由沪偕张学良顾问端讷、张福运、美驻京总领裴克及宋之秘书，乘福特机飞京，八时许到达，宋返私邸稍息，九时许赴行政院出席会议，报告在沪磋商各项问题经过，宋以财政问题仍有与蒋委员长详商必要，日内将飞汉谒蒋，至端讷则于十时许仍乘原机飞平，谒张覆〔复〕命。

关税收入奇绌

宋子文之谈话，比较去年减收一倍以上，皆属东北各关被攫影响

国民闻社二十六日南京电　财政部长宋子文，今日声称，七月份海关收入，因东北各关，既被攫夺，加以全国各关税收奇绌，预计以之抵拨本月份借赔各款应拨款额，尚将不敷上海规银三百七十万两。盖估计七月份关税纯收入，只可得上海规银九百四十万两。比之去年平均每月纯收入一千九百三十三万一千两，相差几一倍以上。犹忆六月份税收，据总税务司本月初发表，共一千二百八十二万七千两，以之抵付应拨借赔各款一千二百九十三万五千两，不仅毫无余剩，且亏上海规银十万零八千两，乃本月份形势益非，估计不敷数额，竟将达三百七十万两之巨。此种危险情形，大半由于日人强夺东北各关连同大连海关全部税收后，近数月来，每月顿少约上海规银二百万两所致，再加以日本在东北及上海军事行动，结果贸易凋疲，税收亦为之减少，观于目前税务情形，足见某方面所称国际间忧虑东北税关被攫后，关税收入或将不敷应拨借赔各款一□并无理由之语，乃属荒诞之谈，宋部长又谓大连、牛庄正金银行支店，以借口满洲伪当道禁其汇出之奇突理由，力拒将东北税关被攫以前所积存税金汇至上海总税务司借款担保账，此项积存税金，连同中国银行，亦被同样禁汇之积存税款，共达关平银二百万两，夫以国际银行界最寻常之原则，竟被以最脆弱之借口，如此破坏，实属出于意外者也。宋部长又谓税收短绌，不敷抵拨借赔各款之此种危急情形，必当取种种可行方法，加以补救。今中国财政，受世界经济凋疲之严重影响，既已日益加甚乃日本复有攫中国担保国际债务之税收举动，使事态益加严重，诚属最不幸之事。近数月间，日人所攫各关，虽不汇分文，顾中国迄今仍能勉力维持债务之信用，但其应付此种紧张局势之能力，以税收短绌，累月不敷，应拨各款，显正受有影响云。

《中央日报》[0002版]
封锁东北海关宣言即发表
宋财长昨与汪院长谈商，将提今日中政会议讨论

（中央社）日方嗾使叛逆劫夺东北及大连海关，虽我方一再严重抗议，总税务司梅乐和，并于日前向日发出最后警告，但日方迄未觉悟，我方决定实行封锁政策，并拟于实行封锁之前，发表宣言，述明经过，闻此项宣言，现已拟定，将提出今（廿七）日中央政治会议讨论后，正式发表云。

财政部长宋子文，于本月二十二日由京赴沪，连日在沪与总税务司梅乐和、关务署长张福运等，商洽封锁东北海关问题，并与上海金融界筹商改革币制、废两改元，颇为忙碌。兹以任务已毕，于昨（二十六）日晨六时半，由沪乘福特飞机，由巴尔飞机师驾驶返京，八时十分到达，在明故宫飞机场降落。同来者有张学良之顾问端纳，及其秘书克尔、关务署长张福运、宋财长之秘书黄纯道、王小亭、美国驻京总领事裴克、西人牛遐尔等数人，飞机降落后，宋财长等由机场杜站长招待至办公室休息十分钟，旋即乘汽车偕其秘书黄纯道返北极阁私邸休息，九时许赴行政院出席会议，席间对实行封锁东北海关有详细之报告。又张学良之顾问端纳，在沪时已与宋财长将封锁海关问题筹商就绪，于昨晨随宋财长同行返京后，旋即将飞机加添汽油，于十时许仍乘原机飞平复命云。

7月28日

《大公报（无锡）》[0003版]

中央政治会议，讨论封锁东北海关，抗议将与宣言同时发表

本报南京专电　中政会议，到汪兆铭、宋子文、郭春涛等，主席汪兆铭，讨论全国水利局章程，议决交立法院审查后通过，对封锁东北海关抗议，政府尚未发表、讨论此点，历时颇久，大概日内即将与宣言同时发表。

《民报》[0003版]

封锁东北海关宣言，昨中政会未讨论，明日行政院提出，外债将部分缓偿

本报念七南京电　关于封锁东北海关宣言全文已脱稿，经汪院长、罗文干、宋子文商定修正，昨传二十七日中政会将提出讨论，据记者探悉，中政会开会时并未提出讨论，闻将于二十九日行政院开会时通过发表。记者另访外交当局，据谈，此项宣言将由财部提出行政院会通过，即迳发表，此系对关系国及国际立言，故外部不再有公文致各国使馆云。

本报念七南京电　外交界息，在东省关税被攫期间，关税担负之债发生严重影响，我方除照会各国，声明日本应负责任外，关于外债部分要求关系国援助，在东北及大连海关未能恢复主权前，所有关税担保应付赔款及外债

近代报刊东北海关资料编年（1906—1937）

按全部关税短收比额，拟将应付各国债款依短收比率暂欠，闻各国对我所提办法颇谅解，美国确有接纳表示。

《盛京时报》[0002版]

国府对满洲海关案，八月一日实施闭锁

【上海二十七日电通电】国民政府本日闻中央政治会议，当通过闭锁满洲全部海关之办法，实施期为八月一日，此外关于向满洲运输货物赋课二重税，关税收入减少之填补，当另想办法。

《时报》[0005版]

封锁东北海关，俟再度抗议后决定

美对日方行动，将征询其他六国，发严重主张促其觉悟

南京二十七日电　封锁东北海关问题，原拟即日下令实行，现经再度讨论，以我方对大连海关，根据条约保障，不患无法使之就范，故日内尚须提出第三次抗议，如果日方仍依然作态，然后再施行此最后办法。

南京二十七日电　外交界息，在东省关税被日方攫夺期间，关税担负之外债发生严重影响，日政府违背国际公约，破坏中国海关完整，我方除照会各国声明日本应负责任外，关于外债部分，要求关系各国予以援助，在东北及大连海关未恢复主权以前，所有关税担保应付之赔款及外债，按照全邮关税短收比额，将应付各国债款促短，俟原状恢复逐步补还，闻各关系国对此办法颇能谅解，又美国确有接纳表示，并闻美方根据华府会议条约，对日方破坏中国海关完整，妨碍各国在华共同之利益，将以九国公约发起人之资格，征求其他六国意见，对此问题发表严重主张，促日方觉悟。

《锡报》[0002版]

日夺东北海关影响外债赔款，各国谅解按率缓偿

美将接纳我方请求，同时征九公约国同意，对日破坏中国关税，提严重警告促其觉悟

【南京】外交界息，各国对我方所拟定对东北海关未恢复原状前，所有

关税为担保之赔款及外债，按照短收比率，暂行缓还事，颇能谅解，美当局即可有接纳表示，并闻美方以日军破坏中国关税完整，将征求九国公约签字国意见，发表严重警告，促日方觉悟。

【南京】封锁东北海关宣言，廿七日提中政会讨论，未通过。

《新闻报》[0011版]
我方封锁东北海关后，日决以武力保护货运
沿途概不缴纳进出口税，日本商务官之严重表示

封锁东北海关问题，业经我外财两部拟定办法待行政院下令，即可切实施行，本埠日侨各路商联会暨报关业联合会两团体，自得悉我方之封锁东北海关办法，经中央政治会议通过之消息后，不啻予日货运销东北以一重大打击，纷起恐慌，昨日下午二时，各路商联会会长林雄吉、报关业联合会副会长森田，与驻华商务官参赞，在同文书院会商应付办法，讨论结果，据商务官严重宣称，如我一旦实行封锁东北海关及二重课税，则由沪运往东北或由东北运沪之各货轮，将一律予以武装之保护，拒绝中国任何海关当局征收进出口税，其办法，即如由日本国内运华货物，不论在何处进口，概由海军省调拨陆战队随轮保护，到达目的地后，再由各该地驻在军队，保护运往他埠倾销，沿途概不缴纳进出口税，如该项货轮仍有被华方扣留情事发生者，则政府（日人自称）当局当不惜任何牺牲，决以实力维护到底云云。（时闻社）

堀内等前晚赴京，谒财宋商东北关税

东北关税问题，日前经宋财长来沪与各方商议，已得结果，日方一等秘书堀内及三等秘书冈崎，于前晚乘夜快车晋京，谒财长宋子文，对于东北海关有所商议，预计堀内等昨晨可达南京云。

《新无锡》[0002版]
中央政治会议讨论，封锁东北海关，抗议将与宣言同时发表

南京二十七日电　今晨中政会谈，到汪兆铭、宋子文、郭春涛等，主席汪兆铭，讨论全国水利局章程，议决交立法院审查后通过，对封锁东北海关抗议，政府尚未发表，今晨讨论此点，历时颇久，大概日内即将与宣言同时发表。

近代报刊东北海关资料编年（1906—1937）

7月29日

《民报》[0005版]

宋财长昨又来沪，为两问题临时中止赴汉

封锁东北海关亟待实行，废两改元再与各界会商

本报念八南京电　宋财长原有二十八日晨飞汉谒蒋说，旋因沪上要公待理，且封锁东北海关业经中政会通过亟待实行，遂改于二十八日晨六时乘塞可斯机飞沪，由航校美籍教官两人驾驶，与宋同行者，有财部杨顾问、黄秘书、王设计师等五人。宋临行语记者，余赴沪系处理封锁东北海关事，并与金融界再行磋商废两改元等问题，事毕返京，何时赴汉未定。

财政部长宋子文氏，本定于昨晨由京飞汉，谒蒋委员长，报告在沪接洽废两改元及其他财政问题经过。但宋氏因封锁东北海关问题，业经中政会议通过，亟待实行。故于昨晨六时，由京乘坐塞可斯飞机飞沪，于八时许抵沪。即赴祁齐路私宅，因身体略感不适，即延英医麦里诊治，兹将宋氏来沪情形，分志于后：

同来人员

宋氏来沪所乘之塞可斯号飞机，由美籍航空教官两人驾驶，与宋同来者有财政部西顾问杨格、秘书黄纯道等五人。宋氏于昨晨六时由京起飞，八时余抵龙华飞机场。当由宋氏卫士在场等候，因宋氏此次来沪，事前并未通知，故外界知者极鲜。

宋氏患病

宋氏因航空受寒抵宅后，即略感不适，于下午三时半，延请亚尔培路四十一号西医英人麦里为之医治。据麦里医生于诊治宋病后语中央社记者云，宋氏之病，系途受风寒，并无大碍，一二日内即可痊愈。

拒见宾客

宋氏返宅后，因感受不适，即知照家人，拒见宾客。故盐务署署长朱庭祺等先后往谒，均未接见。惟江海关监督唐海安，则于昨日下午一时奉宋召往谒，至五时三十分始出。

来沪任务

宋氏此次来沪任务，据中央社记者探悉：（一）封锁东北海关问题，业经中政会通过，亟待施行，故来沪与本埠各界会商进行封锁之办法；（二）废两改元问题，前日废两改元研究委员会第一次会议，已得相当结果。故宋氏亦有再与本埠金融界会商之必要，故临时中止赴汉，特来沪一行。俟在沪公毕，再返京赴汉。

《民报（无锡）》[0002版]
财宋昨飞汉，晤蒋商东北海关等事

本报二十八日南京专电　财政部长宋子文，因须与蒋面商剿匪军费及封锁东北海关等事，特于今晨六时二十分驱车至明故宫飞机场，越十分钟即乘塞可斯号启飞赴汉，临行因时间较早，故多不知，并无一人送行。宋氏此行，仅偕其秘书一人，行政院长汪兆铭、训练总监李济琛，及内政部长黄绍雄，均因事未去。罗文干则因目疾甚烈，亦未同往，宋子文晤记者在汉延留两日，即将返京。

《申报》[0009版]
财宋昨又来沪，为东北海关及废两改元问题

中央社云　财政部长宋子文氏，本定于昨晨由京飞汉，谒蒋委员长，报告在沪接洽废两改元及其他财政问题之经过，但宋氏因封锁东北海关问题，业经中政会议通过，亟待实行，故于昨晨六时，由京乘坐塞可斯号飞机飞沪，于八时许抵沪，即赴祁齐路私宅，因身体略感不适，即延英医麦里诊治。

同来人员

宋氏来沪所乘之塞可斯号飞机，由美籍航空教官两人驾驶，与宋同来者，有财政部西顾问杨格、秘书黄纯道等五人，宋氏于昨晨六时，由京起飞，八时余抵龙华飞机场，当由宋氏卫士在场等候，因宋氏此次来沪，事前并未通知，故外界知者极鲜。

宋感微恙

宋氏因航空受寒，抵宅后即略感不适，于下午三时半，延请亚尔培路四十一号西医英人麦里为之医治，据麦里医生于诊治宋病后，语中央社记者云，宋氏之病，系途受风寒，并无大碍，一二日内，即可痊愈。

拒见宾客

宋氏返宅后，因感受不适，即知照家人，拒见宾客。故盐务署署长朱庭祺等先后往谒，均未接见，惟江海关监督唐海安，则于昨日下午一时，奉宋召往谒，至五时三十分始出。

来沪任务

宋氏此次来沪任务，据中央社记者探悉：①封锁东北海关问题，业经中政会通过，亟待施行，故来沪与本埠各界会商进行封锁之办法；②废两改元问题，前日废两改元研究委员会第一次会议，已得相当结果。故宋氏亦有再与本埠金融界会商之必要，故临时中止赴汉，特来沪一行。俟在沪公毕，再返京赴汉云。

东北关员来沪

远东社云　自东北及大连海关，被日嗾使伪国劫夺后，所有各关华员，感于环境之不利，日人之威胁，咸抱不安，日来均纷纷秘密整装离关，其第一批柯纳华、陈茗兰、陈耕平、黄文杰等，及眷属等二十余人，已于昨日由大连乘船抵沪，闻尚有第二批即将于日内来沪云。

《时报》[0007版]
宋财长昨又来沪，磋商废两改元，处理封锁东北海关

财政部长宋子文氏，本定于昨晨由京飞汉，谒蒋委员长，报告在沪接洽废两改元及其他财政问题经过，但宋氏因封锁东北海关问题，业经中政会通过，亟待实行，故于昨晨六时，由京乘坐塞可斯号飞机飞沪，于八时许抵沪，即赴祁齐路私宅，因身体略感不适，即延英医麦里诊治，与宋同来者，有财政部西顾问杨格、秘书黄纯道等五人。宋返宅后，即知照家人，拒见宾客，惟江海关监督唐海安，于下午一时奉召往谒，至五时三十分始出。

南京二十八日电　宋财长今晨六时乘塞可斯机飞沪，由航校美籍教官两人驾驶，与宋同行者，有财部杨顾问、黄秘书、王设计师等五人，宋临行语记者，赴沪系处理封锁东北海关事，并与金融界再行磋商废两改元等问题，事毕返京，何时赴汉未定云。

南京二十八日电　财宋接废两为元研究委会电促，商陈要公，二十八日晨偕随员三人，乘飞机赴沪，定二十九日返京。

《时事新报（上海）》［0002 版］

宋子文昨又飞沪，与各方商封锁东北海关事，在沪公毕后即返京赴汉口

财政部长宋子文氏，本定于昨晨由京飞汉，谒蒋委员长，报告在沪接洽废两改元及其他财政问题经过。但宋氏因封锁东北海关问题，业经中政会议通过，亟待实行，故于昨晨六时，由京乘坐塞可斯号飞机飞沪，于九时许抵沪，即赴祁齐路私宅。因身体略感不适，即延英医麦里诊治，兹将宋氏来沪情形，分志于后：

同来人员

宋氏来沪所乘之塞可斯号飞机，由美籍航空教官两人驾驶，与宋同来者，有财政部西顾问杨格、秘书黄纯道等五人。宋氏于昨晨六时由京起飞，八时余抵龙华机场。当由宋氏卫士，在场等候，因宋氏此次来沪，事前并未通知，故外界知者极鲜。

宋氏患病

宋氏因航空受寒，抵宅后，即略感不适，于下午三时半，延请亚尔培路四十一号西医英人麦里为之医治。据麦里医生于诊治宋病后，语记者云，宋氏之病，系途受风寒，并无大碍，一二日内即可痊愈云云。宋氏返宅后，因感受不适，即知照家人，拒见宾客。故盐务署署长朱庭祺等，先后往谒，均未接见。惟江海关监督唐海安，则于昨日下午一时，奉宋召往谒，至五时三十分始出。

来沪任务

宋氏此次来沪任务，据记者探悉：①封锁东北海关问题，业经中政会通过，亟待施行，故来沪与本埠各界会商进行封锁之办法；②废两改元问题，前日废两改元研究委员会第一次会议，已得相当结果，故宋氏亦有再与本埠金融界会商之必要，故临时中正〔止〕赴汉，特来沪一行。俟在沪公毕，再返京赴汉云。

《锡报》［0002 版］

宋子文昨晨抵沪，处理东北海关废两改元

（前缺）因患感冒，现正延医诊治，未见客，此次来沪为处理东北海关

近代报刊东北海关资料编年（1906—1937）

及废两改元事。

【南京】宋子文原定今日飞汉谒蒋，旋因沪上要务亟待处理，且封琐〔锁〕东北海关，业经中政会通过，亟待实行，故于二十八日六时飞沪。

《新闻报》[0010 版]
宋财长昨又来沪，为废两改元及封锁东北海关两问题
因身体受寒病卧私邸一二日即可愈

财政部长宋子文氏，本定于昨晨由京飞汉，谒蒋委员长，报告在沪接洽废两改元及其他财政问题经过，但宋氏亟封锁东北海关问题，业经中政会议通过，函〔亟〕待实行，故于昨晨六时，由京乘坐塞可斯号飞机飞沪，于八时许抵沪，即赴祁齐路私宅，因身体略感不适，即延英医麦里诊治，兹将宋氏来沪情形分志于后：

同来人员

宋氏来沪所乘之塞可斯号飞机，由美籍航空教官两人驾驶，与宋同来者，有财政部西顾问杨格、秘书黄纯道等五人，宋于于昨晨六时由京起飞，八时余抵龙华飞机场，当由宋氏卫士在场等候，因宋氏此次来沪，事前并末〔未〕通知，故外界知者极鲜。

宋氏患病

宋氏因航空受寒，抵宅后即略感不适，于下午三时半延请亚尔培路四十一号西医麦里为之医治，据麦面医生于诊治宋病后，语中央社记者云，宋氏之病，系途受风寒，并无大碍，一二日内即可痊愈云云。

拒见宾客

宋氏返宅后，因感受不适，即知照家人拒见宾客，故盐务署署长朱庭祺等先后往谒，均未接见，惟江海关监督唐海安，则于昨日下午一时奉宋召往谒，至五时三十分始出。

来沪任务

宋氏此次来沪任务，据中央社记者探悉：（一）封锁东北海关问题，业经中政会通过，亟待施行，故来沪与本埠各界会商进行封锁之办法；（二）废两改元问题，前日废两改元研究委员会第一次会议，已得相当结果，故宋氏亦有再与本埠金融界会商之必要，临时中止赴汉，特来沪一行，俟在沪公毕，再返京

赴汉云。

《中央日报》[0002 版]
宋财长昨晨飞沪，处理封锁东北海关事宜

财政部长宋子文，于昨晨六时，偕秘书黄纯道及卫士八名，分乘汽车三辆，自北极阁私邸直驶明故宫飞机场，下车后，即登乘塞可斯机起飞赴沪，由航空学校美籍教官两人驾驶，与宋同行者，有财部杨顾问、黄秘书、王设计师等五人。宋临行前语记者，余今（二十八）日赴沪，系处理封锁东北海关事宜，并与金融界再行磋商废两改元等问题。事毕返京，至何时赴汉，现尚未决定云。

中央社上海二十八日电　宋子文俭（二十八日）晨八时许，由京乘塞可斯机抵龙华飞机场，即返宅休息，因途中感受风寒，略有不适，未见宾客。下午西医诊治，医言并无大碍，静养一二日即愈，宋俟病愈即与沪各界接洽封锁东北海关，及废两改元各项重要问题云。

7 月 30 日

《大公报（天津）》[0003 版]
封锁东北海关，命令宣言即可发表

【上海二十九日下午九时发专电】宋子文二十九日仍延医诊治，静养数日即愈。午谒见唐海安及税务司霍朋，封锁东北海关事，关系方面对外绝口不提。

【南京二十九日下午十时发专电】东北关税被劫，外债无法偿付，政府当局已进行向关系各国说明所受之影响，并请求暂行缓付一部分外债本息，闻美国对此表示可以赞同，其他各国亦能晾〔谅〕解接受。

【南京二十九日下午十时发专电】二十九日行政院会议席上，罗文干、何应钦对封锁东北海关有详细报告与研究，各部长均主即日实行封锁，命令与宣言日内即可发表。

《福尔摩斯》[0001 版]
封锁东北海关　而已

自我国封锁东北海关后，本埠日侨，现已决定凡由日运华货物，不论在

近代报刊东北海关资料编年（1906—1937）

何处进口，概由陆战队随轮保护，且到达目的地后，再由各该地驻在军队，保护运往他埠销售，沿途概不缴纳进出口税，如该项货轮，仍有被华方扣留情事发生者，则政府当局当不惜任何牺牲，决以实力维护到底云云，所谓不惜任何牺牲，决以实力维护到底者，一言以蔽之，无非打而已矣。

夫东北三省，自去年九一八后，已非吾有，满洲国由日本所立，非若淞沪之失地，由日军交还，就事实言，我国既无力将失地收回，则失地上一切权力，当然随之俱失，苟自量无打之能力，而见机者，不如勿再作此自暴其短之行为可已，今对于东北货运，日人既以武力对付，尚有邮政，则以万国邮会之关系，犹未公然设立邮局，然设竟另立邮局，亦以武力为后盾，则我国将如何？

吾故有一语相告曰，我国苟不预备打者，无论何事，惟有退缩让步，即就抵货而言，其势亦然，彼亦将以武力来干涉矣，若非惟不能打，且抵货亦不能一致，徒事口中热闹者，此等徒惹人打之抵货，亦可以休矣。

《民报》[0002版]

《时报》[0002版]

封锁东北海关，命令与宣言日内发表

南京二十九日电　二十九日行政院会议席上，外交部罗部长、军政部何部长对封锁东北海关事，有详细报告与研究，各部长均主即日实行封锁，命令与宣言日内即可发表。

南京二十九日电　日方指使东北叛逆劫夺东省海关问题，闻政府对实行最后办法后，关于我国财政所受影响，当另谋妥善补救办法，对各国债务拟暂缓付，俟另筹办法后当继续偿还，此项办法美已表赞同，其他各关系国大致均能谅解，此项问题政府当局正妥商中。

《时报》[0007版]

财长宋子文之来沪，关键在东北海关，微恙稍静养即可复原

财政部长宋子文来沪后，因受机声震荡，偶感微恙，据医生言，能休养数日，即可复原。昨日上午十时许，唐海安又往谒宋氏，谈约一小时余辞出，所谈与东北海关有关，内容甚秘，其他昨日往访宋氏者，只税务司霍明

与财部参事周象贤等数人。

封锁海关有待

昨日记者由接近宋氏方面者得获消息，宋氏此来，仍以封锁东北海关为最大任务，军费废两在其次。外传封锁东北海关，将于八月一日实行，恐未能如此迅速，关税非邮政可比，将来假使东北货物，由大连出口，海道运华，则何从证明其为伪国出品，天津关限于条约，又非东省入华北之综汇处所，所以中央对此有甚大困难，至参与讨论此问题之进行，当然除宋外，为关务署长张福运、总税务司梅乐和、顾问张□镛及诸财部数西顾问，而此数人对东北海关问题，始终未肯以半语泄诸外间，因知兹事体大，唯恐将来封锁令下，只具封锁之名，而无封锁之实，岂非徒露自己软弱耳，因此中央对此慎重将事，非至有十分把握时，不下封锁之命令，八月一日离今只两天，倘如期实行，则海关方面今日必有命令，兹关系各方均未见此消息，当然有困难，尚在从长讨论中，实行恐无此迅速耳云云。又悉，宋氏此次来沪，为期甚暂，一待病愈，日内即当返京转赣，前日宋氏飞沪之可塞飞机，现仍留沪，宋弟子良，则已于昨晚先行赴庐，而宋氏则定日内，偕其幼弟子安，仍乘原机返京，与中央再度洽商后，即须赴庐一行，宋之夫人张乐怡女士，现方诣暑庐山云。

《时代日报》[0001版]

东北海关封锁亦不过是枝节问题，必须整个的解决才有生路　人杰

中央在封锁东北邮务以后，顷又积极进行于施行二重课税，封锁东北海关。关于邮务，日本人已在天津上海两埠，组设办事处，设法疏通。关于海关，则一方用强硬之手段，向中政府提出抗议，一方用政治之手腕，唱言调解。

邮务封锁、海关封锁，何以英美国人不急设法疏解或反抗，而独劳日本人奔走骇汗，不可终日，足见劫夺东北邮权海关，完全为日人之意旨，满洲伪国无非一傀儡而已。

最荒谬者，日外务省对中国封锁海关决定之对策，系引用千八百五十八年天津条约第二十五条之规定，斥吾二重课税之非是，吾人初以为日本为一毁灭理智，敝屣公道正义之国家，讵知我拟施行二重课税，渠竟亦引证条约，课我以违背之责任，但日人之侵占东北，炮轰淞沪，究不知依据华盛顿与九国公约第几条第几款。

顾维钧于东北归来时，曾谓"近代世界，人与人间，国与国间之交涉，惟有'情理势力'四字，遇有纠纷，如能用情解决者，则用情，情不足，则评理，评理不成，则借势，借势不成，则应用力"。顾日本对华政策，只有力，而吾之应付周旋，仍以情与理，致东北全失、邮权被劫夺、海关被把持，吾于不得已中出诸封锁，而彼复借势恫吓，则吾人为欲使邮权、海关于封锁之后，设法归还，势非用力不可。

抑又言者，邮政海关之封锁，究为枝节问题，日人又狡诈多端，难免不将我封锁政策暗中破坏，且封锁为消极之对策，已早不适用于此种人欲横流之今日。现时唯有采用积极之方策准备实力收复东北，大问题解决而后，枝节问题亦当迎刃自解，此愿全国民众，于今日应有之认识与努力也。

《时事新报（上海）》[0002版]

封锁东北海关，命令宣言日内发表，宋子文日内离沪

（本报念九日南京电）二十九日行政院会议席上外交部罗部长、军政部何部长对封锁东北海关事，有详细报告与研究，各部长均主即日实行封锁，命令与宣言日内即可发表。

财政部长宋子文氏，因封锁东北海关问题，及废两改元事宜，有与本埠有关系各界，再度接洽之必要，故于前日，由京乘飞机来沪，宋氏抵沪后，因身体感觉不适，当延英医麦里医士诊治，详情已志昨报，记者昨日探悉宋氏病状，及其他消息，分志如次：

宋氏病状

据财政部秘书郭德华自宋宅探病出后，语记者云，宋氏因筹划财政，仆仆于京沪平汉之间，旅次劳顿，在所不免，且日来天气酷炎，航空未免凉暑兼侵，故宋氏抵沪后，即感受不适，宋氏现病腹泻，人亦略瘦，今晨（即昨晨）九时许，又延英医麦里氏诊治，据谓偶受感冒，嘱伊静养，一二日内即可全痊云云。

封锁问题

宋氏昨晨九时许，经麦氏诊治后，即电邀总税务司署税务司国本，至寓询封锁东北海关问题，同时并接见财部参事周象贤，江海关监督唐海安等，洽商一切，宋氏此来任务，系在确定封锁东北海关之实行时期，以及封锁后之征税问题，故昨日接见各人时，咨询殊详，至十一时半始散，惟内容则仍未发表，须待报告中央后，再行宣布云。昨日下午，宋氏又复拒见宾客，同时总税务司梅乐和，因悉宋氏病中，尚未能延见来宾，故昨对东北海关问题，只以书面提出意见，送往宋寓呈阅，闻原文极长云。

病愈离沪

据记者探悉，宋氏本定昨晚乘坐原机飞京，惟因腹泻尚未全〔痊〕愈，医嘱不可航空，故宋氏决暂留沪，俟病体完全复原后，再行返京，宋氏介弟子良，已于昨晚乘轮赴庐山，并闻宋氏病愈后，亦拟赴庐山一行，宋夫人张乐怡女士，现在庐避暑云。

《益世报（天津版）》[0002 版]

日放东北邮员入关，昨领护照者达四百五十人，封锁东北海关宣言即发表

【上海二十九日下午八时本报专电】东北邮员入关，经辽宁区邮务长巴立地向日方警告，已允发给护照，并沿途保护，艳（二十九）领护照者计四百五十人，邮政总局艳（二十九）尚接到自大连寄来封锁前之东北所发之邮件，均贴足中国邮票，未有伪邮票发现。

【上海二十九日下午十时十分本报专电】林实今晨抵沪，会同黄乃枢商讨应付东北邮政问题，邮局接辽沈邮务长报告，邮员出关，日方已允给照，此后欧邮得一捷径，决经港递至西贡，再由飞机送马赛转欧，十五日可到。林谈，东北邮政被攫，年损失二百万。如日擅设局，决请外部交涉，欧亚航空正积极筹备，以补救欧亚间邮递。

【上海二十九日下午八时专电】林实艳（廿九）日晨八时到沪，黄乃枢到站欢迎。据林语记者，此来系出席邮政经济制度研究委员会并与黄乃枢商封锁东北邮政善后问题。平津等处日侨，图设邮便局事，尚在调查。果有其事，是有损我主权，政府当严重交涉。欧邮由航空寄递，刻正积极进行，在沪约留二日即须返京。

【南京二十九日下午十一时本报专电】艳（廿九）政院会议席上，外罗、军何对封锁东北海关事，有详细报告与研究，各部长均主即日实行封锁，命令与宣言，将由宋在沪发表。

【上海二十九日下午九时专电】宋子文艳（廿九）晨九时仍请西医麦里诊治，据医谓二三日可痊。十时税务司霍朋，江海关监督唐海安等访宋，谈东北关事。宋病愈后，即飞庐山小憩，再飞汉谒蒋。宋子安艳（廿九）日夜搭轮先赴庐山。

【北平通讯】东北邮工入关来平者，截至昨日下午，已达二十一人，除前日下午以前所到之十二人外，计前晚到六人，昨日下午到三人。各邮工所在地，为沈阳、四平街、前卫、营口、锦州、山城子、沙后所、梅河口，其中以沈阳、锦州两地来者为多，职务多为邮务员及邮务佐，至邮差尚无一人。闻此次来者在天津下车者居多，北平尚少。按东北邮务长分派来平之邮员名额，原为百余人，现到平仅十分之二，又昨据北平邮务管理局某重要职员谈，此次至平东北邮工之安插办法，本局已于日前奉到总局命令，对于来平之员工，均按照原来之待遇，自八月份起照常支薪。因该员工等在东北时已得到七月份薪金，并发给半薪，为川资，现到平员工允略事休息一二日，即行分派平区各局服务，与在平员司毫无区别云。

封锁关邮与收回失地

日本唆使满洲叛逆，劫夺东北海关邮政，这件事发动在几个月以前。在六月二十六日，本报即发表一篇"对外当从大处着手"的社论，当时我们有这样几段话：

"目前中国急务，在如何收回整个东北，不在如何保障东北之邮权与关权。邮权关权虽为损失，然较之三百万方里领土的改换颜色，三千万无辜人民的沦为奴隶，前项损失，真九牛一毛。国人对外，不以争回领土，营救同胞为前题〔提〕，竞竞于邮权关权之争，真又大题小做……"

"我辈意见，东北不能收回，邮政关税当无独存之理。倘东北不能收回，我又何惜于区区之邮政关税，东北果能收回，邮政关税，与之俱来。争邮政，争关税，当于争回整个东北三省上求之。皮之不存，毛将安附？对外当从大处着手。"

一个月前我们说过的话，直到今日，我们深信仍有存在的价值，且有重复申述的必要。这一个月来，政府维护东北关税邮政的精神与毅力，国民对之，自表相当同情与敬佩。然而我们要问，维护东北邮权与关权的动机，到底是什么？彻底说些，政府希望保持的是东北主权的空名，抑中央财政收入的实利？倘争的是主权，如今东北三省的最高行政权，十个月来，早已不在中国政府手里。实际上统治辽宁、吉林、黑龙江者，果为何人？如今沈阳、永吉、龙江的发号施令者又果为何人？倘我们所争者果真在主权，三省的省政府，三省的最高官吏，中国政府实际上已绝对不能过问。如此，三省的关税人员、邮政人员，即或依然维持隶属中央政府的局面，三省主权的实际，果又何在？倘政府认定东北三省的主权，绝对不可损失，政府所应争的，自然是三省省政府的行政权。此一切听日本的公开摆布，听伪国的公开存在，今日乃舌敝唇焦，费尽心机，向日本抗议，向世界宣言，以争邮权关权，顾小失大舍本逐末的讥议，其何能逃？日本既然敢于武力进占三省，伪国既然敢于公然宣布成立，彼更何所顾忌于劫夺邮政关税？政府目标，果在收回三省主权，则今日不彻底的做法，完全错误。

争关税邮政，政府目标，果在中央的财政收入，此依然为顾小失大，舍本逐末。交通部封锁东北邮政宣言，谓"三省邮政营业，每年有二三百万余利，足为关内贫瘠邮区营养，而每年邮局汇入关内之款，达二千一二百万之巨，故就本身经济关系而言，该三省邮政，谓为整个中国邮政之生命线，亦非过言"。在关税方面，中国政府，亦历次宣言，谓"东北海关收入，每年在三千万以上，占全国海关收入百分之十五"，又谓"海关收入损失，将令以关款担保之一切债务，全部受损失"。凡此一切宣言，不过表明东北邮政、关税与中国财政关系的重要，不过表明在财政上中国不能放弃东北邮政关税的理由。然而邮政的每年三百万剩余，海关的每年三千万收入，以之比东北三省的天然富源，以之比三百万方里的宝藏，实又沧海一粟。一为现款收入，一为埋藏富源，此为不同耳。火烧眉毛，且顾眼下，此又为顾小失大、舍本逐末之举动。

我们立言，固非反对政府维护东北邮政与关税。在我们看来，东北事不求彻底解决方法，邮政关税，绝无挽救道路。今日政府所谓封锁关邮办法，于主权，于财政，真又一无所得。且今日所谓"封锁"，实又"封锁"其名，不"封锁"其实。邮政封锁，日本在上海已公开代伪国进行邮运，东北内部邮政，实际上又绝不至停顿，邮政封锁结果，东北三千万人民与关内同胞消息隔绝，中国与欧美往返邮政，日本取而代之。此种封锁日本有利而无弊，中国弊多而利少。所谓海关封锁，实际不过是输出港输入港代征办法。此种办法，将来效力，又极微细。东北三省进出口货物，固不必一律经过中国政府权力所达地点，此所谓代征，范围所及，又不过东北三省一部分进出口货物，固不能包括东北全部进出口货物。此种封锁，实又封锁其名，不封锁其实。此种政策，又绝对不能使日本及伪国发生任何畏惧。

故今日政府所宣传封锁邮政、封锁关税政策，在我辈看来，实际绝无封锁可能。此种封锁，在交通便利上，在经济损失上，实又为双方受害办法。此种办法绝不能使日本、使伪国畏惧觉悟。即以国际影响而论，日本强占东北三省，日本主持满洲伪国，其罪恶远在劫夺海关邮政之上。对前此比较重大问题，列强固不能有切实有效的主持公道方法，今日我方关于邮政关税的举动，在欧美人士看来，实亦爱莫能助，司空见惯之故事耳。

以我辈看来，目前日本占取热河、侵略平津的野心问题，严重性远在东北三省邮政关税之上。今日政府各方面，集中人力，集中财力，以为应付者，应在此而不在彼。热河平津一失，则邮政关税损失范围，且将推广扩大。是知顾小失大、舍本逐末的救国方法，实无济于事。为今之计，政府诸公，亟应以封锁邮政关税的精力，进行收回失地的实计。我辈之言，依然如此：

"东北不能收回，邮政关税当无独存之理。东北果能收回，邮政关税，与之俱回。争邮政，争关税，当于争回整个东北三省上求之！对外当于大处着手！"

《中央日报》[0002 版]
封锁东北海关令，行政院昨会议详细研究

（中央社）日方嗾使叛逆劫夺东省海关后，我方已决定实行封锁，并拟先行发表宣言，兹悉封锁原则，于前（念七）日中政会开会时，由宋财长详细报告后，已完全决定，但实行封锁之办法及手续，颇为繁复，故宋财长于前（念八日）日与总税务司梅乐和，再作一度详细之研究，闻昨（念九）日行政院开会时，外交部长罗文干、军政部长何应钦，对此事有详细之报告与研究，出席会议之各部长，均主张即日实行封锁，闻实行封锁命令与宣言，日内即可发表云。

中央社上海二十九日路透电　财长宋子文昨日（二十八日）抵沪后，即召唐海安数次晤谈海关事，宋部长日内将与各方接洽封锁东北海关及废两改元二事，财部对封锁东北海关，虽已拟定有详细计划，但尚慎重考虑，此事因大连海关在关东租借地内，能否有效的封锁东北海关，尚属疑问，宋部长因过劳，稍觉不适，休息数日后，当可复原。

中央社上海廿九日电　宋子文艳（二十九日）晨九时，仍请西医麦里诊治，据医谓二三日可痊，十时税务司霍朋、江海关监督唐海安等访宋，谈东北关税事，宋病愈后，即飞庐山小憩，再飞汉谒蒋，宋子良艳（二十九日）夜搭轮先赴庐山。

7月31日

《国民导报》［0002版］

我国封锁东北海关，八月一日尚难实行

不愿徒有封销之名而无封锁之实，财部对此事倘无把握，决不即实行

上海三十日电　近正宋子文方面，传出消息，宋此来纯以封锁东北海关为最大任务，军费、废两改元等事，尚次之，外传封锁东北海关，将于八月一日实行，决〔绝〕无如此迅速，关税与邮政有别，将来假使东北货物，由大连出口，海道运华，怎能证其系伪国出品，天津关限于条约，尤非东省可比，至华北综汇总所，故中央对此，有甚大之国难，据参加讨论此问题进行之人，有张福运、梅乐和、张寿镛，及财部西人顾问，此数人对东北海关问题，始终未肯以半语显露外间，知事态突大，惟恐将来封锁令下，徒负封锁之名，而无封锁之实，岂非徒露自己弱点，因此中央对此慎重将事非至有十分把握之时，不下封锁命令。八月一日，离今只一日，倘如期实行，则海关必有命令，兹关系各方均未见此消息，当烦有困难之点，尚在延长讨论中，一日实行，恐无此迅速云。

《民报》［0002版］

日本庚款决暂时停拨

日嗾叛逆攫税，我国税收短绌，宋财长声明理由

国新三十南京电　财政部长宋子文今日声称，七月底应付之庚子赔款日

近代报刊东北海关资料编年（1906—1937）

本部份〔分〕约三万三千磅，暂时停拨，宋部长并说明此举理由：谓日本虽违背现行国际协定，攫夺东北三省中政府担保债赔各款之税收，但国民政府对于按月应拨之日本部份〔分〕赔款迄今仍继续照拨，今被攫之款既已为数甚巨，且尤以被攫之后，税收短绌，不敷应拨债赔各款之需，故中国政府不能再继续拨付对日赔款，盖自日当道攫取东北税关之后，中国政府迄未收得东北三省之关税，况即在攫取税关以前所收税款亦有一部份〔分〕仍为日人或东北伪当道截留云。

封锁东北海关宣言，办法议妥，实行期未决定

本报三十南京电　据财界息，封锁东北海关宣言、办法均已议妥，惟实行期尚未完全决定，此中困难即为实行后是否能完全彻底封锁，而解决此问题则唯一即在缉私能力之充实与敏捷，当局对此，现正谋一具体办法，在此办法未有充分解决把握前，暂不宣布。

《民报》[0005版]

财宋筹划封锁东北海关

各国为外债担保关系必表同情，财部对封锁具体办法决定三项，日人忽出任调停我方万难容纳

日方嗾使叛逆，攫夺东北关税，财部决采封锁政策，筹之已久，具体办法，亦已决定，惟迟迟尚未实行者，据本报记者所悉，实因对外关系，不得不加郑重考虑耳，财长宋子文氏在沪，即为筹备此事，宋氏昨日病体稍瘥，曾接见银行界领袖，及关务人员，有所接洽，兹分记各项消息于后。

会商财政

宋财长经麦里医士诊治后，至昨业已告瘥，上午九时宋在寓接见浙江实业银行总经理李馥荪，十时半接见中国银行总裁张公权，均谈数十分钟辞出，所谈内容，闻对急不容缓之军费筹给问题，有所磋商，午后往访有市长吴铁城、前兵工厂长郭承恩、前杭市长周象贤等数人。中央银行副总裁陈行于废两改元研究会开毕，亦往晤宋氏，报告会议经过，宋召总税务司梅乐和谈话，梅只派人持函呈宋，梅氏本人则未至宋宅。

海关问题

封锁东北海关，昨据本报记者向某处探悉，势在必行，因日本破坏我国关税制度，致我国外债担保失其稳固于各国亦极不利，当然对我抱有同情，闻财部对封锁具体办法，业已决定：（一）撤废东北各海关；（二）解雇日籍关员；（三）由各地海关代征东北各关进出口税一重，即如由沪运赴东北货物，除缴纳出口税一重，复纳到达东北后之进口税一重也，所以迟迟实行者，其缘因有四：（一）封锁东北各关与各国之关系；（二）如何应付日本阴谋；（三）实行后于全国税收有无影响；（四）与工商业有无打击，不得不加以郑重之考虑，然后呈请中央决定施行，外间所传八月一日实行未免过早，闻日人曾愿出任调停，其办法除大连关外，请我国放弃，大连关每年税收，虽有江海关税收之半，但宋财长表示，万难容忍，决定行其整个封锁政策，并闻财政部因全国税收短少，决与各国接洽，减偿外债，其减少成数，即符东北短少关税之数，按东北每年关税收入一千九百万，除关余二百万，偿付外债为一千七百万。

另讯，财政部长宋子文，昨日下令委任黄振兴氏，为两湖特税局长，黄氏前任本市公安局长，接委状后，即须赴汉就职。

《申报》[0003版]
立法院讨论东北海关事件

南京　立法院于三十上午例会散会后，续开秘密会议，对封锁东北海关具体计划，有切实讨论，详情概未发表，惟闻对实施办法，将向政府有所建议。（三十日专电）

《时报》[0003版]
财宋与梅乐和商洽封锁东北海关，封锁电政交部亦在筹商中

自九一八事变发生后，所有东北海关邮政以及电政事业，日当局与叛逆方面，均拟实行攫夺，其首被占据者，厥为东省之无线电局及有线电局以及电话局，而邮政与海关两机关，日方亦垂涎已久，终以主持者多属客卿，未能任意压迫，然亦辄加摧残，驯〔训〕至今日，吾中央当局因种种不得已之情状，遂已将东北邮政，实行封锁，同时海关问题，亦在计划封锁，并有决定于十日施行之说。此外交部当局，亦在筹商封锁东北电政问题，兹将调查所得，分志如下：

近代报刊东北海关资料编年（1906—1937）

财宋与梅乐和交换意见

关于实行封锁东北海关事宜，其原则当宋氏前此在沪时，业经确定，返京报告而后，并已得由中央会议通过，惟关于正式施行日期，则宋氏因尚有种种原因，特再来沪，与各方商讨，故宋氏连日虽在病中，仍接见关务当局人员，而前日总税务司梅乐和氏，曾致函宋氏，提呈封锁东北海关之意见若干点，昨日宋氏病已痊愈，上午十时三十分，即接见本埠银行界要人，至十一时许，复延见关务署长张福运，财政部顾问杨格，至十一时五十分，宋氏乃于电话中邀总税务司梅乐和至寓商洽，梅氏因另有要公，致未如约前往，只于下午二时许，重行致函宋氏，报告意见，闻宋氏关于实行封锁问题，尚在与梅氏交换意见中，据确切消息，中央封锁海关实行时期，已决展至八月十日，在一二日内，宋氏即将返京，报告中央，以便正式发表。财政当局关于封锁问题，否认外传所谓二重税之传说，谓东北税收，本由中央征取，此次封锁，不过将所有运辽货品，一次征取捐税，二重税云云，乃日人故意制造之空气，其意盖中央一次征税而后，东北叛逆仍将征税之故也。

日方否认武力保护商品

连日日当局方面，对于中央封锁东北海关问题，殊为重视，日方侨民，除一致要求领署当局，向吾提出抗议外，且怂恿各国在华商人，共商抵制办法，同时日军事当局，且有武力保护日货抗税之说，此项消息，甚嚣尘上。华东社记者因于昨日往访驻沪日使馆当局，据一等文参赞有野谈，中国当局，现虽有封锁东北海关之说，然尚未实行，日方自难表示态度，惟如果一旦施行，则相信日政府当局，决于提出抗议，新任日使有吉，已决定于下月初来华，对该项问题，或将与中国政府接洽，惟关于外传使馆武官田代少将等举行会议，将实行武力保护日货出口之说，实未闻有此事实，又昨日日领署之会议，据确实消息，与东北海关等各问题，殊有关系云。

……

南京三十日电　立法院三十日开秘密会，讨论封锁东北海关具体办法，闻经决议建议中央，迅速实行封锁政策。

南京三十日电　财界息，封锁东北海关宣言及办法，均已议妥，现因尚有夹杂问题，如缉私能力之充实与敏捷等，一俟具体办法完全决定后，即正式宣布。

《新闻报》[0010版]
中央决封锁东北海关与电政
封锁海关已定下月十日施行，财宋连日与梅乐和交换意见

东北方面，自遭九一八变故后，所有海关邮政以及电政事业，日当局与叛逆方面，均拟实行攫夺，其首被占据者，厥为东省之无线电局及有线电局以及电话局，而邮政与海关两机关，日方亦垂涎已久，终以主持者多属客卿，未能任意压迫，然亦辄横加摧残，驯〔训〕至今日，吾中央当局因种种不得已之情状，业已将东北邮政，实行封锁，同时海关问题，亦在计划封锁，并有决定于十日施行之说，此外交部当局亦在筹商封锁东北电政问题，兹将华东社记者调查所得分志如下：

实施封锁东北海关

财宋尚在与梅乐和交换意见中关于实行封锁东北海关事宜，其原则当宋氏前此在沪时，业经确定，返京报告后，并已由中央会议通过，惟关于正式施行日期，则宋氏因尚有种种原因，特再来沪与各方商讨，故宋氏连日虽在病中，仍接见关务当局人员，而前日总税务司梅乐和氏曾致函宋氏，提呈封锁东北海关之意见若干点，昨日宋氏病势业已痊愈，并已停止服药，当上午十时三十分，即接见本埠银行界要人，至十一时许，即复延见关务署长张福运、财政部顾问杨格，至十一时五十分，杨张两氏始行辞去，宋氏乃于电话中邀总税务司梅乐和至寓商洽，并命专差，通知梅氏，惟梅氏临时忽另有要公，致未如约前往，只于下午二时许，重行致函宋氏，报告意见，闻宋氏关于实行封锁问题，尚在与梅氏交换意见中。据确切消息，中央封锁海关实行时期，已决展至八月十日，在一二日内，宋氏即将返京，报告中央，以便正式发表。财政当局关于封锁问题，否认外传所谓二重税之传说，谓东北税收，本由中央征取，此次封锁，不过将所有运辽货品，一次征取捐税，二重税云云，乃日人故意制造之空气，其意盖中央一次征税而后，东北叛逆仍将征取税收之故云云。

日使来华抗议

连日日当局方面对于中央封锁东北海关问题，殊为重视，日方侨民，除一致要求领署当局向吾提出抗议外，且怂恿各国在华商人，共商抵制办法，同时日军事当局且有武力保护日货抗税之说，此项消息，甚嚣尘上，华东社记者因于昨日特往驻沪日使馆当局访问，初拟访问冈崎，适冈崎与日当局要

近代报刊东北海关资料编年（1906－1937）

人举行会议，乃改访使馆一等汉文参赞有野，据有野谈，中国当局现虽有封锁东北海关之说，然尚未实行，日方自难表示态度，惟如果一旦施行，则相信日政府当局决提出抗议，新任日使有吉，已决定于下月初来华，对该项问题，或将与中国政府接洽，惟关于外传使馆武官田代少将等举行会议，将实行武力保护日货出口之说，实未闻有此事实，又昨日日领署之会议，据确实消息，与东北海关等各问题殊有关系云。

《益世报（天津版）》[0002版]
财部停付日本庚款
封锁东北海关已决定实行，正考虑如何能达封锁目的

【上海三十一日上午一时三十五分本报专电】宋子文陷（三十）日声称，七月底应付日本庚子赔款三万三千磅，暂时停拨，因日本违背国际协定，攫夺东北税收，为数甚巨，致税收短绌，不敷应拨债赔各款之需，故中国政府不能再继续拨付。

【上海三十日下午十时八分本报专电】宋子文晨九时在宅接见银行界领袖，十一时梅乐和、张福运往谒，商东北关务，废两改元，接洽剿匪军费。闻封锁东北海关，财部决实行，现正郑重考虑：①各国关系；②如何应付日本；③全国税收影响；④工商学界影响各问题。待最后决定，呈中央公布，东（一日）实行说尚过早，各国当不致反对。

【上海三十日下午二时五分本报专电】封锁东北各关，因事前须与各国接洽，一时难实行。

【南京三十日下午九时专电】财界息，封锁东北海关，宣言及办法，均经拟定，财宋在行院会及中政会曾有详细报告，各委对此发表意见甚多，惟以种种关系，夹杂其间，故未能即时宣布。此中最困难者，即实行后是否能完全达到封锁目的，事前不能不熟加审慎，财宋此次赴沪，即系与各方讨论彻底办法。

《中央日报》[0002版]
宋子文昨接见李馥荪等，商封锁东北海关

中央社上海三十日电　宋子文病愈，陷（三十）上午先后接见李馥荪、张公权、张福运、梅乐和，商废两改元及封锁东北海关问题，下午未见客，惟陈行往谒报告废两改元研究会当日会议情形。

8月1日

《大公报（天津）》［0003版］
封锁东北海关尚在会商
宋将出席明日行政院会议报告

【上海三十一日下午八时发专电】宋子文三十一晨十时在宅召张福运及造币厂副厂长等进一步讨论封锁东北海关及废两事。张寿镛十一时亦到，商财政、封关问题之重要关键在大连关，如有妥善防止办法，即可实行。否则，封锁几等于零，今后会商将注重此点。废两问题各方意见仍不一致。造币厂副厂长谒宋，系筹恢复沪造币厂，俾改元后造新币。

【南京三十一日下午十时发专电】财部息，传宋子文定二日晨返京，出席行政院会议，报告在沪接洽封锁东北海关及废两为元经过情形。

【南京三十一日下午十时发专电】东北海关外传政府决定一日实行封锁。财界息，自封锁海关消息传出后，日本曾两度令驻京日领向我提出非正式折中办法。政府为维持主权完整起见，已严词拒绝，并坚决表示，势非实行封锁不可。其办法草案业已脱稿。上星期中政会曾提出讨论，惟彻底办法尚未具体决定，故实现之日尚须有待。此事与国际有密切关系，经已征得某国同意，其他各国亦正在分途接洽中，大致实行封锁之期，当不出八月。

《民报》［0003版］
封锁东北海关势在必行

本报卅一南京电　财界息，自我国行将封锁海关消息传出后，日曾两度令其驻京日领向我提出所谓非正式折中办法，政府为维持主权完整起见，严词拒绝，并坚决表示实行封锁，其办法草案已脱稿，刻正征英美各国同意，美已赞同，俟财宋返京正式确定后，大致本月中旬可实行封锁。

近代报刊东北海关资料编年（1906—1937）

《民报》[0007 版]
张福运谒宋，续商东北海关问题，韦敬周请示铸新币

财政部长宋子文氏，于昨日上午十时许，在祁齐路私宅，接见关务署长张福运，商封锁东北海关问题。上海造币厂副厂长韦敬周亦于同时晋谒宋氏请示开铸新币问题。至十一时许，又接见前财次张寿镛，商财政问题，宋氏因小病初愈，故午后休息，未见宾客，至下午五时半，曾乘车至虹桥路一带绕行一周，借换新鲜空气，至六时许始返宅。

《时报》[0004 版]
封锁东北海关，日提折中办法
驻京日领两度□□，经政府当局严词拒绝

南京卅一日电 财界息，自我国将封锁东北海关消息传出后，日本曾两度由其驻京领事向我提出所谓非正式折中办法，政府当局已严词拒绝。至实行封锁期，须俟财宋返京向中央一度商洽后，方正式公布命令，大致在八月中旬。

南京三十一日电 财部息，宋子文定二日抵京，出席行政院会议，报告在沪二度磋商废两改元及封锁海关问题经过。

《时代日报》[0001 版]
封锁东北海关　日本并未向我国疏通调停　（心水）

封锁东北海关的声浪初起，本报即力言有种种困难，以后又刊登无形延期的消息，但大晚报则谓已定在八月一日实行，消息两歧，使人不知所从，前日申报等亦刊载八月一日不实行，及种种困难，尚须从长计议等语，足征封锁东北海关计划，确已在无形延缓之中矣。日前大晚报又有堀内等进京，系向我国疏通封锁东北海关之说，经记者向有关系之政界方面探悉，此事完全不确。据日领馆人物谈，日本政府，对于中国蔑视日本调停，违背就地征税条约，课取二重税，始终抱坚决反对态度。即使酿成何种事件，日本亦不负责。但末后又谓相信此或系中国恐吓作用，似不致实现云云。又申报所载，谓由大连出口，海道运华，则何从知其为伪国出品，以此为最困难之一点。昨向关系方面质询，此一点，因他国货物有领事签入证，入口时亦须纳税，不生问题，且东省货物，向例均由大连营口，海道运华，此一点并不困难者，所困难者，即伪国出口货，直接与日本互相运输（此说与本报以前所载完全相同，因此项直接来往日本与大连之船只，并不经过中国海关。扣留船只，取销〔消〕航行权等办法，均不适用也云云。记者又问以某方所传无形延缓消息，则云，事情不如此简单，中央为表示决心起见，虽无益或亦将实行，宋氏现方感染暑病，俟其愈后，当可决定大概也。

另有一讯，谓东三省货物出入，向由上海经过，如封锁后，则东省货物皆将由日人垄断，输入日本转口，非但与中国无益，且适与日本以机会，故必须加以审慎的考虑云。海关方面对此尚默无表示，据某君云，盛传将实行，但未闻奉到命令。

《世界晨报》［0001 版］

封锁东北海关，尚须与关系方面接洽　　（心愚）

封锁东北海关之议，发生于日本劫夺东北海关之始，各报喧〔宣〕传八月一日实行，今已证明其属不确，闻财部方面，本早已主张实施，后因梅乐和向英美法当局接洽结果，尚不能十分完满，据美国方面意思，封锁东北海关，原系不得已之举，美政府极为谅解，但实施结果，恐日本因近水楼台，倘另辟航路，即可避免封锁损失，各国因必须经过上海，结果必受二重税之剥削，以致东省商业，全被日商垄断，而中央政府封锁之原意，亦完全无效云，现财部亦正在考虑此点，与各方面磋商，实施之期，尚未能定也。

《益世报（天津版）》［0002 版］

封锁东北海关仅时间问题，补救办法实行增税

将续征水灾附捐税率减半，财宋今日返京仍商此问题

【南京三十一日下午十时本报专电】增加奢侈品税率案，已由立法院议决，重付财政经济二委会审查，原案：①关税百分五之水灾附捐，期满一年后暂续征，俟美麦借款偿清停征，余百分五之附捐，期满不续征；②奢侈品税率，照递加税率增加。

近代报刊东北海关资料编年（1906—1937）

【哈尔滨七月三十一日路透电】邮局服务职员二十人，刻已复职，愿在新政府权下工作，其他各职员亦不日复职，新派代理邮务长萧绍甘，发出一声明，内称一切困难刻已克服，外国邮件不致耽误。

【上海三十一日下午十时二十五分本报专电】林实在沪与黄乃枢商封锁邮政善后，拟有办法。世（三十一）日夜车返京复命，宋子文晨接见张福运，商海关事，造币厂韦副厂长往谒，请示开铸新币事，午张寿镛往谒宋，商关务及财政问题。

【南京三十一日下午十时本报专电】东北海关，外传政府决定东（一日）实□□□。据财界息，自封锁海关消息传出后，日本曾两度由其驻京领事向我……待。此事与国际有密切关系，经已征得美国同意，其余各国，正在分途接洽中，至封锁后财政上所受影响，闻财宋已拟有补救办法，除海关附捐照旧征收一半，以资挹注外，并拟在可能范围内，增加奢侈品税率，至税率增加限度及范围，已由主管机关拟定条例，呈由中政会送立法院审核，立法院会议昨经长时间讨论，金以兹事体大，须慎重，当决议交财政经济两委会，会同法委会委员罗鼎、军委会委员朱和中，详密审查。闻各委已定冬（二日）即开联席会，从事审查，又财部息，传财宋定冬（二日）晨返京，出席行政院会议，报告在沪接洽封锁东北海关及废两用元经过。

【伦敦三十一日路透电】消息灵通方面称，中国此次停付日本庚款之举，愈使中日两国间之争端，趋于恶化，故对前途，颇抱忧惶，而财界意见，中国信用，不能因最近发展而有进步，伦敦官吏对此事拒绝发表意见，但悉彼等对情势变化，极为注意，日本认为中国不能永久不付庚款，因此举殊破坏庚子乱后之条约，此不仅关系日本，且关系于签署赔款条约之各国，故中国之提议将对关系方面开一恶例。

《中央日报》[0002 版]
封锁东北海关，宋子文昨接见张福运等会商

中央社上海三十一日电　宋子文世（三十一）日晨十时，在宅接见张福运，商封锁东北海关，造币厂副厂长韦敬周，同时晋谒，请示铸新币事，十一时接见张寿镛，商财政，下午未见客，五时许乘车至虹桥路一带游行，借换空气，六时始返宅。

8月2日

《民报》[0002版]

东北海关被攫前，扣税已汇来一部

暂扣日庚款仍予照拨，继续催汇并严重抗议

封锁仅时间问题决不变更

国新二日南京电　财政部接总税务司梅乐和呈报，收到大连正金银行汇来上海规银八十四万三千六百七十五两四钱四分，约等于东北税关被攫以前所扣税款三分之一，因此暂扣汇丰银行内之庚款日本部份〔分〕业已照拨，财部业已训令梅氏，重行催汇安东、牛庄、哈尔滨所扣其余积存税款，又外交部对于非法攫取大连及东北其他税关事，刻正继续向日本政府强硬抗议云。

本报二日南京电　封锁东北海关日来渐趋沉寂，据可靠消息，封锁原则及办法早经中政会通过，只手续方面尚须研究，故不得不审慎从事，但此为时间问题，既定政策决不变更云。

本报二日南京电　外传财部二日电令各海关实行增丝织货品进口税不确，该项税率尚在审议中。

《民报》[0005版]

财宋留沪主办封锁东北海关事

张福运奉命赴京接洽，减偿外债将中止实行，应付日本庚款之总数

东北关税被攫，财部业已决定于必要时实行封锁，但自财长宋子文于前次来沪与总税务司梅乐和及关务署署长张福运等作最后之磋商，最近又消息沉寂，外间遂传有于本月一日（即昨日）或十日实行封锁之说，莫衷一是，兹据新声社记者探悉，宋财长于前次到京时，即经商对付东北关税被攫问题之处置办法，各种手续均早经办妥，决定俟日方答复大连海关继任税务司岸本问题后取决，至外传条约关系，恐难实行，此则决不能阻止我方进行。至减成偿付外债一事，初有此拟议，现停付日本庚子赔款后，将终止实行。又讯，关务署长张福运于前晨十时许谒财长宋子文，晤商缩减海关办公费及拟

179

议裁员等办法后，即于前晚乘京沪夜车晋京，向行政院报告并向外交当局有所接洽，准日内返沪。

宋氏留沪

宋财长前患腹泻，现已痊愈，外传今日赴京或赴汉，查均不确，宋氏最近无离沪意，盖留沪主办封锁东北各关也。意大利驻华公使齐亚诺昨晨曾赴祁齐路访宋财长，有所接洽。

停付庚款

财政部部长宋子文氏鉴于日本违背现行国际协定，攫夺东北三省中政府担保债赔各款之税收，决定于七月份起停付日本庚款，并于上月三十日发表宣言，该项宣言发出后，颇引起中外当局之注意，中央社记者昨特向日领署探询，据日使署发言人谈，日当局对上月三十日宋部长之宣言，现尚无表示，因日当局尚未接到正式文件，不应有所表示，如贵国果依照该项宣言停付庚款，日政府决提出严重抗议云云，又据本埠领事团负责人谈，中国停付日本庚款，此系中日间之交涉，领事团不欲有所表示，惟据个人所见及，甲攫乙之财产，该项财产即为乙欠甲债务之担保，则攫其财而复索其欠，天下宁有此理云云。闻宋部长自发表停付日本庚款宣言后，即将七月份日本部份〔分〕庚款三万二千八百二十四镑七先令五办士停付，至中国政府应偿还日本庚款之总数，即已还未还之确数等，则如下列之表：

自一九一二年至一九一四年	每年应付二二一七三二.八七镑
一九一五年	应付二五九四三九.八四镑
自一九一六年至一九三一年	每年应付二七二八一六.五〇镑
自一九三二年至一九四〇年	每年应付三九三八九七.〇二镑
自一九四一年至一九四五年	每年应付二七二八一六.五〇镑（清）

应付日本庚款总数，计一〇一九八八五八.一三镑，已还者，至一九三二年六月底止，计五五八六六五〇.九六镑，未还者，自一九三二年七月份起，计四六一二二〇七.一七镑，中国应付庚款之各国，除俄、德、澳已取消，及国际方面已付清外，尚有法、英、日、美、意、比、西班牙、葡萄牙、瑞典、那威、荷兰等十一国。

《民报（无锡）》[0002版]

政府已具极大决心，将封锁东北海关，困难解决即下封锁命令

本报一日上海电　关于东北海关问题，经财政部长宋子文在沪召集有关系各重要人物，详密磋商，已议有整个具体办法，所有各项封锁手续，善后办理，及宣言声明书等，均须拟就，俟行政院审核后，封锁命令，旦夕可下，惟封锁办法中，关系国际方面，影响甚大，尚有重要数点，如关税收入短绌之补救，二重课税之防止，以及日籍关员之解雇，赔款外债之应付等项，均须审慎斟酌，又因大连海关中日协约未易解决，故封锁命令，迄未定发表确期。宋财长连日仍在祁齐路住宅，召见张福运、韦以黻、梅乐和、张寿镛等，续商封锁办法中之各项要点，据记者向某要员探悉，东北海关之封锁，政府已具极大决心，无论如何困难，必须下令实行，现谨〔仅〕时间问题耳。外传八月十五日实行下封锁令之说，亦非尽然，因政府须俟解决各项困难后，方可发表，不致延缓时日，反之如困难各点尚不能解决时，则八月十五日，亦势必不及也。

《申报》[0004版]

封锁东北海关第一步之手续

升任岸本为税务司，征求日本方面同意

南京　封锁东北海关问题，政府为慎重起见，仍维护一九二零年中日协定，将原任大连关秘书长岸本，升任为该关税务司，并征求日方同意，闻须俟日方如何答复后，再定封锁之迟速云。（一日专电）

《时报》[0007版]

封锁东北海关有待，减偿外债将中止实行

东北关税被攫，财部业已决定于必要时实行封锁，但自财长宋子文，于前次来沪与总税务司梅乐和及关务署署长张福运等作最后之磋商，最近又消息沉寂，外间遂传有于本月一日（即昨日）或十日实行封锁之说。兹据记者探悉，宋财长于前次到京时，即经商对付东北关税被攫问题之处置办法，各种手续，均已早经办妥，决定俟日方答复大连海关继任税务司岸本问题后取决，经外传条约关系，恐难实行，此则决不能阻止我方进行，至减成偿付外债一事，初有

近代报刊东北海关资料编年（1906—1937）

此拟议，现停付日本庚子赔款后，将终止实行。又讯，关务署长张福运于前晨十时许谒财长宋子文晤商缩减海关办公费及拟议裁员等办法后，即于前晚乘京沪夜车晋京，向行政院报告并向外交当局有所接洽，准日内返沪。

有野谈关税问题

昨据日使馆秘书有野语记者，日方并无准备武力抗税事，此次田代少将来沪，系就任日使馆随行武官，外传田代召集会议等等，田代实无此权，至中政府之停付庚子赔款事，日方仅见报载，并未收到正式通知，不便有所表示，日方以为中政府通知所取理由正当，则决〔绝〕无问题，如称日方攫夺关税，则非日本所愿接受云。

《锡报》［0002 版］

政府已具极大决心，将封锁东北海关

宋子文等连日在沪集议，困难解决即下封锁命令

【上海】关于封锁东北海关问题，经财政部长宋子文在沪召集有关系各方重要人物，详密磋商，已议有整个具体办法，所有各项封锁手续、善后办法，及宣言声明书等，均须拟就，俟行政院审核后，封锁命令，旦夕可下，惟封锁办法中，关系国际方面，影响甚大，尚有重要数点，如关税收入短绌之防止，以及日籍关员之解雇，赔款外债之应付等项，均须审慎斟酌，又因大连海关中日协约未易解决，故封锁命令，迄未定发表确期。宋财长连日仍在祁齐路住宅，召见张福运、韦以黻、梅乐和、张寿镛等，续商封锁办法中之各项要点。据记者向某要员探悉，东北海关之封锁，政府已具极大决心，无论如何困难，必须下令实行，现仅时间问题耳，外传八月十五日实行□封锁令之说，亦非尽然，因政府须俟解决各项困难后，方可发表，不致延缓时日，反之如困难各点尚不能解决时，则八月十五日，亦势必不及也。

关税锐减，七月份短收五百万

【南京】财界息，七月份关税，因东北扣税，热河吃紧，锐减五百万。

【南京】我国对东北海关，为维持一九二〇年增设大连关条约，任总税务司秘书长日人岸本任为大连关税务司，日领称日政府对此事尚须考虑，我方俟日覆〔复〕电后，始可决定。

182

1932年

《新闻报》[0010版]

封锁东北海关，京沪两方均在讨论中

财宋在沪讨论情形，派张福运回京报告，日方对庚款案如停付谓将有严重表示

日领署连日重要会议，村井将奉召回国，财部征收海关出入口货附加税有两说

因日本在东省造成种种祸变之结果致我国财政当局，蒙受重大损失，且不得已而有封锁东北海关及停付庚子赔款之计划，同时因中央经济艰窘，昨日起更开始征收海关出入口货附加税百分之五，凡此种种，胥彼狡日不顾国际公理种种之暴行所造成，乃彼日方非特毫无悔祸之心，竟对吾方封锁海关停付庚款等等之正当举动，将于实行后有极严重之表示，而沪日总领村井，且于前日奉外务省训令即日回国，此种形势，显含重大意义，兹将华东社记者所得各项消息，分志如后：

京沪两方讨论封锁

封锁东北海关事件，吾政府当局，已具重大决心，其迄今尚未实行者，盖因此中头绪纷繁，稍一不慎，辄有贻人口实之处，故事前迭加讨论，关于封锁之原则，业经完全决定，并经中央通过，惟现下则尚在讨论封锁东北海关之详细办法中，一待该项办法决定，即可定期施行，财宋来沪后，迭与张福运、梅乐和、唐海安等会商，已得若干结果，故于前日特派张福运氏返京报告，并征求中央各要人意见，财宋本人则仍行在沪，与各方详细商洽，昨日宋氏曾召新任财政次长邹琳、税务署长谢祺、财部西顾问杨格、参事周象贤等讨论一切，十一时许并接见最近由平返沪之意使齐亚诺氏，齐氏访宋，是否与封锁海关问题有关，财部方面并无表示，昨日起关于封锁东北海关等之各项消息，宋氏已派财部秘书陈蔚青按日负责报告，据陈谈，封锁东北海关，在未经确定办法以前，暂不宣布，现则方在交换意见中，宋部长外间虽有即日回京之说，但何时起程，尚无确息云云。

本报南京电　关于封锁东北海关问题连日财宋外罗时有往返电商，一日晨关务署长张福运抵京，衔宋命谒罗，报告沪方进行情形甚详，据关署传出消息，封锁东北海关，尚须略事展缓，因日人使东北伪组织利用，已经我免职大连关税司福平，在大连另设伪关征税，阻碍我大连关行使职权，我政府

当局，为维护一九二零年中日协定起见，曾将原任大连关秘书长岸木，升任为该关税司，并征日方同意，迄未见日答复，伪大连关仍续用武力行使职权，据驻京日领称，日对岸本为大连税司，尚在考虑中，故我国现对封锁东北及大连海关，必须候日方如何答复后，方可决定。

停付庚款日决抗议

吾国当局，自有封锁东北海关之决心后，日方当局，在表面上虽未提出若何表示，惟谓如果实行，则日方决提严重抗议，前数日中，驻沪日使馆且派冈崎、崛内两氏赴京，探询中央意旨，兹两氏已回沪，结果初无表示，惟前日财长宋子文正式声明，决自七月份起停付日方庚子赔款后，日方态度，忽复紧张，昨据日总领署副领白井康语华东社记者，宋部长之停付庚款声明，自经发表后，驻沪日总领署，即致急电报告东京政府，现日方对于此事，认为只属宋部长一种形式上之声明，尚未有实行确期，故日方虽认为殊堪重视，但未便决定态度，惟中国政府，苟实行停付庚款，则日政府当局，决将提出极严重表示，白井并谓庚子赔款之交割，系在伦敦、北平两处，现下尚无任何业已实行停付之报告，至中国政府应偿还日本庚款之总数，及已还未还之确数等，则如下列之表：

自一九一二年至一九一四年	每年应付二二一七三二.八七镑
一九一五年	应付二五九四三九.八四镑
自一九一六年至一九三一年	每年应付二七二八一六.五〇镑
自一九三二年至一九四〇年	每年应付三九三八九七.〇二镑
自一九四一年至一九四五年	每年应付二七二八一六.五〇镑（清）

应付日本庚款总数，计一〇一九八八五八.一三镑，已还者至一九三二年六月底止，计五五八六六五〇.九六镑，未还者，自一九三二年七月份起，计四六一二二〇七.一七镑，中国应付庚款之各国，除俄、德、澳已取消，及国际方面已付清外，尚有法、英、日、美、意、比、西班牙、葡萄牙、瑞典、那威、荷兰等十一国云。

日总领事奉召归国

日方对华政策，迩已日趋强硬，沪日当局，态度尤严重，连日驻沪日方要人，按日必于日总领署举行会议，内容虽未正式宣布，然其讨论对华问题与对付上海问题,则实不容讳饰,日方按日会议之结果,辄行急报日政府当局,因此日政府当局,对于上海之一切问题,亦殊注意,日外相内田,更于前日训令驻沪日总领事村井苍松,即日归国,以便咨讯〔询〕一切意见,并经发表前日本驻吉林总领事石射猪太郎继任,故村井已命领署人员赶办一切,以便移交新任,其回国日期,则决定在二星期内。

财部昨开征附加税

财部当局,当去岁九一八事件发生后,财政收入,即受重大影响,而自日方嗾令叛逆,强行攫取邮政、电政、海关等一切主权后,财部收入,更形减少,惟此际对内对外,则依照情势,实须积极应付,于是乃一方声明停付日方庚子赔款,一方则于昨日起开征出入口货附加税百分之五,财部前日并电江海关监督公署云,江海关监督公鉴,现奉政府决定,凡按海关进出口税则征收之进出口税,自本年八月一日起,概按海关税率征收百分之五之附加税,以一年为期,其在前颁救灾附加税条例第三条所列各款之货物,应予免征上项附加税,除饬总税务司遵照办理外,合行电仰遵照,财政部长宋俭,又关于救灾附加税,前经规定值百抽十,至二十一年七月底为止,减为值百抽五,故昨日起全国海关除对进出口货加征值百抽五之附加税外,同时对原有值百抽十之救灾附加税,依照规定,减为值百抽五,至美麦债款清偿日为止云云。

南京 上月三十一日某外社京电传,府令各海关,于八月一日起,加征关税,绝对不确,据本报记者探悉,财部现虽有加征若干种类于奢侈品入口税计划,经上月三十日立法院议决交付审查中,按上讯经向财部暨立法院委多方调查,均云八月一日加税说不确。(按两说不同姑并志之)

8月3日

《民报》[0005版]

财部增加进口税

抵补东北海关被攫损失,连附税年可增收二千万

财政部前因救济水灾,征收附加税百分之五,期以一年,至本年七月底为止。但本年自东北关税被攫,税收短少二千万,财部为谋抵补起见,已公布于八月一日起,再延期征收一年,前日江海关已公布实行,但此项税收尚不足抵补二千万之数,财部决实行增加奢侈品进口税,中政会已将宋财长提案交立法院会议,据闻于上月三十日通过。惟本报记者昨向江海关及总税务司署探询,尚未奉到实施命令,兹录宋财长向中政会提案原文云:"为提呈请事,自沈阳事变以来,东省海关税收已完全强被提取,而因去年水灾,今春沪战发生,关税尤受影响,迨至最近,以本年七月份海关实获税收之数支付应偿内外债及赔款,计已不敷三百余万元之巨,海关税收如此之短绌,为向来所未有,而国难未已,在最近之将来,恐亦难望起色。处此非常时期,为顾全国家债信,维持全国金融起见,不得不详筹紧急应付之策,经加再四研讨,惟有按照下列办法,即时施行,期纾财政之困难:(甲)救灾附加税,自本年八月一日起,按照原定条例,应改按关税税率百分之五征收,兹为救济财政困难起见,另按关税税率征收百分之五之附加税,以一年为期;(乙)将下列物品增加进口税:(一)人造丝,每担增加十个金单位;(二)人造丝及蚕丝成品,增加百分之十五;(三)安尼林染料增加百分之十;(四)人造靛每担增加二个金单位;(五)药品增加百分之五;(六)玩具及游戏品增加百分之十七·五;(七)酒类增加百分之三十包括现征洋酒类税在内;(八)税则未列名货品,增加百分之二·五。如进口商务无意外之影响,以上拟征之附加税,预计年可收入一千万元,拟增之进口税,约计每年亦可得一千万元,是每年约共可增收二千万元之谱。如能照此办理,此后税收商务,当尚不至受若何影响,而在财政方面,借可稍资挹注,谨并附具增加进口货详表,提请公决。"宋并口头声称,此案为便于实施起见,希望在八月一日以前议决施行,旋经中政会财政经济两组审查,将乙款第一项改为人造丝每担增加十五个金单位,第二项改为人造丝及蚕丝成品增加百分之二十五,增列第三项,生丝增加百分之三十。

宋子文召见梅乐和

财长宋子文昨晨十时许,曾召总税务司梅乐和氏赴寓长谈,至下午一时许,梅始辞去,当为讨论东北海关问题,惟据财部参事周象贤谈,其内容须在首都发表,现尚未至相当时期也,财宋连日关于东北海关事件,只与梅氏以书面交换意见,昨日晤面,尚系此次返沪后第一次商洽,故众信内容,当已更进一步。昨晨宋氏除接见梅氏外，并接见银行界巨子李馥荪、张公权、李莼候以及财部杨格顾问等，又据另一消息，宋氏有今日飞京说。

《时报》[0002版]
封锁东北海关，手续方面尚须加以研究

南京二日电　封锁东北海关，日来渐趋沉寂，据可靠消息，封锁原则及办法早经中政会通过，只手续方面尚须研究，故不得不审慎从事，但此为时间问题，既定政策，决不变更。

《新闻报》[0008版]
财宋昨召梅乐和会商封锁东北海关
昨晨宋宅会议

大公社云　财政部长宋子文，日前因病返沪，经医生诊治后，即恢复健康，连日接见政财两界，对封锁东北海关，筹□中央财政，洽商废两改元等问题，有缜密之讨论，昨晨九时许，宋氏又召见海关总税务司梅乐和，续商对付东北海关问题，及进行封锁办法，密谈甚久，至十一时半尚未竣事……

《新闻报》[0012版]
封锁东北海关声中，转口洋货将直输日本

旅沪外商，近以东北海关封锁在即，将来经沪转运东三省之一切货运，必由江海关方面征收二重关税，故日商等遂从中酝酿，即使一般经沪转口（东三省）货物，概行直驶日本，然后再转输东省，故"伪满洲国"兹向英国订购之一切铁路材料机器等等，据某轮公司确讯，该项货物，已输运在途，不日可驶经淞口随转向日本而去云。

8月4日

《大公报（天津）》[0003版]
封锁东北海关，汪精卫称"决即实行"

【南京三日下午九时发专电】关于停付庚款照会何时送出，尚未定，因外部须待财部咨文到后，再向关系国提出，政府对封锁东北海关宣言，财部早拟就草稿，惟因其中数点有待斟酌修改之处，故继续加以研究，三日晨中政会散后，有人询汪，该项封锁何日实行，汪答决即实行。

【南京三日下午十时发专电】封锁东北海关，连日宋子文在沪，正与梅乐和等详细商洽封锁后之征税办法，关务署长张福运来京报告，并请示中央意见，中央以此举关系国际，故事前特加审慎，今日中政会时，对于此事有极详细讨论，封锁原则完全照财宋所拟之办法通过，俟各国答复后，即可公布。

《民报》[0002版]
封锁东北海关办法，中政会照财部所拟通过

本报三日南京电　中政会三日讨论封锁东北海关，首由汪精卫将财宋来电报告，继续缜密讨论，对封锁原则全照财宋所拟办法通过，俟各国答复后，即公布施行。

本报三日南京电　汪精卫谈，封锁东北海关三日中政会有详细讨论，已决实行封锁，待办法决定后即实施。

《时报》[0002版]
封锁东北海关，原则已通过，俟办法决定即可实行

南京三日电　封锁东北海关问题，三日中政会开会时，由汪精卫将财宋来电陈述在沪接洽情形报告，继即加以讨论，闻封锁原则已完全照财宋所拟办法通过，俟各国答复后，即可公布，复据汪语记者，封锁东北海关案，三日会议有极详细讨论，已决定实行，一待办法完全决定后，即可实行。

《时事新报（上海）》[0003版]
封锁东北海关之办法

（本报三日南京电）政讯，封锁东北海关事，张福运返京后，已与中央商定办法，对于往来货物，概由毗连之海关或其他税收机关代征。闻日本决派军舰护送，已有十四舰奉命到沪。尚局已电沪市府查问，政府对此将不为让步。至于日人宣传之征收两重关税说，我方已分向各国解释，传得同情。

《锡报》［0002 版］

中政会昨日开会，通过封锁东北海关原则，候各国电覆〔复〕同意后即实行

【南京】李石曾三日到京，即出席中政会，并与汪院长从长讨论时局各问题，午后赴沪晤财宋，商协助华北财政办法，中政会接财宋电，已拟定封锁东北海关原则，讨论结果，一致通过，俟各国电覆〔复〕同意后，即实行。

《新闻报》［0009 版］

封锁东北海关，财部尚待考虑

南京 关务署某要员三日谈，近各报竞载封锁东北海关事，似甚严重，其实则财部对此问题，并不十分积极，盖大连海关，实际上已在傀儡政府势力范围下，先宜运用外交方面，交涉发还，方为有利，封锁办法，留为最后手段，采取与否，尚待考虑，至张署长福运，近来往京沪，系每周照例途程，非专为某种问题而往返云。

《益世报（天津版）》［0002 版］

东北海关封锁办法，汪谈昨经中政会完全通过

【南京三日下午十时本报专电】关于封锁东北问题，江（三日）中政会作详细讨论，汪并将财宋自沪来电，当众宣读后，即作长时间讨论，各委发言甚多，散会时，已届午。记者追随汪氏探询究竟，汪但笑不答。复跟踪至汪邸，适汪午膳，嘱记者略候。饭毕汪长衫革履出，对记者谓即将出门，遂立谈数语，略谓封锁东北海关及既定政策，决不变更，连日财宋在沪正与梅乐和等详细商洽封锁后之征税办法，并派关务署长张福运来京报告，并请示中央意见，中央以此举关系国际，故事前特加审慎，今日中政会时，对于此事有极详细讨论，封锁原则，完全照财宋所拟之办法通过，俟各国答复后，即可公布。

8月5日

《民报》［0002 版］

封锁东北海关，将提中政会讨论，封锁电政亦有具体决定

本报四日南京电 封锁东北海关，宋子文前派张福运来京，向汪精卫请示，并陈述个人意见，提请商榷，已有圆满结果。

本报四日南京电　财宋四日电京　报告封锁东北海关最近接洽经过，促全部决定后，即返京，提中政会讨论。

中央四日南京电　交部电政司长钟锷，邮政司长林实，四日晨，由沪乘车抵京。

本报四日南京电　钟锷四日晨返京，谒黄绍雄，对国际电讯有所报告，封锁东北电政已有具体决定。

《新闻报》[0004版]

封锁东北海关，各国示不干涉，一二日可颁明令

远东社云，据财政部秘书陈蔚青语本社记者云，中政会业于三日将宋部长所拟办法，缜密讨论，完全通过，惟其正式命令之颁布及决定施行时期，政府为郑重起见，先征求各国同意，始行决定，兹据京息，刻各国对于封锁原则，截至今日，迄未曾有反对态度之表示，显露不愿干涉此问题之意，虽日人方面，热烈期望我再考虑，但表面上亦力持镇静，未发表任何意见，故今后此问题之进展，将无其他阻力，封锁东北正式颁布施行之日，为期当在此一二日内云。

8月9日

《时事新报（上海）》[0006版]

梅乐和发表东北海关被攫经过，叛逆先派日员监视封锁税收，继即没收累积关税强夺海关，各关税务司均被用武力驱逐

关乎伪国攫取东北各关事，总税司梅乐和，近已发表英文宣言，特译之如下：

①伪国政府，自本年二月十七日，组织所谓东北政务委员会之后，即自行通知东北各关监督，及税务司等，称各关既属伪满洲国所有，自应归东北政务委员会管辖之，同时各关监督及税务司等，由该委员会训令照常服务，并称各关已派有日本顾问一名，驻关监视各关一切政务，伪国先以封锁税收入手，然后将累积各银行之关税没收，最后再以高压力，驱逐各关税务司，

而强制接收各关,其所采取手续之程序,约如以下各节所述。

②东北各海关以及民国二十年各关收入之多寡,约可分列如下:

龙井村	海关两五十七万四千两
安东	海关两三百六十八万二千两
牛庄	海关两三百七十九万二千两
哈尔滨	海关两五百二十七万二千两

爱〔瑷〕珲虽属东北海关之一,但以不在伪满洲国势力范围之内,故现尚在中国政府管辖之下,而未受伪国势力之波及,至于大连海关关税之停汇,以及伪满洲国海关之成立等等,应于本宣言末节,单独详论之,以下为各关近来变迁之情形:

龙井村

延吉关署税务司华乐士(英人),约于三月上旬接到延吉关监督通知,称东北政务委员会,已经委派日本顾问一员,凡属海关一切事务,均须与该日顾问商洽云云。惟是时之后,久久未有何种急剧之变动,迨至六月二十一日,该日顾问忽命海关贮款之朝鲜银行,凡税务司所开支票,不得有效,但朝鲜银行既属日商银行,非在满洲国管辖之下,若不遵税务司调度海关税收之命令,于法律上自无根据也,至六月二十九日突有海关监督,偕同日本顾问宫本,及日本军官井上等到关,宫本、井上未入门,而监督则偕同手执手枪之卫兵入内,要求立即移交,时税务司以手无寸铁,当然不能表示反抗,故监督即将日本顾问延入,宣称该日顾问已受任该关税务司之职。龙井村最后汇解税款之日为本年六月二十二日,总税务司曾于七月十二日,送致以下之公文于日本公使馆,但尚未接其答复。该公文如下:(衔略)迳启者,顷准延吉关署税务司华乐土〔士〕呈报,称该署税务司及其属员,已为受命于日本顾问之武人所逐,而日本顾问则尚有当地日本军官井上,与之偕同前往,并据华乐士报称,珲春分关中国关税官员英人马根杰,亦以受武力之干涉,不能行使职务,并身处危险之中等情,特此奉恳,代为询何以日本军事当局,如日本军官井上等,竟会同满洲国顾问,直接干涉中国海关行政。(下略)

安东

安东关署税务司铎博费所受第一次干涉表示,系在三月初旬,由日领事

近代报刊东北海关资料编年（1906—1937）

以私人资格，劝告税务司，谓关监督将请阁下以海关移归伪国管辖，望先为预备，未几即有海关日顾问之委派，但该顾问至六月中旬，始有积极行动，承转伪国财政部命令，勒令中国银行，不得再汇税款往上海，自是所收税款，乃积存中国银行，迨六月十六日，即有武装伪警四名，偕伪警署副督察长日人，往中国银行通知经理，谓前来看守税款。六月十九日，中国银行乃以七十八万三千两，解交东三省官银号，并通知税务司，谓出于武力胁迫之结果。安东关税款一部份〔分〕，系存储朝鲜银行，该行为日人公司，享有领事裁判权，不受伪国当道管辖，讵竟不肯汇出税款，声称奉汉城总行训令，所有税款，解交满洲国政府，并据报告，汉城朝鲜银行总行，曾将此问题，商请日本外务省及大藏省，安东税款既被夺取之后，第二步乃进攫海关行政。六月二十六日及二十七日，日顾问一再要求，将海关移交于彼，税务司当予拒绝，翌日遂有伪监督偕同顾问，率秘书十人等，至关署索取钥匙，税务司拒绝其请，即有两武装伪警（俱日人）入室强索，税务司仍力拒不允，遂有四伪警（皆日人）持来福枪上刺刀，入室包围税务司签押，税务司乃不得不屈服于武力之下，在提出最后抗议后，即离关署。

六月三十日，有安东关员司二十七人（日人二十五名，朝鲜人二名）呈辞中国海关职务，税务司乃将其余效忠海关之员司，迁往税务司住宅办公，其地在日人管理之铁路附属地内，冀可继续执行关务。同日日本顾问崎川，即偕便衣武装日人，入税务司住宅，索取档案，声称如拒绝移交，即以武力攫取此项档案。税务司为安全计，先期徙往住宅，至是遂向来人抗议，其武装强入坐落日本居留地内之美人住宅，诘问该顾问此举，是否通知日领事，得其同意，该顾问答称，渠奉长春命令而行，不受日领事之命令，税务司仍不允移交，复有三便衣武装日人入室，见税务司坚拒不与，即拔出手枪相向，税务司遂于枪口之下，被迫交出档案，立由日人徙去。当时税务司曾派一英籍关员，往毗邻日领事署，请其援助，乃正领事公出在外，副领事则不愿有所行动，阻此武力攫取□案之举。按安东关税百分之八十，在日人管理之满铁附属地内征得，故税务司企图在满铁附属地内执行税务，因信日当道当不允伪警至附属地界内干预也，不幸事竟不然，伪警竟入附属地内，擅捕关员四人，并恐吓其余员司，税务司既无力保护属员生命，遂被迫将铁路附属地内，税务完全暂停，查安东关最后一批解款，系于本年四月十九日汇出。

192

1932 年

牛庄

山海关署税务司佘脑满（英人）呈报，日顾问前于三月念六日要求中国银行，将积存关税及今后税款解交东三省官银号。该号在武力威胁之下，遂被屈服。惟牛庄税收，半存正金银行，该行为享有领事裁判权之日人机关，不受伪当道管辖，讵税务司嘱其将所存税收余款，汇往上海时，该行经理即借口伪政府请其停汇为理由，不允照办，但对于海关行政，初尚无□举动，迨六月二十七日，遂有伪监督及日顾问，率武装警察一队，强占关署，该关日籍员司，亦全体呈辞中国海关职务，转受伪国聘用，并由地方当道，委前副税务司江原为伪关税务司，该关华职员，皆被武力强制，照旧供职，曾有一人欲去，即被逮捕拘禁，查该关最后一批解款，尚系本年四月十六日汇出。

哈尔滨

滨江关税务司溥德荣（英人）呈报，伪满洲国在三月终，即将哈尔滨中国银行内所存关款提去，并强迫该银行承诺，将以后一切税收，解往东三省官银号，嗣后税务司及其属员，照常办公，约有二月之久，惟时时受有种种逼迫，使加入伪国海关，及至六月念六日，伪国真实态度，始见暴露。因是日夜半，有伪国警察、日人领导至海关包围，强制接收，翌晨税务司到关，因海关已被封锁，致未能入，当日即有便衣日人（彼等明白承认隶属日本军事委员）至各华籍及俄籍关员家中，迫令各关员签名于加入伪国海关之志愿书上，并有日顾问偕同警察，往访副税务司安伯客于其私宅，请其担任税务司之职，并称倘彼愿服务伪国，管理哈尔滨海关者，可得一次酬金八千五百磅。安伯客拒绝受收该项贿金。数日后，安氏即被非法逮捕，并监禁五日之久，其他关员被捕者尚众，满洲里分关代理关务帮办佘德（瑙威人），亦在其列，而华籍关员，所受恐慌尤为可怖，即税务司之住宅，亦为伪国警察所包围，不久即被伪警破门而入，检查宅内，将海关一切案卷取去，最后乃勒令税务司及其他关员离开其住宅。查哈尔滨最后汇款之日，为三月二十八日。

大连

大连关税务司为日人福本顺，现已免职。该关去年税收总额为关银一千二百四十四万八千两，大连设立海关，系根据于一九零七年与日本订立之大连设关协定，该地既在租借地之内，中国当局，初意不致受伪国之干涉，孰知事变之来，有出人意料之外者，在六月七日以前，大连关税款，每隔三四日，即汇解一次，惟自六月七日至十四日，总税务司未见税款汇到，即致电大连，查询迟缓原因。时税务司福本，复电称彼恐汇款激出事变，故迟迟尚未决定，福本并称关东厅外务司川井，曾向福本表示，伪满洲国实有享受境内各海关税收之理由云。嗣后总税务司与福本，再四电商，福本最后实已有不得不服从命令设法汇款之势，不意各项手续，已经办妥，正待汇款之时，突有日本政府官员川井，横加干涉，不许即汇，该日本官员，固非满洲国之官员也，因此总税务司，即于六月二十二日向福本发出警告，倘仍不奉行训令，即应以不服从命令论，福本复电称，彼受某方之训示，倘彼服从总税务司之命，则于日本利益，大有阻碍，故实不能汇款云云。简言之，福本已奉行关东当局之命令，而不允服从总税务司合法之训令矣，故总税务司即于六月二十四日，以傲慢不服从之罪，将福本免职。福本免职后，总税务司即派日人副税务司中村元暂行代理大连关关务，惟中村元氏于接到训令后，即行辞职，而大连关全体□员，六十二人，除一人尚未辞职外，其余悉已电致总税务司，称与中国海关断绝关系，总税务司近已依照上述之大连设关协定，委派岸本广吉继任福本为大连关税务司，并于六月二十五日通知日本使馆，请其同意，惟迄今四星期，日本当局，尚未有答复递到，再则伪满洲国，自福本免职之后，即自行组织大连海关，由福本率领各海关日员服务，现已开始非法征收税款矣。

8月12日

《大公报（天津）》[0004版]
东北海关被劫经过，总税务司发表宣言全文

【上海九日快讯】关于伪国攫取东北各关事，总税司梅乐和近发表英文宣言，译文如次：

①伪国政府自本年二月十七日，组织所谓东北政务委员会之后，即自行通知东北各关监督及税务司等，称各关既属伪满洲国所有，自应归东北政务委员会管辖之，同时各关监督及税务司等，由该委员会训令照常服务，并称各关已派有日本顾问一名驻关，监视各关一切政务，伪国先以封锁税收入手，然后将累积各银行之关税没收，最后再以高压力驱逐各关税务司，而强制接收各关，其所采取手续之程序，约如以下各节所述。

②东北各海关以及民国二十年各关收入之多寡，约可分列如下：

龙井村	海关两五十七万四千两
安东	海关两三百六十八万二千两
牛庄	海关两三百七十九万二千两
哈尔滨	海关两五百二十七万二千两

爱〔瑷〕珲虽属东北海关之一，但以不在伪满洲国势力范围之内，故现尚在中国政府管辖之下，而未受伪国势力之波及，至于大连海关关税之停汇，以及伪满洲国海关之成立等等，应于本宣言末节，单独详论之，以下为各关近来变迁之情形。

龙井村　延吉关署税务司华乐士（英人）约于三月上旬接到延吉关监督通知称，东北政务委员会已经委派日本顾问一员，凡属海关一切事务，均须与该日顾问商洽云云。惟是时之后，久久未有何种急剧之变动，迨至六月二十一日，该日顾问忽命海关贮款之朝鲜银行，凡税务司所开支票，不得有效，但朝鲜银行既属日商银行，非在满洲国管辖之下，若不遵税务司调度海关税收之命令，于法律上自无根据也，至六月二十九日，突有海关监督偕同日本顾问宫本及日本军官井上等到关，宫本、井上未入门，而监督则偕同手执手枪之卫兵入内，要求立即移交，时税务司以手无寸铁，当然不能表示反抗，故监督即将日本顾问延入，宣称该日顾问已受任该关税务司之职。龙井村最后汇解税款之日，为本年六月二十二日，总税务司曾于七月十二日送致以下之公文于日本公使馆，但尚未接其答复。该公文如下：（衔略）迳启者，顷准辽吉关署税务司华乐士呈报称，该署税务司及其雇员，已为受命于日本顾问之武人所摈逐，而日本顾问，则尚有当地日本军官井上与之偕同前往，并据华乐士报称，珲春分关中国关税官员英人马根杰，亦以受武力之干涉，不能行使职务，并身处危险之中等情，特此奉恳代为调解，何以日本军事当局，如日本军官井上等，竟会同满洲国顾问直接干涉中国海关行政。（下略）

安东　安东关署税务司铎博赉所受第一次干涉表示，系在三月初间，由日领事以私人资格，劝告税务司，谓关监督将请阁下以海关移归管辖，望先为预备，未几，即有海关日顾问之委派，但该顾问至六月中旬，始有积极行动，承转伪国财政部命令，勒令中国银行不得再汇税款往上海，自是所收税款，乃积存中国银行，迨六月十六日，即有武装伪警四名，偕伪警署副督察长日人，往中国银行通知经理，谓前来看守税款。六月十九日，中国银行乃以七十八万三千两解交东三省官银号，并通知税务司，谓出于武力胁迫之结果。

安东关税款一部份〔分〕，系存储朝鲜银行，该行为日人公司，享有领事裁判权，不受伪国当道管辖，讵竟不肯汇出税款，声称奉汉城总行训令，所有税款，解交满洲国政府，并据报告，汉城朝鲜银行总行，曾将此问题商诸日本外务省及大藏省，安东税款，既被夺取之后，第二步及进攫海关行政。六月二十六日及二十七日，日顾问一再要求将海关移交于彼，税务司当予拒绝，翌日遂有伪监督偕同顾问，率秘书十人等，至关署索取钥匙，税务司拒绝其请，即有两武装伪警（俱日人）入室强索，税务司仍力拒不允，遂有四伪警（皆日人）持来福枪，上刺刀入室，包围税务司签押卓〔桌〕，税务司乃不得不屈服于武力之下，在提出最后抗议后，即离关署，六月三十日，有安东关员司二十七人（日人二十五名，朝鲜人二名），呈辞中国海关职务，税务司乃将其余效忠海关之员司，迁往税务司住宅办公，其他在日人管理之铁路附属地内，冀可继续执行关务。同日日本顾问崎川即偕便衣武装日人入税务司住宅，索取档案，声称如拒绝移交，即以武力攫取此项档案。税务司为安全计，先尽徙往住宅，至是遂向来人抗议其武装强入坐落日本居留地内之美人住宅，诘问该顾问此举是否通知日领事，得其同意，该顾问答称，渠奉命令而行，不受日领事之命令，税务司仍不允移交，复有三便衣武装日人入室，见税务司坚拒不与，即拔出手枪相向，税务司遂于枪口之下，被迫交出档案，立由日人徙去。当时税务司曾派一英籍关员，往毗邻日领事署，请其援助，乃正领事公出在外，副领事则不愿有所行动，阻此武力攫取档案之举。按安东关税百分之八十，在日人管理之满铁附属地内征得，故税务司企图在满铁附属地内执行税务，因信日当道当不允伪警至附属地界内干预也，不幸事竟不然，伪警竟入附属地内，擅捕关员四人，并恐吓其余员司，税务司既无力保护属员生命，遂被迫将铁路附属地内税务，完全暂停，查安东关最后一批解款，系于本年四月十九日汇出。

牛庄　山海关署税务司余脑满（英人）呈称，日顾问前于三月二十六日要求中国银行将积存关税，及今后税款，解交东三省官银号。该行在武力威胁之下，遂被屈服。惟牛庄税收，半存正金银行，该行为享有领事裁判权之日人机

1932年

关，不受伪当道管辖，讵税务司嘱其将所存税收余款，汇往上海，时该行经理即借口伪政府请其停汇为理由，不允照办，但对于海关行政，初尚无甚举动，迨六月二十七日，遂有伪监督及日顾问率武装警察一队，强占关署，该关日籍员司，亦全体呈辞中国海关职务，转受伪国聘用，并由地方当道委前副税务司江原为伪国税务司，该关华职员，皆被武力强制，照旧供职，曾有一人欲去，即被逮捕拘禁，查该关最后一批解款，尚系本年四月十六日汇出。

哈尔滨　滨江关税务司溥德荣（英人）呈报，伪满洲国在三月终，即将哈尔滨中国银行内所存关款提去，并强迫该银行承诺，将以后一切税收解往东三省官银号，嗣后税务司及其属员照常办公，约有二月之久，惟时时受有种种逼迫，使加入伪伪海关，及至六月廿六日，伪国真实态度，始见暴露。因是日夜半，有伪国警察由日人领导，海关包围强制接收，翌晨税务司到关，因海关已被封锁，致未能入，当日即有便衣日人（彼等明白承认隶属日本军事委员），至各华籍及俄籍关员家中，迫令各关员签名于入伪国海关之志愿书上，并有日顾问偕同警察往访副税务司安伯客于其私宅，请其担任税务司之职，并称倘彼愿服务伪国管理哈尔滨海关者，可得一次酬金八千五百磅。安伯客拒绝受收该项贿金。数日后，安氏即被非法逮捕，并监禁五日之久，其他关员被捕者尚众，满洲里分关代理关务帮办佘德（挪威人）亦在其列，而华籍关员所受恐慌，尤为可怖，即税务司之住宅，亦为伪国警察所包围不久即被伪警破门而入，检查宅内，将海关一切案卷取去，最后乃勒令税务司及其他关员离开其住宅。查哈尔滨最后汇款之日，为三月二十八日。

大连　大连关税务司为日人福本顺，现已免职。该关去年税收总额，为关银一千二百四十四万八千两，大连设立海关，系根据于一九零七年与日本订立之大连设关协定，该地既在租借地之内，中国当局，初意不致受伪国之干涉，孰知事变之来，有出人意料之外者，在六月七日以前，大连关税款，每隔三四日，即汇解一次，惟自六月七日至十四日，总税务司未见税款汇到，即致电大连查询迟缓原因。时税务司福本复电称，彼恐汇款激出事变，故迟迟尚未决定，福本并称，关东厅外务司川井曾向福本表示伪满洲国实有享受境内各海关税收之理由云云。嗣后总税务司与福本再四电商，福本最后实已有不得不服从命令设法汇款之势，不意各项手续，已经办妥，正待汇款之时，突有日本政府官员川井横加干涉，不许即汇，该日官员固非满洲国之官员也，因此总税务司即于六月二十二日向福本发出警告，倘仍不奉行训令，即应以不服从命令论，福本复电称，彼受某方之训示，尚彼服从总税务司之命，则于日本利益，大有阻碍，故实不能汇款云云。简言之，福本已奉行关东当局之命令，而不允服从总税务司合法之训令矣，故总税务司即于六月二十四日以傲慢不服从之罪，将福本免职。福本免职后，总税务司即派日人副税务司中村元暂代理大连关关务，惟中村元氏于接到训令后，即行辞职，而大连关全体关员六十二人，除一人尚未辞职外，其余悉已电致总税务司，称与中国海关断绝关系，总税务司近已依照上述之大连设关协定，委派岸本广吉继任福本为大连关税务司，并于六月二十五日通知日本使馆，请其同意，惟迄今四星期，日本当局尚未有答复递到，再则伪满洲国自福本免职之后，即自行组织大连海关，由福本率领各海关日员服务，现已开始非法征收税款矣。

8月16日

《新闻报》［0008 版］

东北税关事，日反向我抗议

南京　财界息，日指使伪组织在大连设关征税，外部迭向日提严重抗议，闻日政府已复照外部，对容许伪组织设关事毫未提及，仅对我国事先未通知日政府，免福本税司职，谓为违反协定，外部已向财部搜集材料，对日照会所提各点，加以驳复。

8月17日

《大公报（天津）》［0007 版］

东北海关被夺后，华洋员司纷纷来津，总计二百余人已到四分之一，封锁东北海关津关尚未奉令

自东北各海关被暴日强夺后，各员司近况，鲜有知悉。昨据津海关某君谈，东北各地海关，如安东、珲春、牛庄、龙井村、哈尔滨等处，均被日人剥夺，仅余大连关尚在我手，各地海关员司，连日纷纷抵津，截至今日（十六）已有五十余人，除华员外，尚有洋员二人。刻均散居于英法各租界旅社、海关俱乐部，或私人亲友处，静待沪上总税务司命令，分调各地海关服务，日内尚有大批关员续来，因东北各关员司，总计二百余人，已来津者，不过四分之一，其不能同时入关之原因，不外日人阻挠，严厉盘查所致。而封锁东北海关，乃中央整个计划，关系异常重大，当取慎密步骤，津关迄今，未奉明令，惟决以沪总税务司之命令是从，何时中央指令总税务司，津关接到转令，即可立时封锁，决不致有所掣肘云云。

8月19日

《文化日报》[0001版]
东北海关与中国财政经济（上）　　（平平）

自从九一八事变以后，东北三省，沦于异域；而东北各海关，亦于本年四月一日，被日本帝国主义嗾使伪国汉奸，强迫接收。此事对于中国财政经济各方面之影响极大，兹分别言之。

要明了东北海关被劫，对于中国财政经济关系之重大，首先要明了东北海关的重要。

中国因为生产落后，以致百物均须仰给外国供给，甚至粮食亦须由外洋输入，以故每年入超甚巨，独有东北各口岸，则输出多于输入，每年出超甚巨，于此可以稍为救济关内每年巨额的入超，如下表：

东北与关内贸易表（单位千海关两）

年次	东三省贸易总额	出超	关内各埠贸易总额	入超
一九一三年	一三二，〇八八	三，一二九	八四一，三八〇	一六九，九八六
一九一八年	二一〇，六二六	八，一五三	八三〇，一五〇	七七，一六三
一九一九年	二九九，五二四	一三，〇六九	九七八，二三八	二九，二五五
一九二〇年	二六九，八四三	二五，四五〇	一，〇三四，八三八	二四六，〇六九
一九二一年	二六八，四九〇	三八，五七一	一，二三八，八八八	三四三，四三八
一九二二年	二八五，八六一	四三，四二二	一，三一四，〇八〇	三三三，五七九
一九二三年	三一六，七五四	七五，二六八	一，三五九，五六六	二四五，七五四
一九二四年	三三四，九七三	八一，九八二	一，四五五，〇二三	三二八，四〇八

续表

年次	东三省贸易总额	出超	关内各埠贸易总额	入超
一九二五年	三六四，四九七	六三，三四五	一，三五九，七二一	二三四，八五七
一九二六年	四四三，二九四	八六，〇一〇	一，五四五，二二二	三四五，九三六
一九二七年	四六八，八四六	一〇九，八二八	一，四六二，七〇五	二〇四，一四〇
一九二八年	五三三，三五四	一〇五，九一一	一，六五三，九七〇	三一〇，五二六
一九二九年	五五八，五九六	九八，五五一	一，七二二，八七〇	三四八，六四三
一九三〇年	四九五，四五八	八一，八八八	一，七〇九，一四八	四九六，八〇〇

由此可以看出东北海关在中国对外贸易上的重要了。

尤其是在财政上，东北海关税收的重要，可以从下面的统计说明，谁都知道关税是财政上最大的收入，而东北关税收入之巨，有如下表。

8月20日

《文化日报》[0001版]
东北海关与中国财政经济（中） （平平）

十年来东北关税收入表（单位千海关两）

年表	全国关税总收入	东北关税收入	全国关税百分比
一九二二年	五九，三五九	九，六〇九	一六，一九
一九二三年	六三，五〇四	九，八八一	一五，五六
一九二四年	六四，五九五	九，二一二	一三，二四
一九二五年	七〇，七二六	一一，二四五	一五，九〇
一九二六年	八〇，四三六	一二，七四三	一五，八四
一九二七年	六八，七八二	一三，〇八〇	一九，〇二
一九二八年	八二，三三三	一四，四四四	一七，五五
一九二九年	一五二，八三〇	二八，四〇一	一四，六六
一九三〇年	一八〇，六二〇	二四，五五三	一三，五九
一九三一年	二四六，〇八七	二六，〇七九	一〇，五九

从上面的表中可以看出东北关税收入在中国财政上关系极为主要,在此国家财政困难之际,每年短少二三千万元的收入,其影响之巨,不言可短。

关税的收入,大部是用以担保内外债款,其担保的内债部分如下:

关税担保之内债一览表

名　　称	负债余额（千元）	名称	负债余额（千元）
续发二五库券	一二,六〇〇	十九年关债	一五,六〇〇
十八年关税	一九,八六二	二十年赈灾	二八,二〇〇
十九年编遣	四八,〇二〇	二十年金长	七九,六〇〇
十九年卷烟	一一,二〇二	十七年金融	二〇,七〇〇
十九年关短	五九,八四〇	十七年金长	四五,〇〇〇
十九年善后	三九,九六〇	海河公债	二,八〇〇
二十年卷烟	五〇,五五六	江浙丝业公债	五,七〇〇
二十年卷烟	五〇,五五六	七年长期公债	二六,一〇〇
二十年关税	七〇,〇八八	十四年公债	六,九〇〇
二十年统税	七一,六八〇	粤赔二四库券	一,九四四
二十年盐税	七三,二八〇	整理六厘公债	三二,六三五
军需公债	六,八七九	整理七厘公债	八,一六〇
十七年善后	一〇,八〇〇	春节库券	八,〇〇〇
十八年赈灾	六,八〇〇	治安债券	二,〇〇〇
十八年裁兵	三四,〇〇〇		

8月21日

《文化日报》[0001版]
东北海关与中国财政经济（下）　（平平）
由关税担保之内债,逐年偿还本金,根据新定表格如下:

近代报刊东北海关资料编年（1906－1937）

内债逐年还本表

年代	还本数（千元）	年代	还本数（千元）
民国二十一年	六六，〇六九	民国二十九年	八九，四八六
二十二年	六〇，三四二	三十年	七八，三三四
二十三年	六五，三〇七	三十一年	四〇，七一八
二十四年	六三，一一六	三十二年	一八，九六八
二十五年	六八，四一一	三十三年	七，七八八
二十六年	七八，八四七	三十四年	六，二八八
二十七年	八四，九五五	卅五年至四二年合计	二六，五七五
二十八年	八四，八七一	总计	八四〇，〇七五

除内债外，以关税担保之外债，为数亦巨。据财部公布一九三二年（本年）国民政府应付由关税担保之外债如下：

本年政府应还关税担保外债表

月别	一八九六年英德借款	一八九八年英德续款	一九一三年善后借款
一月			五六六，二七六镑
二月			
三月		六六三，八六三镑	六六三，八六三镑
四月	九四三，九二三镑		九四三，九二三镑
五月			
六月			
七月			九二九，七一五镑
八月			
九月		一六〇，二八二镑	一六〇，二八二镑
十月			
十一月			
十二月			
总计		三，二六六四，〇五九镑	

由以上种种统计，可见日本帝国主义强劫东北关税，关系我国财政经济甚巨，尤其显著的是财政上受了极大的打击。而且以上的统计，仅仅指出东北关税被掠夺后的直接损失，其余由东北海关被强迫接收而间接使关内各关亦减少其收入，其数更难统计。过去这几个月，可证明因东北海关被强制接收之故，而收入锐减。在此民穷财尽之际，又受此打击，非急进直追，努力御侮，实不足以图存也。

8月23日

《时事新报（上海）》[0002版]
封锁东北海关，日内将有新发展

自暴日嗾使东北叛逆，劫夺我东北各海关后，虽经我方一再严重抗议，但日方一味饰词推诿，致交涉未获效果，财政部长宋子文氏，乃在沪迭次召集关务署长张福运、总税务司梅乐和等，洽商应付方案，不意政变陡起，遂使该项方案，稍生波折，昨据可靠方面宣称，谓实施封锁东北海关问题，早经拟定整个之具体步骤，呈请政府施行，惟中央方面，以该项问题，前途尚多困难，故迄未有直截了当之办法，惟最近政局稍定，对于封锁办法或将有新发展云。

（本报念二日南京电）外交息，驳复日本抗议大连税关事复照，已交京日领余转计事到日外务省，但日方有无觉悟，尚未可知。

8月24日

《大公报（天津）》[0003版]
梅乐和谒宋，商东北海关问题
沪银界要求缓征纸币税，宋将与张寿镛会商办法

【上海二十三日下午八时发专电】二十三日晨，宋子文接见梅乐和及张福运等，询东北海关近周情形，并商封锁问题，纸币税事，银界推张公权、卢润泉、胡笔江三代表，备具说帖，要求缓征，现请张寿镛转达，宋对此可变通，但仍拟以该税暂押借款，俟宋张会商决定之。

《新闻报》[0008 版]

财宋接见梅乐和，封锁东北海关尚无确定办法

财部对封锁东北海关，历经讨论，终以前途困难尚多，迄未决定施行日期，昨晨九时四十分，宋子文再度接见总税务司梅乐和，商洽此事，继复延见关务署长张福运等，据财部秘书陈蔚青语记者，封锁东北海关问题，财部虽尚在讨论中，但前途颇多困难，故尚未确定办法云。

《益世报（天津版）》[0002 版]

封锁海关因有困难恐难实现，财宋返京尚无确期

【上海二十三日下午十一时七分本报专电】宋子文今晨接见梅乐和、张福运，商封锁东北海关事，因有困难，尚未确定办法，恐难实现，财部征收纸币税，沪各银行已接到正式通知，即将实行，张公权、卢洞泉、胡笔江等今晚谒宋，由张寿镛代见，商纸币税事，有相当结果，定有（二十五）日会商办法，传财部对缓征可办到，拟以纸币税作抵，向沪银行借款二三百万元，宋返京尚无确期。

沈阳关亦被攫夺，东北税关从此全失

【沈阳二十三日新联电】满洲国为接收沈阳商埠地之沈阳关，由营口税关派出之接收员，已于数日前抵沈，与奉天省政府等关系方面接洽，进行接收准备。二十二日，接收委员二名，遂率领武装巡警十名，至沈阳关，向蒋税关长强制接收，同时废止沈阳关之名称，而称奉天关，至此奉天省之税关，已全部为满洲国所接收。

8 月 26 日

《申报》[0014 版]

东北海关问题

总税务司梅乐和，于昨晨十时许，往谒宋部长，续商东北海关问题，谈约一小时余始辞出，闻封锁东北海关问题，刻仍在计划进行中，因尚有数点困难，迄未解决，故实行封锁期尚有待。

8月28日

《时事新报（上海）》[0003 版]
《新闻报》[0004 版]
封锁东北海关问题，政府仍在考虑有效办法，张福运昨谒宋财长商谈

关务署长张福运，昨晨至祁齐路宋宅谒财长宋子文氏，商谈东北海关问题。据中央社记者探悉，封锁东北海关，财部早经决定，且在上月下旬宋部长数次来沪时，对于此项问题，亦与各方进行商洽，更传中央将发宣言，阐明此种处置之苦衷，以取得国际间之同情。但迄今将近一月，此项宣言，尚未发表，其主要原因，则为封锁东北海关后，其影响所及，或致引起国际间之误会，盖日本假手其一手造成之傀儡成立所谓"满洲国"，其侵略野心，久为各国人士所深悉，国际间曾有提议，以经济封锁共起制裁者，但此种道义之主张，须有相当牺牲之准备，仅为我国土地之完整而受重大之损失，非至必不得已时列强不致贸然采取此最后之步骤，我国苟实行封锁东北海关，难免不使各国贸易遭受相当之损失，我政府之迟迟未下令封锁，亦足见非至万不得已时不采行此最后之措置也。至日本之将大连关税缴还我国，其意亦在避免列强之起而干涉与制裁，外传日方缴还大连关税，系为与我政府一种妥协之条件，我国此后将不再交涉东北海关问题，此种传说，纯为臆测之词，盖中央仍在缜密考虑一切有效之具体办法也。

8月31日

《益世报（天津版）》[0002 版]
封锁东北海关问题，政府仍在考虑有效办法，非至万不得已时不实行

【上海通讯】关务署长张福运，昨晨至祁齐路宋宅谒财长宋子文氏，商谈东北海关问题。据记者探悉，封锁东北海关，财部早经决定，且在上月下旬宋部长数次来沪时，对于此项问题，亦与各方进行商洽，更传中央将发宣言，阐明此种处置之苦衷，以取得国际间之同情。但迄今将近一月，此项宣言，尚未发表，其主要原因，则为封锁东北海关后，其影响所及，或致引起

国际间之误会，盖日本假手其一手造成之傀儡成立所谓"满洲国"，其侵略野心，久为各国人士所深悉，国际间曾有提议，以经济封锁共起制裁者，但此种道义之主张，须有相当牺牲之准备，仅为我国土地之完整而受重大之损失，非至必不得已时，列强不致贸然采取此最后之步骤，我国苟实行封锁东北海关，难免不使各国贸易遭受相当之损失，我政府之迟迟未下令封锁，亦足见非至万不得已时不采行此最后之措置也。至日本之将大连关税缴还我国，其意亦在避免列强之起而干涉与制裁，外传日方缴还大连关税，系为与我政府一种妥协之条件，我国此后将不再交涉东北海关问题，此种传说，纯为臆测之词，盖中央仍在缜密考虑一切有效之具体办法也。

9月3日

《时事新报（上海）》［0003版］
宋子文发表谈话，日攫东北海关后，债券低落币价惨跌
国际信用坠落，国家经济破产，宋定今晨乘飞机离沪返京

财政部长宋子文，今日发表关于日本攫取东省海关事件之谈话如下："东三省各海关，自于本年三月间，为日本强制接收以来，迄今未有分文汇解中央，以为偿付债款之用，且不仅此也，即各银行之存款，在日本未攫取各关之前，存在总税务司名下者，至今尚有三分之二，在日本或伪满洲国掌控之中。而中国政府尚竭力继续支付各项借款赔款等，每月约沪银一千三百万两之巨。日本既完全蔑视持有债券者之利益，故其国际信用，遂有堕落之象，今试将中日两国政府所发行同时满期之债款二种之价格，一加比较，即可见其大概矣，其比较约如下：

中国五厘善后债款，期限一九一三年至一九六〇年，在本年四月一日，约在日本开始干涉东省海关之际，价格为六十二，惟在本年九月一日，已增至六十八；

日本六厘金借款期限，一九二四年至一九五九年，在本年四月一日之价格为七十九，而在本年九月一日之价格，已降至六十八又二分之一；

中国债券依据九月一日之价格计算，其利息为七厘八，而日本债券之利息，约为九厘二，由此观之，中国五厘债券之价值，今实与日本六厘债券之

价值相等也。

再则日本新闻联合社近发表所谓关东租借地政府编制之统计报告，内称本年上半年大连海关税收，大见增加一节，宋氏对此，亦有以下之谈话云："该关之收，若以银位论，则已低减，据总税务司报告，本年自一月一日至六月二十五日，即在日本攫取大连海关以前，其税收之总额，为关平银六百六十二万八千三百四十八两七钱一分，若以满六个月计算之，其总收入当在关平银六百八十一万二千两之谱，此数较之去岁上半年之税收，实减收二十五万三千两之谱，因去岁上半年大连税收总额，为关平银七百零六万五千七百十三两另四分也，而日本报报告中，乃用日金计算，表示税收之增进，实则该关之税收，毫无增加，而徒令人骇悉日金价格之大落，一年以前，日金每元值美金四十九分，今日已降至美金二十二分半矣，此皆日本军阀〔阀〕在中国东北及上海之狂行所致，由此可见日本外相内田，虽大言满洲如何，可望和平繁荣，实则日本强占该地，徒令其币值惨落，及国内经济益觉不堪耳"云云。

（中央二日南京电）宋子文原定二日返京，闻因在沪要公未毕，仍留沪改三日晨飞京。

《中央日报》[0002版]
对东北海关事件，宋发表谈话
日占东省徒令币值惨落，及其国内经济益觉不堪

中央社上海三日晨一时二十七分电　宋子文冬（二日）发表关于日本攫取东北海关事件之谈话如下：东三省各海关，自于本年三月间为日本强制接收以来迄未有分文汇解中央以为偿付债款之用，且不仅此也，即各银行之存款，在日本未攫取各关之前存哈总税务司名下者，至今尚有三分之二，在日本或伪满洲国掌握之中。而中国政府尚竭力继续支付各项借款赔款等，每月约沪银一千三百万两之巨。日本既完全蔑视持有债券者之利益，故其国际信用，遂有堕落之象，今试将中日两国政府所发行同时满期之债款二种之价格，一加比较，即可见其大概矣，其比较约如下：中国五厘善后债款，期限一九一三年至一九六零年，在本年四月一日约在日本开始干涉东省海关之际，价格为六十二，惟在本年九月一日已增至六十八；日本六厘金借款期限一九二四年至一九五九年，在本年四月一日之价格为七十九，而在本年九月

近代报刊东北海关资料编年（1906—1937）

一日之价格已降至六十八又二分之一，中国债券依据九月一日之价格计算其利息为七八厘而日本债券之利息约为九厘二，由此观之，中国五厘债券之价值，今实与日本六厘债券之价值相等也，再则日本新闻联合社，近发表所谓关东租借地政府编制之统计报告内称，本年上半年大连海关税收大见增加一节，宋氏对此，亦有以下之谈话云：该关之税收，若以银位论，则已低减，据总税务司报告，本年自一月一日至六月廿五日，即在日本未攫取大连海关以前，其税收之总额，为关平银六百六十二万八千三百四十八两七钱一分，若以满六个月计算之，其总收入当在关平银六百八十一万二千两之谱，此数较之去岁上半年之税收，实减收二十五万三千两之谱，因去岁上半年大连税收总额为关平银七百零六万五千七百十三两零四分也，而日本报告中乃用日金计算表示税收之增进，实则该关之税收毫无增加而徒令人骇悉日金价格之大落，一年以前，日金每元值美金四十九分七，现已降至美金二十二分半矣，此皆日本军阀在中国东北及上海之狂行所致，由此可见日本外相内田虽大言满洲如何可望和平繁荣，实则日本强占该地，徒令其币值惨落，及国内经济益觉不堪耳云。

9月4日

《益世报（天津版）》［0003 版］

日本国际信用堕落，债款价格惨跌受侵华之影响，财宋对东北海关事件之谈话

【上海三日上午三时专电】宋子文冬（二日）发表关于日本攫取东北海关事件之谈话如下：东三省各海关，自于本年三月间为日本强制接收以来，迄未有分文汇解中央，以为偿付债款之用。且不仅此也，即各银行之存款，在日本未攫取各关之前，存在总税务司名下者，至今尚有三分之二在日本或伪满洲国掌握之中，而中国政府尚竭力继续支付各项债款赔款等，每月约沪银一千三百万两之巨，日来〔本〕既完全蔑视持有债券者之利益，故其国际信用，遂有堕落之象，今试将中日两国政府所发行同时满期之债款二种之价格，一加比较，即可见其大概矣。其比较约如下：中国五厘善后债款，期限自一九一三年至一九六零年，在本年四月一日，约在日本开始干涉东省海关之际，价格为六十二，惟在本年九月一日，已增至六十八；日本六厘金借款，期限自一九二四年至一九五九年，在本年四月一日之价格为七十九，而在本年九月一日之价格，已降至六十八又二分之一。中国债券，依据九月一日之价格计算，其利息为七厘八，而日来债券之利息，约为九厘二，由此观之，中国五厘债券之价值，今实与日本六厘债券之价值相等也。再则日本新闻联合社近发表所谓关东租借地政府编制之统计报告，内称本年上半年大连海关税收，大见增加一节，宋氏对此亦有以下之谈话云：该关之税收，若以银本位论，则已低减，据总税务司报告本年自一月一日至六月二十五日，即在日本未攫取大连海关以前，其税收之总额为关平银六百六十二万八千三百四十八两七钱一分，若以满六个月计算之，其总收入当在关平银六百八十一万二千两之谱，此数较之去岁上半年之税收，实减收二十五万三千两之谱，因去岁上半年大连税收总额，为关平银七百零六万五千七百十三两零四分也，而日本报告乃用日金计算，表示税收之增进，实则该关之税收毫无增加，而徒令人骇悉日金价格之大落，一年之前，日金每元值美金四十九分七，现已降至美金二十二分三十矣，此皆日本军阀在中国东北及上海之狂行所致。由此可见，日本外相内田虽大言满洲如何可望和平繁荣，实则日本强占该地，徒令其币制惨落，及国内经济，益觉不堪耳云。

9月5日

《益世报（天津版）》[0003版]
海关增税后，每月收入须增加二百万，方能补偿东北海关损失，梅乐和正编制报告
【南京四日下午七时十分本报专电】财部消息，此次海关增加税率，自八月支（四日）施行后，迄今将近一月，现总税务司梅乐和，正编制报告，日内即可呈报财部，又该部以东北海关被日强制接收以后，政府每月所付各项借款赔款，亏损甚巨，预定税率增加后，每月收入须较前增二百万，方可补偿损失。

9月8日

《民报》[0002版]
关务署进行封锁东北海关，召集职员研究办法，张福运因病将辞职
本报七日南京电　关务署对封锁海关，将积极进行，张福运特将关于东

北关务行政文件，及各方贡献封锁办法，全部汇集，召署内重要职员详加研究，以便早日决定办法，呈财部转请中央施行。

本报七日南京电　关务署长张福运因病，日内将上辞呈。

《新闻报》［0008 版］
封锁东北海关，财部又积极准备
南京　沉寂已久之封锁东北海关消息，财部关署方面，近忽又从事积极准备，该署当局，业将关系东北关务行政文件及各方贡献封锁办法汇齐，连日召集署内重要人员，加以研究，决定办法，呈候中央核鉴施行。

《中央日报》［0007 版］
积极准备封锁东北海关
张福运正在切实研究封锁东北海关事，迩来除由外部作消极之抗议外，对积极之封锁政策，已无形搁置。近据关务署讯，行政院代理有人，宋部长辞意业已打销〔消〕，对封锁海关事，准备积极讨论，决定计划，早日实施，予对方以打击，本月四日，关务署长张福运到署，将关系东北关务行政文件，及各方贡献封锁办法，全部汇集，连日召集署内重要人员，加以研究，以便早日决定办法，呈请□□核示云。

9月9日

《盛京时报》［0001 版］
封锁东北海关问题，南京财政部研究办法
【南京八日电通电】国民政府对于停顿中之东北海关封锁问题，再度着手积极的准备，财政部连日□□各部会议，考虑具体办法中。

9月17日

《盛京时报》［0004 版］
满洲国既跻国际地位，对华海关完全独立，定九月二十五日改正课税制度
满洲国关于改正对中华民国输出输入各品并对船舶课税等制度于十五日

发表，声明书曰：

满洲国于其建国之初，关于对外关税并通商航海之关系，暂时遵照向来制度，已向中外有所声明，迄今尚实行之。

然迩来满洲国不但着着整备其新兴国家之名实，且当日本国认其为事实，并已予以承认之今日，则于关税并通商航海之关系，如对中华民国而予以与内国同一处理，盖不能放置而不顾也。

于是满洲国此次关于关税并通商航海关系，乃决定以中华民国为纯然的外国，予以处理，即改从来之变则的关系，并决定自大同元年九月二十五日起照下列办法实施：

（一）对于由满洲国依海路或陆路运往中华民国之物品，依照现行税率，课以输出税；

（二）对于由中华民国依海路或陆路输入满洲国之物品，依照现行税率课以输入税；

（三）关于赋课吨税，于中华民国所发给之完纳吨税证书，定为在满洲国已失其效力；

（四）满洲国诸港与中华民国诸港间之内水航行权不予承认，于中华民国所发给之内水航行免状，定为在满洲国不发生效力；

（五）为实施上项计，在山海关及其他必要地点，设置税关，开始征税，满洲国为避免依此变革而内外商民所受不测之损害计，决定自本声明之日起，置相当之犹豫期间以实施之，然对于在实施上项以前，货主以善意由中华民国以外之港出货，而在中华民国诸港被征收输入税，且于实施日以后运到满洲国诸港之货物，有当于适用本声明上为相当之考虑，不使有不当之损害用意。

此外满洲国以从来遵照之水灾附加税，豫〔预〕定于此机会撤废之，虽然适因遭遇以哈尔滨为中心之北满水害，有极为浩大者，为救恤其复兴，必要巨额资金之新事态，故本附加税决定暂时为赈灾目的，继续存在，特此声明。

大同元年九月十五日财政部总长　熙洽　代理部务次长　孙其昌

《锡报》[0002 版]
日承认伪国后，满洲设海关向我征税
我国外部向国联提五项对策，上海人心激昂警备部戒严
中央五项对策，电令顾代表送国联

近代报刊东北海关资料编年（1906—1937）

【南京】日本于十五日实行承认伪组织后，我国外交部，当晚即将训条电达日内瓦，令我国代表，即行致牒国联，训条大意如下：一、自九一八以来，日本继续施行其暴力的残杀的征服为政策，其唯一的目的，即在扩张领土，种种暴行，日益加厉，至今日乃有正式承认伪组织之举。日本政府之承认伪组织，实系对历来在东三省侵犯中国领土完成之一切行为，自划招供，自承责任，而国联盟约第十条，固明明规定应尊重并保持所有会员国之领土完整者也；二、傀儡组织，纯为日人一手制造及一手操纵，所有实权，尽归日人掌握，由日本承认傀儡，无异自己承认其侵略行为；三、日本与伪组织间所谓议定书，纯属片面性质，仅为日本图遂其在东三省建设一保护国而已；四、依照日伪所订议定书，日本不啻有担任伪组织国防之权，今后日本实行项行规定，其对于中国及世界上之威迫，至为严重；五、自中日争执提交国联以后，各方俱静候解决，今调查团报告书，尚未披露，国联曾一再诰诚双方，不得扩大局势，乃日本仍悍然不顾一切，一意孤行，自造伪组织而承认之，蔑视国联之权威，已达极点，在上述情形之下，应即请求国联，加紧工作，采取最有效之方法，以对付目前之局面。

伪组织设海关，对我进出口货征税

【上海】长春十五日电，满洲国以谢介石名义，发布声明书，致中国外交部，及总税务司梅乐和，并东京北平各使馆，国联当局，内容谓满洲国自十五日起，凡海关通商航海，视中国为纯粹外国，并规定：①满洲国货经陆海运赴中国者，科以出口税；②由中国进口之货，科以进口税；③中国发行之吨税已纳证明者，在满不生效力；④满洲不承认满洲诸港，与中国诸港间有内海航行权；⑤山海关及其他各地设立海关，开始征税，满洲鉴于内外商人之利益关系，经过适当时期后，实施以上各项办法。

日满军事协定，日政府称不受拘束

【东京】兹自可靠方面探悉，满洲已与在满日军事当局订立办法，实行日满议定书内关于防守满洲规定，但该办法之详细内容，现犹未悉，日政府负责人称，该办法系由日满军事当局所订立，日政府不受束缚。

日本要求国联，从缓讨论李顿报告

【日内瓦】日本代表泽田十五日晨访国联秘书长德鲁蒙爵士，面交日政府照会一件，要求国联暂缓讨论李顿调查团报告书，须待日政府对该报告提出声明书并派特别代表抵日内瓦后，国联始可开始研究李顿报告，日政府预料日方之声明书可于收到李顿报告六星期后草拟完毕。

上海人心激昂，警备部严防有异动

【上海】日本承认伪国后，人心愤激，达于沸点，淞沪警备司令部，定十五日起至卅日止，特别戒严，每晚十时起龙华南市为警戒区，公安局奉市政府令，在南市闸北浦东沪西，加派双岗，并派车巡队日夜梭巡，租界探捕武装戒备。

【北平】满旗人某，前日由长春逃平谈，溥仪被日人限制颇严，每月给伪国经费八万元，溥之开销在外，故溥度日如年。

9月22日

《新闻报》[0007版]

东北海关决将实行封锁，因伪国将实行新税则

东北关税问题，经我方一再抗议后，日方仍顽强如故，总税务司署曾一再电京催促，下令封锁，迄今未能照准，盖京方之意，犹拟以坚决手段，与日方交涉，俾大连海关，不致与东北其他各关俱失。最近关务署方面，见大连海关，非特不能收回，日方且嗾使伪国公布所谓关税新税则，同时并声言准定于本月二十五日实行，我方因亦大致决定，于是日起实行封锁，届时并将发表宣言等，以昭示中外。（新声社）

《时事新报（上海）》[0002版]

政府对日逆订约绝对否认，东北海关廿五日起实行封锁

（中央社二十一日南京电）日本承认叛逆组织后，自认中日现有条约，在东三省不再发生效力，将派员与叛逆另订邮电及各项新约，据外部发言人称，日本一手造成傀儡组织，进而承认之，损害我国领土主权之独立完整，破坏各种国际公约，已经我政府严重抗议，日本如与叛逆另订新约，我政府绝对不能承认云。

（本埠消息）东北关税问题，经我方一再抗议后，日方仍顽强如故，总税务司署曾一再电京催促下令封锁，迄未能照准，盖京方之意犹拟以坚决手段，与日方交涉，俾大连海关，不致与东北其他各关俱失，最近关务署方面，见大连海关，非特不能收回，日方且嗾使伪国公布所谓关税新税则，同

近代报刊东北海关资料编年（1906—1937）

时并声言准定于本月念五日实行，我方因亦大致决定，于是日起实行封锁，届时并将发表宣言书，以昭示中外。

日急图利诱成功，又对我放威胁空气，政府将向日再提抗议

（路透二十一日东京电）一九〇七年中日关税协定，规定大连关税务司之委任，须得中国总税务司之同意，日本近有向中国交涉，将此协定废止之说，但今日外务省发言人则声称，日本现已决定不向中国谈此问题，如中国抗议"满洲国"当局接收大连关之行为，则日本将答以一九〇七年之协定，日本认为无效，因日本之承认"满洲国"，已预示此协定之废止矣，故现无谈判之余地云。发言人又谓日本本愿在承认"满洲国"以前，用谈判方法废止此协定，但若中国当局仍认一九一五年条约为无效，则中国在理论上必须认一九〇七年之协定，已于一九二三年终止，盖照华人见解，辽东半岛之日本租约，已于是年期满也。发言人续称，如废除领事裁判权，日本有将租借地交还"满洲国"之可能，因此举可助"满洲国"地位与威信之巩固，并促成大局之稳定，而致和平与繁荣也，此数点即为日本主要目的云。

（中央念一日南京电）日本劫夺大连及东北各海关，迭经政府严重抗议，闻日方自承认叛逆组织后，现更变本加厉，认大连系叛逆之境域，故大连为日本向叛逆之租借地，我方无权过问大连海关，闻外部对此日内将向日方提出严重抗议云。

（华联社二十一日东京电）日政府决定在最短期间，取消在东三省之治外法权，伪组织治下各主要地方法院，均派日裁判官办理，凡华人与外人，尤其是与日人争，均要受日人裁判官之审判，因此在东三省之华人与外国商家将同遭受莫大之损失。

《新闻报》[0007版]
日本破坏中日关税协定，竟承认大连系向伪组织租借，并牵扯一九一五年条约问题

路透社廿一日东京电，一九〇七年中日税关协定规定大连关税务司之委任，须得中国总税务司之同意，日本近有向中国交涉，将此协定废止之说，但今日外务省发言人则声称，日本现已决定不向中国谈此问题，如中国抗议"满洲国"当局接收大连关之行为，则日本将答以一九〇七年之协定，日本认为无效，因日本之承认"满洲国"已预示此协定之废止矣，故无谈判之余

214

地云。发言人又谓日本本愿在承认"满洲国"以前，用谈判方法废止此协定，但若中国当局仍认一九一五年条约为无效，则中国在理论上必须认一九○七年之协定已于一九二三年废止。盖照华人见解，辽东半岛之日本租约，已于是年期满也，发言人续称，如废除领事裁判权，日本有将租借地交还"满洲国"之可能，因此举可助"满洲国"地位与威信之巩固，并促成大局之稳定，而致和平与繁荣也，此数点即为日本主要目的云。

南京 日本劫夺大连及东北各海关，迭经政府严重抗议，闻日方自承认叛逆组织后，现更变本加厉，认大连系叛逆之境域，故大连为日本向叛逆之租借地，我方无权过问大连海关，闻外部对此，日内将向日方提出严重抗议云。

东北海关，决将实行封锁，因伪国将实行新税则

东北关税问题，经我方一再抗议后，日方仍顽强如故，总税务司署曾一再电京催促，下令封锁，迄今未能照准，盖京方之意，犹拟以坚决手段，与日方交涉，俾大连海关，不致与东北其他各关俱失，最近关务署方面，见大连海关，非特不能收回，日方且唆使伪国公布所谓关税新税则，同时并声言准定于本月二十五日实行，我方因亦大致决定，于是日起实行封锁，届时并将发表宣言等，以昭示中外。（新声社）

9月23日

《大公报（天津）》[0002版]
日劫大连关，我决再提严重抗议，外财两部商定即送出
关于一九○七年中日条约，日外务省之见解完全错误

前日路透社东京电讯，述日外务省对大连海关协定问题，认为一九○七年协定，事实上已失去效力，且以我政府素不承认一九一五年条约（即二十一条件），则日本之辽东租借权于一九二三年期限已满，将于满洲取消治外法权时，交还满洲云云。我外交部发言人称，日外务省此种见解，完全错误，我国对一九一五年条约确然始终未予承认，如日方亦认为一九○七年之协定，事实上已失去效力，则大连旅顺等租借地，早应归还中国，不应强力霸持，日本借武力造成傀儡组织，且进而承认之，此种非法行为，我政府已正式抗议，大连旅顺等租借地之中国人民对日本所主持叛逆组织运动，始终

近代报刊东北海关资料编年（1906—1937）

未有与东三省其他各地人民同样得被迫参与之行为，日本何能武断的将上述租借地，划归叛逆，日方之横蛮无理，已极明显，故其一切非法行动，我方绝对不能承认云云。闻外交部对日本劫夺大连海关一事，决再提抗议，现正与财部商洽办法，一俟完全决定，即可送出去。

《民报》[0007版]

封锁东北海关办法，今日提行政院会议讨论

宋子文等昨晚由杭飞回上海，谓曾赴莫干山但未访汪精卫，海关派员晋京，端讷明日返平

行政院代理院长宋子文氏，前日乘塞可斯机飞往杭州，昨日下午五时返沪

昨日返沪

宋代院长于前日抵杭后，即往航空学校视察，晚宿澄庐，昨晨乘车往莫干山游览，午即返杭，至下午四时仍乘塞可斯机返沪，于五时十分抵虹桥机场，宋夫人张乐怡女士等均往机场欢迎，当即偕返祁齐路私邸休息，与宋代院长同来者，有张学良之代表李应超，顾问端讷，及宋氏之秘书黄纯道等三人。

宋氏谈话

记者昨晤宋代院长于其私邸，作下列之谈话：（问）宋代院长此次赴杭曾转往莫干山否？（答）余于今晨曾往莫干山一行。（问）宋代院长至莫干山，曾往访汪院长否？（答）并未往访。（问）伪组织将于本月二十五日实行其所定之新税则，中央将如何应付？（答）中央业已决定应付之办法，惟目前尚不能宣布。（问）封锁东北海关问题，目前进行至如何程度？（答）封锁东北海关之办法，业已决定，将提出于明日（即今日）召开之行政院会议讨论。（问）宋代院长何日晋京？（答）目前尚未确定。

记者又询诸张学良顾问端讷，亦谓未与汪精卫氏相晤，并谓本人将于星期六（即明日）晨回北平。

昨日续得海关方面确讯，知封锁东北海关事，已大致定二十五日实行，税务司署当局，业于前晚派某要员随带重要文件等入京接洽，并报告筹划经过，俟中央开会作最后之决定，大约该要员回沪复命后，即可实行。

216

1932年

《上海商报（1932—1937）》［0001版］

封锁东北海关将实行

税务署派员进京向国府接洽，宋财长表示最近确有此计划

封锁东北海关问题，当局因见日方嗾使伪国，于本月二十五日，正式宣布所谓关税自主，同时并将实行"新税率"之故，已大致决定于是日实行封锁。现税务司署业派重要关员入京接洽，一俟回沪后，即可完全决定，同时宋财长亦承认有此项计划，又对记者表示对实行封锁东北海关事，承认在最近确有此项计划，但对实行日期，是否定于廿五日一点，则未有切实答复，仅谓今日（即昨日）中央方面将有所讨论，现甫自杭返沪，尚不知所讨论如何云。

《申报》［0003版］

国府决定封锁东北海关

南京　日本承认伪组织后，更指使傀儡利用海关排斥华货与欧美货物进口，企图由日人一手包办，上海日商纱厂联合会派船津等数人，昨日往东三省，图谋与傀儡竟密切交结，闻国府已决意从本月二十五日起，实行封锁，东北各地海关，命令运东北之货件须在上海征税，以打击日人之梦想。（二十二日华盛顿电）

大连　"满洲国"大连税关长于本月十六命大连海关中国方面职员，立即退去，留至最后之鲍达氏以下三十名，顷已完全退去"满洲国"即将旧海关封锁，新海关全部，迁至码头建筑物。（二十二日电通电）

《时事新报（上海）》［0003版］

日野心毕露又嗾叛逆在热设海关

后日起山海关等伪关，开征关内货物入口税

（电通二十二日长春电）新设之山海关税关，定本月二十五日起，开始执务，经奉山铁路，由中国输入之货物，此后课以正式关税，结果满洲国已在山海关、安东、大连、营口、满洲里五处，设有税关，此外并接收爱晖〔瑷珲〕、卜克拉尼齐海关，不日又将在热河新设税关，以完成名实相副之关税独立。

（本报二十二日山海关电）伪国近派日员到榆在伪路站房筹备设关，定

近代报刊东北海关资料编年（1906—1937）

念五日正式征税。

（电通二十二日大连电）满洲国大连税关长，于本月十六命大连海关中国方面职员，立即退去，留至最后之鲍达氏以下三十名，顷已完全退去，满洲国即将旧海关封锁，新海关全部，迁至码头建筑物。

（日联二十二日沈阳电）满洲国设定新关税后，不发中国江海关之载货证明书，福本海关长，为免海运业者之不便起见，拟发行纳税收据，以代载货证明书，如中国政府，不认此举，则当发生二厘加税筹问题，故其圆满解决，须经种种曲折。

封锁东北海关办法，今日行政院提出讨论

税务署司昨派员晋京，外交部决再严重抗议

（本报念二日南京电）财界息，我国决封锁东北海关，并将发表宣言昭告中外。

（华联社二十二日南京电）日本承认伪组织设，更指使傀儡利用海关排斥华货与欧美货物进口，企图由日人一手包办，上海日商纱厂联合会派船津等数人，昨日往东三省，图谋与傀儡竟密切交结，闻国府已决意从本月二十五日起，实行封锁东北各地海关，命令运东北之货件须在上海征税，以打击日人之梦想云。

（本报念三日南京电）闻外交部对日本劫夺大连海关一事，决再提抗议，现正与财部商洽办法，一俟完全决定，即可提出云。

（本埠消息）封锁东北海关问题，当局因见日方嗾使伪国于本月二十五日正式宣布所谓关税自主，同时并将实行"新税率"之故，已大致决定于是日实行封锁。昨日得海关方面确讯，税务署当局，业于前晚派某要员随带重要文件等，入京接洽，并报告筹划经过。俟中央开会，作最后之决定，大约该要员回沪复命后，即可毅然实行，同时当再由当局发表宣言昭示中外。

又宋财长于昨晚抵沪后，向记者作为下之谈话：（问）伪组织将于本月二十五日实行其所定之新税则，中央如何应付？（答）中央业已决定应付之办法，惟目前尚不能宣布；（问）封锁东北海关问题，目前进行至如何程度？（答）封锁东北海关之办法，业已决定，将提出于明日（即今日）召开之行政院会议讨论。

东海〔北〕海关担保外债问题

（本报二十二日南京电）财界息，东北海关外债担保税款，据总税司计，

218

应为一千七百四十余万两，伪国仅允负四百九十二万，刻日本出作调停，令伪国负一千万两，经我国据理拒绝，此事尚未解决。

《锡报》[0002 版]

伪国欲在热河设税关

中央决定念五日封锁东北海关，伪组织要求各国承认以利益为条件

伪国要求各国承认

【上海】日联东京二十二日电，据东京朝日新闻长春电，谢介石定于日内要求列国承认满洲，限期六个月，列国中如有在此期内，不承认满洲，或不与满洲开始承认交涉者，则满洲不认该国在满权益，视为无条约国。

……

封锁海关定期实现

【上海】我封锁海关事，定二十五日实行，关署昨夜已携带重要文件入京接洽。

【北平】伪国近派人赴山海关，在伪奉山路站房内筹设海关，定二十五日起正式征税，大连、营口、满洲里等处，设立海关□□□□□□□□□。

《新闻报》[0004 版]

日本指使伪国设立新关

山海关、安东、大连、营口、满洲里五处　由中国运往货物须课以正式关税

电通廿二日长春电　新设之山海关税关定本月廿五日起开始执务，经奉山铁路，由中国输入之货物，此后课以正式关税，结果满洲国已在山海关、安东、大连、营口、满洲里五处，设有税关，此外并接收爱晖〔瑷珲〕、卜克拉尼齐海关。不日又将在热河新设税关，以完成名实相副之关税独立。

日联社廿二日沈阳电　满洲国设定新税关后，不发中国江海关之载货证明书。福本海关长为免海运业者之不便起见，拟发行纳税收据以代载货证明书。如中国政府不认此举，则当发生二厘加税等问题，故其圆满解决，须经种种曲折。

电通社廿二日大连电　满洲国大连税关长于本月十六日命大连海关中国方面职员，立即退去，留至最后之鲍达氏以下三十名，顷已完全退去。满洲

近代报刊东北海关资料编年（1906—1937）

国即将旧海关封锁，新海关全部，迁至码头建筑物。

南京　昨日路透社东京电讯述　日外务省对大连海关协定问题，认为一九零七年协定事实上已失去效力，且以我政府素不承认一九一五年条约（即二十一条件），则日本之辽东租借权，于一九二三年期限已满，将于满洲取消治外法权，并交还满洲云云。我外交部发言人称，日外务省此种见解，完全错误。我国对一九一五年条约，确然始终未予承认，如日方亦认为一九零七年之协定事实上已失去效力，则大连、旅顺等租借地，早应归还中国，不应强力霸持。日本借武力造成傀儡组织，且进而承认之，此种非法行为，我政府已正式抗议，大连、旅顺之租借地之中国人民，对日本所主持叛逆组织运动，始终未有与东三省其他各地人民同样的被迫参与之行为，日本何能武断的将上述租借地划归叛逆，日方之横蛮无理，已极明显，故其一切非法行动，我方绝对不能承认云云。

山海关　伪国近派日员到榆，在伪路站房筹备设关，定廿五日正式征税。

《新闻报》[0007版]

税务司署派员晋京，商封锁东北海关事，宋财长表示最近确有此计划

本埠消息　封锁东北海关问题，当局因见日方嗾使伪国于本月廿五日正式宣布所谓关税自主，同时并将实行"新税率"之故，已大致决定于是日实行封锁，现税务司署业派重要关员入京接洽，一俟回沪后，即可完全决定，同时宋财长亦承认有此项计划，兹分志其详情于后：

派员入京

新声社记者，昨日续得海关方面确讯，知封锁东北海关事，已大致定廿五实行，税务署当局，业于前晚派某要员随带重要文件等，入京接洽，并报告筹划经过，俟中央开会，作最后之决定，经该要员回沪复命后，即可毅然实行，同时当再由当局发出宣言，昭示中外。

宋财长表示

宋财长于前晚抵沪后，向新声社记者表示，对实行封锁东北海关事，承认在最近确有此项计划，但对实行日期，是否定于廿五日一点，则未有切实答复，仅谓今日（即昨日）中央方面，将有所讨论，现甫自杭返沪，尚不知所讨论者如何云。

《中央日报》［0002版］

日劫大连关，我决再提严重抗议，外财两部商定即送出

关于一九〇七年中日条约，日外务省之见解完全错误

前日路透社东京电讯，述日外务省对大连海关协定问题，认为一九〇七年协定，事实上已失去效力，且以我政府素不承认一九一五年条约（即二十一条件），则日本之辽东租借权于一九二三年期限已满，将于满洲取消治外法权时，交还满洲云云，我外交部发言人称，日外务省此种见解，完全错误，我国对一九一五年条约确然始终未予承认，如日方亦认为一九〇七年之协定，事实上已失去效力，则大连、旅顺等租借地，早应归还中国，不应强力霸持，日本借武力造成傀儡组织，且进而承认之，此种非法行为，我政府已正式抗议，大连、旅顺等租借地之中国人民对日本所主持叛逆组织运动，始终未有与东三省其他各地人民同样的被迫参与之行为，日本何能武断的将上述租借地，划归叛逆，日方之横蛮武力，已极明显，故其一切非法行动，我方绝对不能承认云云。闻外交部对日本劫夺大连海关一事，决再提抗议，现正与财部商洽办法，一俟完全决定，即可送出去。

宋子文返沪，对记者谈赴杭系游览，政府决实行封锁东北海关

中央社上海二十二日路透电　宋子文及张学良顾问端纳，本晚由杭返沪，宋谈赴莫干山系为游览性质，但因医戒汪见客，故未晤汪。满洲对于中国往来货物，实行抽税，政府已定切实办法，但目前未获露布，政府亦已决定封锁东北海关，明日行政院会议将提出讨论云，宋返京日期现犹未定。

中央社上海二十二日电　宋子文养（二十二）晨由杭赴莫干山游览，午即返杭，四时仍乘塞可斯机返沪，五时十分到，秘书黄纯道暨张学良代表李应超，顾问端讷同行。据答记者问，赴莫干山并未晤汪，封锁东北海关办法，将提出漾（二十三）晨行政院会议讨论，本人今晚是否返京未定。

又杭州二十二日电　宋子文等一行晨赴莫干山谒汪后，午后三时四十分返澄庐，四时十五分由西湖坐原机飞沪，记者趋晤未获，惟闻汪已允日内返京云。

中央社上海二十二日路透电　伍朝枢及陈策今晨由杭乘专车抵沪，传汪精卫病已渐愈，本周末或可返沪。

中央社杭州廿二日电　宋子文昨飞杭后，今晨八时许偕西人端讷及秘书黄纯道、李应超等五人，坐汽车赴莫干山访汪，记者下午一时在澄庐宋寓遇杭关监督杨骏，询以宋今晚是否返杭，杨答不知，据此间多方传说，宋此行拟挽汪同返京，一说汪已定敬（二十四日）返京云。又电张学良西顾问端讷及秘书李应超，偕宋同飞杭，今并偕赴莫干山，系衔张命，代张解释误会，并恳挽汪即返京，宋等闻今晚可返杭赴沪云。

9月24日

《大公报（天津）》[0003版]
东北海关明日实行封锁，进出口货品暂在内地征税

【上海二十三日下午八时发专电】东北海关准二十五日封锁，宋子文今晚发表宣言，梅乐和、唐海安、美顾问杨格均在宋寓，商未了手续。

【南京二十三日下午七时发专电】二十三晨行政院会议，自八时至午一时始散，通过财部所提对付东北海关办法，内容称东北海关受日本武力侵占，压迫各关行政人员无法行使职权，所有大连、安东各关，现均移地办公，并修改进出口货品税率，拟有布告交回财部，由总税务司昭告中外遵行。行政院秘书处当根据决议案，电达财宋查照，详细办法及宋对外宣言，均在沪发表，外部方面已无须有何表示。

财政部长宣言

【上海二十三日下午十时发专电】宋子文二十三日发表宣言，译文云，所谓"满洲国外交总长"谢介石于九月十五日宣称，"满洲国"此后对于关税、商务、航业乃至其他一切事件，将完全视中国为外国，并称自九月二十五日起中国及"满洲国"间一切往来商品，均将开始征收进出口税，国民政府因此调令财政部，以中国海关目前既未能于东三省各埠征收合法关税，自应将东北海关封闭，以待后命，所有应征关税，应就可能范围，暂在长城以南之各海关征收之。其详细报告，刻正由各埠海关税务司分别发表，宋又谓自今春日人伪充伪组织当道，开始攫夺各地关税，至最后六月间又攫大连关以来，国府始终极端隐忍，对满洲与各省间往来土货，未变向来办法，凡已纳税洋货，自满洲运至他口岸亦未加征，政府纵受舆论严责，并未取任何报复手段。因满洲亦为中国领土，居民百分之九十六为中国人民，苟取报复，徒苦中国人民，故宁暂受税收损失，不欲自开分离满洲之端，况调查团正事调查，虽有日人挑衅行为，政府仍力图遵守国联禁止两国勿加重时局之约束,此亦政府采取镇定忍耐政策之另一原因,今日本既利用其伪组织,所谓外长为发言人,向外声明,渠正将满洲与中国其余各地不仅在政治上、且在经济上分离,违背一切国际条约、公约及一切经济律,而在满洲与中国他部间筑一关税障碍,是日本强将三千万中国人民与其三万七千万同胞分离,且伪组织所谓日人大桥复于十六日声称,"满洲国"除对业在法律上承认其为政府并同时放弃领事权各国侨民外,对他国侨民不欲开放内地居住、投资或给予让与权。观此,足见满洲开放门户,不仅对日本外各国已关闭,且对于中国本身亦然。惟国府虽受此非常挑衅,暂不欲取任何报复手段,仅用一简单方法,于满州外各口岸就可能范围征收满洲之关税,盖中国人民在满洲以户口之众,投资之巨,所受切身之痛,远非日人可比,苟有在满洲与中国他部间经济关系上益增国难行动,适中日人之计云云。

征税办法概要

【上海二十三日下午十一时发专电】东北海关封锁后,征税办法,约为①由东北各出口货,由起货各口代征出口税;②输入东北各口货,由出口地海关代征入口税;③由外洋输入东北或东北输出外洋各货,经过内地各关转船运输者,由该地海关代征出入口税,惟直接往来外洋东北间之货,尚无法代征。

【南京二十三日下午十一时发专电】代理关务署长秦汾二十三日下午四时赴沪谒宋,商东北海关问题,秦称详细办法,二十五日以前将由总税务司宣布,定十月一日实行,闻规定凡运往东三省境内货物,在出口第一关即行征足目的地税款,运出货物,在入关后经过之第一关代征出发地应付之税款。

【上海二十四日上午二时半发专电】总税务司公布二十五日封锁东北各关,除大连外,各该关应征税改在别关征收,其办法:①运往东北各口货征税,国货连厂制货物照旧,洋货向给免征重征执照及批明已完进口税者照旧,向来批明应征字样者,在装运口岸完进口税,向在到达口岸完纳,转船货,在转口处完进口税,提出关栈货物,在装运口岸完进口税;②由东北各口运来货,国货完转口正附税,厂制货此项正附厂制税均在进口地完纳,洋货征进口税,大连租借地因日本违约,拒我行使航权,致货物出入无从确定其来源及目的地,决定运往大连土货征出口税,产货不论目的地,征产货税,洋货征税与其他关同,由大连运来货,一律征各项正附税,东北各关所

近代报刊东北海关资料编年（1906—1937）

发各单据，概作无效，外洋运往东□货品，不离原船者免征。

《大公报（天津）》[0004版]
短评　放弃东北海关

"封锁东北海关"，嚷了许久，到现在人家已经实行把我们封锁，于是我方聊以解嘲似底〔地〕宣布撤销东北海关，其实等于"放弃"而已！

本来日本是要独占东三省市场，所以我们之封锁东北海关，和封锁邮政一样，在他们是"正中下怀"，我们以前之迟迟不行，也为的这个缘故，到现在是迫不得已，不能不如此宣布了。

其实东三省经济生活，无论如何，同关内是不可分的，然而今日东北经济，整个破毁，便是不封锁，又待怎样？日本以为排除中国，可以独占，甚至近来把日本过剩的农产物也往东北运，其实日本所谓"王道乐土"的"满洲国"，因为日本侵略的结果，已经弄得农村破产，民不聊生，还有什么购买力，可以供日本资本家榨取？所以日本封锁东北市场，也不过是"中日同尽"的一种表现罢了！

《国民导报》[0002版]
行政会议决定，实行封锁东北海关
为维国家税收，惟有移地征收，宋子文定今日发表重要宣言

南京二十三日电　行政院今开第十六次会议，出席罗文干、陈公博、黄绍雄等十数人，主席黄绍雄，报告事项。马占山来电报告冯占海部，于九月十三日拂晓攻克吉林省城，并捕获日官兵计六百余名情形；军长何应钦报告韩刘事件，即可解决。讨论事项：一、实行封锁东北海关问题，□宋呈称日本强占东北后，至各地海关不听执行职务，为维持国家正当收入，惟有移地征收，办法及税率，决议通过，准予移地征收，"征收办法及税率，该载总税务司布告中，明日正式发表"；二、财政部呈报银行发行纸币税，原为百分之二.五，现体恤商艰，减为百分之一.二五，并修正收税条例、决议、通过、送立法院。

上海二十三日电　宋子文谈，封锁东北海关，本人俟京电到后，及发表宣言，定二十三日午后六时发表。

《民报（无锡）》[0002版]

中央行政会议议决，明日实行封锁东北海关

宋财长昨晚发表宣言，并公布封锁办法三项

本报念三日南京电，封锁东北海关，拟议已久，今日行政院会议，议决实行办法，我国因东北海关被日伪侵占后，不能行使职权，故决将东北各海关税移地征收，由财部发布告通知各商，一体知照，该布告现已拟就，日内即可发表。

本报念三日上海特讯　关于封锁东北海关事宜，今晨记者由一西人方面得一特讯，知该事经税务当局派一专员入京报告后，已在南京召集会议通过，决于后（二十五）日实行。宋财长将于今晚有宣言发表，同时公布封锁办法，兹分录其详情于后。

总税务司谒宋

今晨八时半总税务司梅乐和偕秘书长丁桂堂，往访宋子文于祁齐路私寓，谈约一小时，至九时四十分始去，闻报告决定封锁东北海关之筹备经过及此后之布置甚详。

决计实行封锁

税务署派专员入京，报告封锁东北海关之计划后，中央因于昨日召集行政院临时会议，正式通过，决计于本月二十五日实行，并令宋子文以财长名义发表宣言，同时公布封锁办法。

今晚发表宣言

今晨宋财长与记者谈话时，表示该宣言须待今晚南京行政院开会后之电报，然后再拟宣言，大约须下六时许可发表，至该宣言，闻全文颇长，因须历述日本之暴行，并暴露其阴谋借以昭示中外云。

三项重要办法

经记者，另向一西人方面采询今晚所拟公布之封锁东北海关办法，谓其内有重要之点三项：一、实行封锁后，东北货物之出口者，由起岸之口岸（即入口时）代行完收出口税；二、入口货物（指入东三省者），由出口口岸代完入口税；三、过埠货物如在内地口岸转船者，亦须照完出口入税，惟直由外洋输往东北，或由东北输往外洋者，无法征收云云。

《人报（无锡）》[0002版]

宋子文昨正式发表宣言实行封锁东北海关

满洲在与中国及其他各地筑一关税之障壁，中国纵欲遵守国联之约束而事实已不可能

榆伪关二十五日开征——叛逆谋与各国订商约

上海二十三日专电，宋子文为封锁东北海关事，二十三日发表宣言声明如下：满洲伪组织之所谓外长谢介石，曾于本月十五日声称，嗣后满洲国对于中国在关税、商务、航务上及其他事项，完全予外国待遇，即自九月二十五日起，所有来往中国及满洲国间之一应货物将征收进出口税云云。

国民政府有鉴于此，业已训令财政部与目下海关当道，以未能在满洲各口岸征收合法关税，应即将该地各海关封锁，至最发训令解放时为止，所有应缴税款，务就可能范围暂时在榆关以南各海关带征，详细办法由各口岸税务司随时宣布。宋子文又谓，当今春日人假充满洲伪组织当道，开始劫夺满洲各地海关，直至最后六月间又劫夺大连海关以来，国民政府始终表示极度宁静，对于满洲及其余各商间往来土货，未变向来办法，所有已入海关之洋货自满洲行至其余各海岸，亦不再加征。政府经受舆论之压迫，循理取任何报复手段，诚以满洲亦为中国领土，其居民百分之九十六为中国人，苟有报复行为，亦徒自苦中国人民，故政府宁忍受暂时税收之损失，不欲自开分离满洲之端，再则国联调查团当从事调查，虽有日人之挑衅行为，政府仍力图遵守国联禁止中日两国干不再加重时局之约束，此亦政府推取镇从忍耐政策之另一原因，今日本既利用其伪组织之所谓外长者为发言人，卒已向外声明真正将满洲与中国及其余各地，不仅在政治上胜利，并在经济上胜利，公然违背一行国际条约、公约及一切经济律，而在满洲中国及其余各地筑一关程之壁，是日本强将五千万东北人民及其余三万七千万同胞相分离，此伪组织之所谓外次日人大桥者，又于九月十六日声称满洲国自对于业已在法律上承认其政府并同时放弃其领事裁判权除各国体侨民外，对于其他各国侨民，不欲开放内地，供其居住投资、或给予让予权之云。观此种种，足见满洲开放之门户，不仅对于除日本以外之各国业已关闭，甚至对于中国本身亦经关闭。惟国府对受此非常之挑衅，是不欲取任何报复手段，仅用简单方法在满州〔洲〕以外各口岸就能范围征收满洲之关税，盖中国人民在于满洲以户口

之众，以投资之巨，所受切身之痛，远非日人可比，苟有在满洲与中国及其余各地间经济关系上亦增困难之行动，适堕日人之计而已。

重要办发〔法〕三项

公布之封锁东北海关办法，谓其内有重要之点三项：一、实行封锁后，东北货物之出口者，由起岸之口岸（即入口时）代行完收出口税；二、入口货物（指入东三省者）由出口口岸代完入口税；三、过埠货物如在内地口岸转船者，亦须照完出口入税，惟直由外洋输往东北，或由东北输往外洋者，无法征收云。

上海二十三日电　宋子文谈，封锁东北海关本人俟京电到后即发表宣言，定二十三日午后六时发表。

南京二十三日电　今日行政院会议，实行封锁东北海关问题，财宋呈称，日本强占东北后，至各地海关不能执行职务，为维持国家正当收入，惟有移地征收，办法及税率决议通过，准予移地征收，"征收办法及税率详载总税务司布告中，今日正式发表"。

北平二十三日电　叛逆近派四员到榆积极筹备立关，地址在伪路站房，定二十五日宣告征税。

东京电　长春电　称满洲当局现正起草商约草案，为日后与各国谈判缔结商约之蓝本，满洲当局现拟于入冬后与各地义军大举决战，借可博得列强之信仰。

哈尔滨二十三日电　日方宣传谓哈尔滨之波兰商会，议决特电与波兰政府请该政府即承认满洲，且订立满波通商条约。（记者按又系日方之空气作用）

《时报》[0003 版]

封锁东北海关，移地征税二十五日实行

南京二十三日电　行政院今晨十时举行会议，黄绍雄主席，财部呈拟封锁东北各海关意见，因日人占据东省后东北各海关，不能执行职务，现决移地征收，并修改税率，决议通过，由财部令总税务司择日布告实行。

声明封锁缘由

国民新闻社云　财政部长宋子文，为封锁东北海关事，昨日发声明如下：
满洲伪组织之所谓外长谢介石者，曾于本月十五日声称："自后'满洲

近代报刊东北海关资料编年（1906—1937）

国'对于中国在关税、商务与航务上，亦将如其他事项，完全以一外国待遇，即自九月廿五日起，所有往来中国与满洲国之一应货物，将征抽进出口税"云云。国民政府有鉴于此，业已训令财政部，以下海关当道既未能在满洲各口岸征收合法关税，应即将该地各海关封锁，至再发训令解放时为止，所有应缴税款，务就可能范围，暂在榆关以南各税关带征，其详细办法，由各口岸税务司随时宣布。

移地征税办法

政府因日本占据东三省，国民政府时暂不能征收东三省各口岸合法关税，业经令饬哈尔滨、牛庄、安东、龙井村各关一律于九月二十五日封闭，所有在该关应征合法关税，暂于中华民国别处口岸征收。

运往上列东三省各口岸货物，其征税办法如下：国货（厂制货物在内）仍旧；洋货（向给免重征执照及批明进口税已完纳者）仍旧；向来批明应征字样者，在装运口岸完纳进口税；向来在到达口岸完税之转船货，在转船口岸完纳进口税；提出关栈货物，在装运口岸完纳进口税。

由上列东三省各口运来货物，其征收办法如下：国货，完纳转口税及转口税附税；厂制货物，寻常在东三省口岸完纳之厂制货物，其税及附税均在进行口岸完纳；洋货，征收进口税。

大连租借地内，因日本当局违约，拒绝中国海关根据大连协约行使职权，以致货物之出入大连者，海关无从确定其来源与其目的地，爰定征税办法如下：

货物运至大连，土货，征收出口税；厂货，不论其最后目的地，征收厂货税；洋货，征税办法与运往其余东三省各口岸同（见上）。

由大连运来货物，凡货物均征进口税。

关税附税与水灾附捐一律照征。

运往以上各口岸货物，所有关单迳交运货人收执，自本年九月二十五日起。

上列各口岸所发各种单据，概作无效，凡转口洋货直接自外洋运往东三省口岸，中途并不离开原船者，毋庸征税，或凡转口货直接自东三省各口运往外洋，中途并不离开原船者，亦不征税。本年九月二十五日起，上列东三省各口岸所发吨钞证亦作无效。

1932年

《时事新报（上海）》[0003版]

明日起封锁东北海关，封锁后移地征税办法公布

宋子文声明，我虽屡受挑衅不取报复手段，仅用简单方法移地征收关税

封锁东北海关事宜，经税务司署派重要官员晋京，向外财两部报告，当面说明所拟办法后，现已回沪覆〔复〕命，总税务司梅乐和，与秘书长丁桂堂，均先后于昨晨奉宋子文召前往报告，旋宋氏于下午接京电，知该问题业经行政院会议通过，遂草拟宣言，准于明日（二十五）开始实行，至封锁后之移地征税办法，亦已拟定、公布，兹分志各情于下：

行政院会议昨通过封锁案

（本报念三南京电）日劫东北，置我方抗议于不理，外交财政两部，以东北海关，在日军暴力压迫之下，事实上无法行使职权，应将全部职员，调回另行设关征税，闻该项总法，已由财部提二十三日行政院会议通过，并交财部执行，详细办法，将由宋财长令总税务司公布，宋财长二十三日晚将在沪发表关于此事之宣言云。

（本报念三日南京电）念三日行政院会议通过封锁东北海关办法。

（本报念三日南京电）外罗谈，东北关移地征收财部公布后，即由外部通告国联。

（本报念三日南京电）关署长秦汾，念三赴沪，向财宋报告行院通过东北海关移地收税经过。

宋对封锁东北海关之宣言

财政部长宋子文，为封锁东北海关事，昨日发一声明如下：满洲伪组织之所谓外长谢介石者，曾于本月十五日，声称："自后'满洲国'对于中国在关税、商务与航务上，亦将如其他事项，完全以一外国待遇，即自九月念五日起，所有来往中国与满洲国间之一应货物，将征抽进出口税"云云。国民政府有鉴于此，业已训令财政部，以目下海关当道，既未能在满洲各口岸，征收法关开〔关〕税，应即将该地各海关封锁，至再发训令解放时为止，所有应缴税款，务就可能范围，暂在榆关以南各税关带征，其详细办法，由各口岸税务司随时宣布。宋氏又谓：当今春日人假充满洲伪组织当道，开始攫夺满洲各地关税，直至最后，在六月间，又攫夺大连海关以来，国民政府始终表示极端隐忍，对于满洲与其余各省间往来土货，未变向来办法，所有已纳税饷洋货，自满洲运至其余各口岸，亦不再加征。政府纵备受舆论之压迫，并未取任何报复手段。诚以满洲亦为中国领土，其居民百分之九十六，为中国人民，苟有报复行为，亦徒自苦中国人民，故政府宁受暂时税收之损失，不欲自开分离满洲之端，再则国联调查团，方从事调查，虽有日人之挑衅行为，政府仍力图遵守国联禁止中日两国勿再加重时局之约束，此亦政府采取镇定忍耐政策之另一原因。今日本既利用其伪组织之所谓外长者，为发言人，卒已向外声明，渠正将满洲与中国其余各地，不仅在政治上分离，并在经济上分离，违背一应国际条约公约，及一切经济律，而在满洲与其余中国间筑一关税障壁，是日本强将三千万中国人民，与其余三万七千万同胞相分离，且伪组织之所谓外次日人大桥者，又于九月十六日声称，"满洲国除对于业已在法律上承认其政府，并同时放弃其领事裁判权之各国侨民外，对于其他国家之侨民，不欲开放内地，供其居住投资、或给予让予权"云云。观此种种，足见满洲开放之门户，不仅对于除日本以外之各国，业已关闭，甚致〔至〕对于中国本身，亦竟关闭。惟国府虽受此非常之挑衅，暂时不欲取任何报复手段，仅用一简单方法，在满州〔洲〕以外各口岸，就可能范围，征收满洲之关税。盖中国人民在于满洲以户口之众、与投资之巨，所受切身之痛，远非日人所可比，苟有在满洲与中国其余各地间经济关系上，益增困难之行动，适堕日人之计而已。

移地征税办法（略）

宋等昨晨会商

财长宋子文氏，关于封锁东北海关事件，原案既交中央讨论，当能审核通过。昨晨八时二十分，乃在寓召总税务司梅乐和，税务司署秘书丁桂棠等，在寓会商，详细商讨封锁后之我方应采办法，至九时半，梅丁两氏，始行辞去。

伪关明日征税

（本报二十三日南京电）外交息，伪国海关，定二十五日起，实行征税。

（本报念三日南京电）外部息，传伪国定念五起，凡经大连、安东、营口海关，商轮进口，统须征收，否即拒发船牌，该部尚未接到此项正式报告。

各国可无异议

昨据可靠方面宣称，谓自九一八事变发生以来，暴日复变本加厉，嗾使叛逆劫夺我东北各要关，此举不独破坏我海关行政权之统一，抑且危及我对外海关担保外债之信誉，迭经中央屡次抗议，而日方始都一味推诿，中间虽经双方派遣代表，从事交涉，但因某二项重大问题，意见各趋极端，遂使交涉陷成僵局，我政府在此局面之下，业已拟定最后应付步骤，万一谈判破裂，则不得不采取封锁办法。惟二方对峙形势，迄无转圜余地，谈判形势，遂日见恶劣，日前日政府正式承认傀儡组织之后，谈判僵局，乃告破裂，财部方面，遂将预先拟定步骤，提呈行政会议讨论，结果对于封锁东北各关之原则，一致通过，惟对于详细办法，尚有咨询之处。财政部长宋子文氏，乃饬江海关税务署总税司汉文秘书丁桂堂氏，晋京列席会议，丁氏遂于念日赴京，出席行政会议，对于封锁东北各关之详细办法，逐条解释，结果甚为圆满，丁氏遂于前晚返沪，昨日偕同总税务格乐和氏至祁齐路宋氏私邸，报同会议经过情形，同时中央方面，亦一致决议封锁东北海关办法，乃得于本月念五日实施，所有详细办法，亦昨经江海关副税务司汉文秘书胡滕容氏，慎重公布，惟我国实施封锁政策之后，各国在华商业，虽稍受打击，惟为尊重中国主权及海关行政统一起见，决无异议，况此种办法，并非独创新制，在民国十九年七月间，天津海关事件，亦按照该项办法实施，当时各国，亦无何种异言，故预料各国人士，为尊重国际协约，及世界正义起见，自当一致拥护，为世界争公理为人道争正义也，对于封锁政策，并非绝对禁止货物运往东三省，盖日人自正式承认东北叛逆之后，我政府对于该项傀儡组织早经屡次声明，绝对否认，惟对于东三省数千万里土地及三千万民众之主权，始终并未放弃，故一能禁止同一国人民，在同一国内，有妨害其人民自由贸易之权，至于封锁之后，在本国别处口岸代行征税则，对于海关担保外债之事项，除日本外，我政府始终负责担保，决不失信。按海关担保外债赔偿者，为庚子赔款、英德借款（曾借二次，一次业已终了，现存一次）；俄法借款（俄款亦已终了，现存者仅法借款一部）等三种而已，对日本庚子赔款一节，我政府或难负责应付，因日政府嗾使东北叛逆，劫夺我海关，破坏我海关担保之信誉，其责任自当由日方负之，即使日人借口伪国之组织，为东北三千万民众自动，则大连海关，为中日条约所系，大连既非在东三省范围之内，日人何得贸然交与叛逆违反中日条约，此乃蓄意破坏我海关担保外债之明证，故我政府或难允予照拨等语云云。

近代报刊东北海关资料编年（1906—1937）

《锡报》[0002版]
明日起实行封锁东北海关
行政院议决念五日实行，昨日颁布征税办法六项，财长宋子文发表宣言

【南京】行政院昨（廿三）日会议，主席黄绍雄，议决：①实行封锁东北海关问题，财部呈称，日本强占东北后，致各地海关，不能执行职务，为维持国家正当收入，惟有移地征收，办法及税例，决议通过，准予移地征收；②财政部呈报银行发行纸币税，原为百分之二．五，兹为体恤商艰，减为百分之一．二五，并停止收税条例。

【上海】宋子文今日（二十三）召集梅乐和及总税务署秘书丁桂棠，详商封闭东北海关后，我方应取之办法，旋宋于下午接京电，始悉此问题已由行政院通过，宋即草宣言，定当夜发表，准自二十五日起实行封销〔锁〕。

【上海】总税署接奉中央命令，特转哈尔滨、牛庄、安东、路井村各海关，于二十五日起一律封闭，并将封闭后对上述各口岸进口货物处置办法，发表布告，大要如下：①东北各海关应遵照合法关税，随时于中华民国他处口岸征收；②运往上列各口岸之货物，在装运口岸完纳进口税；③由上述东三省各口岸运来货物，都在进口口岸完纳进口税及转口税；④货物运往大连者，在起运地点征收出口税；⑤由大连运来货物，均在进口口岸征收进口税，关税附税及水灾附捐；⑥转口洋货直接自外洋运往东三省各口岸中途并不离开原船者，无庸征税，反之自东三省运往外洋不离原船者亦同。

【上海】宋子文昨日发表宣言云，伪组织声称二十五日起所有往来车站货物，将征出入口税云，现国府因此已训令财部将东北各关封锁，所有应征税银，务就可能范围内在榆关内各关带征，详细办法由各口岸税司随时宣布。

《新闻报》[0004版]
行政院议决实行封锁东北海关
决定于明日起开始封锁，拟封锁后移地征税办法
宋财长发表重要宣言

封锁东北海关事宜，经税务司署派重要官员晋京，向外财两部报告，当面说明所拟办法后，现已回沪覆〔复〕命，总税务司梅乐和与秘书丁桂堂，均先后于昨晨奉宋子文召，前往报告，旋宋氏于下午接京电，知该问题业经

行政院会议通过，遂草拟宣言，准于明日（二十五）开始实行，至封锁后之移地征税办法，现已拟定，兹分志各情于下：

政院通过

南京　日劫东北，置我方抗议于不理，外交财政两部，以东北海关，在日军暴力压迫之下，事实上无法行使职权，应将全部职员调回，另行设关征税，闻该项办法，已由财部提二十三日行政院会议通过，并交财部执行，详细办法将由宋财长令总税务司公布。（中央社）

发表宣言

财政部长宋子文为封锁东北海关事，昨日发一声明如下：满洲伪组织之所谓外长谢介石者，曾于本月十五日声称，自后"满洲国"对中国在关税、商务与航务上，亦将如其他事项完全以一外国待遇，即自九月廿五日起，将往来中国与满洲国间一应货物，将征抽进出口税云。国民政府有鉴于此，业已训令财政部，以目下海关当道，既未能在满洲各口征收合法关税，应即将该地各海关封锁，至再发训令解放时为止，所有应缴税款，务就可能范围，暂在榆关以南各税关带征，其详细办法，由各口岸税务司随时宣布。

宋氏谈话

宋氏又谓当今春日人伪充满洲伪组织当道，开始攫夺满洲各地关税，直至最后，在六月间，又攫夺大连海关以来，国民政府始终表示极端隐忍，对于满洲与其余各省间往来土货，未变向来办法，所有已纳税捐洋货，自满洲运至其余各口岸，亦不再加征，政府纵备受舆论之压迫，并未取任何报复手段。诚以满洲亦为中国领土，其居民百分之九十六，亦为中国人民，苟有报复行为，亦徒自苦中国人民，故政府宁忍受暂时税收之损失，不欲自开分离满洲之端，再则国联调查团方从事调查，虽有日人之挑衅行为，政府仍力图遵守国联禁止中日两国，勿再加重时局之约束，此亦政府采取镇定忍耐政策之另一原因，今日本既利用其伪组织之所谓外长者为发言人，卒已向外声明，渠正将满洲与中国其余各地，不仅在政治上分离，并在经济上分离，违背一应国际条约公约，及一切经济律，而在满洲与其余中国间筑一关税障壁，是日本强将三千万中国人民，与其余三万七千万同胞相分离，且伪组织之所谓外次日人大桥者，又于九月十六日声称，"满洲国除对于业已在法律上承认其政府，并同时放弃其领事裁判权之各国侨民外，对于其他国家之侨民，不欲开放内地，供其居住投资、或给予让与权"云云。观此种种，足见满洲开放之门户，不仅对于除日本以外之各国，业已关闭，甚至对于中国本身，亦竟关闭。惟国府虽受此非常之挑衅，暂时不欲取任何报复手段，仅用一简单方法，在满洲以外各口岸，就可能范围征收满洲之关税。盖中国人民于在满洲以户口之众与投资之巨，所受切身之痛，远非日人可比，苟有在满洲与中国其余各地间经济关系上，益增困难之行动，适堕日人之计而已。

征税办法

国民政府因日本占据东三省，暂时不能征收东三省各口岸合法关税，业经令饬哈尔滨、牛庄、安东、龙井村各关一律于九月二十五日封闭，所有在各该关应征合法关税，暂于中华民国别处口岸征收运往上列东三省各口岸货物，其征收办法如下：

国货（厂制货物在内）仍旧；洋货（向给免重征执照及批明进口税已完纳者）仍旧；向来批明应征字样者，在装运口岸完纳进口税；向来在到达口岸完纳之转船货，在转船口岸完纳进口税；提出关栈货物，在装运口岸纳进口税。由上列东三省各口运来货物，其征收办法如下：

国货，完纳转口税及转口税附税；厂制货物，寻常在东三省口岸完纳之厂制货物，其税及附税均在进口口岸完纳；洋货，征收进口税。

大连租借地内，因日本当局违约拒绝中国海关根据大连协约行使职权，以致货物之出入大连者，海关无从确定其来源与其目的地，爰定征税办法如下：

货物运至大连，土货征收出口税；厂货，不论其最后目的地征收厂货税；洋货，征税办法与运往其余东三省各口岸同（见上）。由大连运来货物，凡货物均征进口税，关税附税与水灾附捐一律照征。

运往以上各口岸货物，所有关单迳交运货人收执。自本年九月二十五日起，上列各口岸所发各种单据，概作无效。凡转口洋货直接自外洋运往东三省各口岸，中途并不离开原船者，毋庸征税，或凡转口货直接自东三省各口运往外洋中途并不离开原船者，亦不征税。本年九月二十五日起，上列东三省各口岸所发船钞证，亦作无效。

外罗表示

南京 罗外长二十三日语记者，日军占领东三省，致我国东北各海关，均不能执行职务，现由财部拟定移地征税办法，以资应付，业经行政院会议通过，交财部办理，将由总税务司发表布告，二十四日即可公布，一切详细办法均载布告中，并将由外部通知国联，公告各国，声明东北海关，不能行使职权情形，及移地收税各理由。

关署消息

南京　关署长秦汾，廿三日下午携行政院通过东北海关移地征税办法赴沪，谒财宋，据秦行前语人，即交总税司公布，所有设关地点、征收日期及征收办法税则等，均载该办法中。

南京　财次邹琳、关署长秦汾，廿三日下午先后赴沪谒财宋，承商关于东北海关移地征税一切办法及手续，闻廿五日即开始实行征税。

南京　据关务署负责要员谈，关于东北海关移地征税办法，全由宋财长在沪与总税司梅乐和商定移地征收办法，将于非暴日势力所及地各关出口货运销东三省者，除征出口税外，并带征进口税，由该地进口之东三省货物，除应征进口税外，亦带征出口税，至另定税率，已由宋财长与总税司在沪订定，实行移地征收期，正考虑中，外传已定期施行说，关署方面，尚未接到部令。

《新无锡》[0002 版]

中央今日行政会议决议，后日封锁东北海关

宋子文今晚将发表宣言，同时公布封锁办法三项

南京二十三日专电　行政院今晨会议，到何应钦、罗文干、石青阳、刘瑞恒、陈绍宽、曾仲鸿、陈公博、顾孟余、黄绍雄主席，讨论要案如下：一、财政部征收银行纸币税，前定百分之二五，决改为百分之一二五，并修正征收条例送立法院审议；二、财政部因暴日侵占东省关务，不能行施职权，决移地征税执行职务，由财部布告定期实行。

上海二十三日电　自日本唆使伪国攫夺东北税收，我财政当局，曾一再考虑，拟将东北海关封锁，并经宋部长在平时，发表宣言，声明其责任所在，最近日又变本加厉，既促伪国另订新税则，又复劫夺大连关税，故昨日临时行政会议，曾对此事加以讨论，决即实行封锁，今日宋部长在沪，又复召税务司等，商准备手续，定二十五日起实行，正式宣言今晚亦可发表。

上海二十三日电　今日上午八时四十分，财政部长宋子文，为实行封锁

近代报刊东北海关资料编年（1906—1937）

东北海关事，在祁齐路寓邱〔邸〕，召见江海关总税司梅乐和、秘书丁桂堂等，商实行封锁之种种手续，约二小时，梅丁即同时辞出，遄返税务署，赶办一切手续。本报记者，待宋部长接见宾客完毕时，投剌晋谒，叩以封锁东北海关之宣言，是否即可发表，嗣宋部长即偕唐海安外出，当据答称，该项宣言，现已起草，约今晚即可发表。此时因今日行政会议例会所议决如何，尚未接电报通知，故须俟其有电到后，方可正式对外披露。该宣言稿，可于午后六时来取云云。

上海二十三日电 本报记者，另向一西人方面采询今晚所拟公布之封锁东北海关办法，谓其内有重要之点三项：一、实行封锁后，东北货物之出口者，由起岸之口岸（即入口时）代行完收出口税；二、入口货物（指入东三省者）由出口口岸代完入口税；三、过埠货物如在内地口岸转船者，亦须完出口入税，惟直由外洋输往东北，或由东北输往外洋者，无法征收云。

《中央日报》［0002 版］

本月廿五日起，实行封锁东北海关，应补税款暂在榆关以南各关带征
宋财长昨发表重要宣言及谈话，外部将电国联并通知各国声明

日方嗾使叛逆，劫夺东北海关，曾经我政府严重抗议，日方迄今，置之不理，外交财政两部，对此曾一再筹商应付办法，金以东北各海关在日方暴力压迫之下，事实上无法行使职权，应将全部职员，一律招〔召〕回，另行设立海关，征收关税，现该项办法，业经财部于昨日提出行政院会议讨论，经一致通过，并交财政部执行，闻详细办法，将由宋财长令海关总税务司公布，宋财长昨日并在沪发表宣言云。

宣言原文

中央社上海二十三日电 宋子文谈，封锁东北海关，本人俟京电到后，即发表宣言，定梗（二十三日）午后六时发表。

本社廿三日上海专电 宋子文为封锁东北海关事，昨发一声明如下：满洲伪组织之所谓外长谢介石者，曾于本月删（十五日）声称，"自后满洲国对于中国在关税、商务与航务上，亦将如其他事项，完全以一外国待遇，即自九月径（念五日）起，所有来往中国与满洲国间之一应货物，将征抽进出口税"云云。国民政府有鉴于此，业已训令财政部，以目下海关当道，既未能在满洲各口岸，征收合法关税，应即将该地各海关封锁，至再发训令解放时为止，所有应补税款，务就可能范围，暂在榆关以南各税关带征，其详细办法，由各口岸税务司随时宣布。

宋氏谈话

中央社上海二十三日电　宋子文对封锁东北海关，顷发表正式谈话如下：日本人蒙满洲国当局之假面具，于本年春间，开始攫夺东北各海关，浸至六月间，又强占大连海关，在此期间，国民政府始终表示极度之容忍，对于东北及中国其他各部间国产品之运输惯例，并不加以变更，同时对于由东三省运抵中国其他各埠，业经完税之洋货，亦并不另征税款，盖东三省为中国之土地，其居民百分之九十六，皆为中国人民政府若对东北取对抗行为，其结果仅使当地中国居民，身受困苦，是以政府虽受公众舆论有力的督促，迄未采取任何报复手段，宁愿忍受暂时的税收短少，而不愿自动开始将东三省与中国其他部分割裂也，又国民政府因国联调查团已在进行调查。而同时对于国联劝请中日双方避免任何足以增进形势严重之一切行为之决议，虽在日本许多挑衅行为之下，仍随时注意力行，此亦为政府所以不得不取容忍之一原因，现在日本竟以所谓满洲国外交总长为发言者，且宣称即将蔑视一切国际条约、一切国际公约，及一切经济法，在东三省及中国其他各部之间，造一关税壁垒，使东三省之于中国其他各部，不徒在政治上，抑且在经济上，亦成隔绝，日本此举，不啻迫使关外之三千万华人，与其关内三万七千万同胞，永为隔别，不特此也，所谓满洲国外交次长云日人大桥忠一，曾于九月十六日声称，满洲国除对于承认满洲国，而又同时允许放弃领事裁判权各国之国民外，将不允开放内地，而予以居住投资或租借之种种利益，大桥此言，不啻表示东三省之门户开放，此后对于列强各国，甚至对于中国本身，将一变而为门户封锁，其唯一能享受开放之利益者，仅日本一国而已，然日本此种挑衅行为，虽为历史上所仅有，国民政府目前仍将不采取报复方法，现在所取者，不过一种简单之办法，俾就东北以外之各海关，在可能范围内，征收原应在东北海关征之之关税耳，盖中国在东三省之利害，因人口及投资种种原因，远较日本在东三省之利益为巨。政府此时，若取任何行动，增进东三省及中国其他各部间经济关系之困难，则诚为日人所昕夕渴望而不得者也。

近代报刊东北海关资料编年（1906—1937）

征税办法

本社二十三日上海专电　政府因日本占据东三省，国民政府暂时不能征收东北三省口岸合法关税，业经令饬关员将潍县、牛庄、安东、龙井村各关一律于九月二十五封闭，所有前各海关所征合法关税，暂于中华民国别处口岸征收，运往上述东三省各口岸货物，其征税办法如下：国货（厂制货物在内）仍旧，洋货向给免重征执照及批明进口税已完纳者仍旧；向来批明应征字样者，在装运口岸完纳进口税；向来在到达口岸完税之转船货，在转船口岸纳进口税；提出关栈货物，在装运口岸免纳进口税。由上列东三省各口运来货物，其征收办法如下：国货完纳转口税及转口税附税；厂制货物，寻常在东三省口岸完纳之厂制货物，其税及附税，均在进口口岸完纳；洋货，征收进口税。大连租借地内，因日本当局，违约拒绝中国海关根据大连协约行使职权，以致货物之出入大连者，海关无从确定其来源与其目的地，爰定征税办法如下：货物运至大连，土货征收出口税，厂货不论其最后目的地征收厂货税；照洋货征收办法与运往其余东三省各口岸同（见上）。由大连运来货物，凡货物均征进口税，关税附税与水灾附捐一律照征。运往以上各口岸货物所有关单，迳交运各人收执。自本年九月廿五日起，上列各口岸所发各种单样，概作无效。凡转口洋货直接自外洋运往东三省各口岸，中途并不离开原船者，毋庸征税，或凡转口运货直接自东三省各口运往外洋，中途并不离开原船者，亦不征税。本年九月廿五日起，上列东三省各口岸所发征税证，亦作无效。

外罗谈话

政府将封锁东北海关一事，前因种种牵掣，故未实行，兹财部以暴日更进而攫夺大连海关，遂决心封锁，并拟定移地征收办法，呈请行政院核夺。昨日行政院会议，议决通过中原社记者昨访外交部长罗文干氏，叩以移地征收办法及日期，据谈，东北各海关，自被暴日侵占东省后该处各关关务人员，即不能执行职务，故财部拟定海关移地征收办法。今日行政院会议，对于是案讨论颇久，当经议决移地征收并由财部决定施行日期发表布告内，至外部方面亦将同时电告国联，并通告各关系国，声明不能行使原有职权之情形，及移地征收之理由，使各国得明真相云。

9月25日

《国民导报》[0002版]
财部已下令定今日起实行封闭东北海关
上海二四日电　财部已令饬哈尔滨、牛庄、安东、龙井村各关,一律于二十五日封闭,所有□征合法关税暂于中华民国到处口岸征收,大连亦规定办法,其详细办法,二十四晨正式公布,自二十五起施行。

又电　日本嗾使叛逆掠夺东北海关,行政院二十三日会议已决定实行封锁政策,将东北各海关职员,全部召回,另行设关征税,内详细办法,已于二十日由总税务司在沪公布,并定二十五日开始执行,外交部二十四日并已通知国联及关系各国知照。

《民报》[0003版]
封闭东北海关,已通知国际
本报念四南京电　封锁东北海关,将各关职员全部召回,另行设关征税,其详细办法,二十四日晨已由总税务司在沪公布,并定二十五日实行,外部二十四日已通知国联及关系各国知照。

《人报(无锡)》[0002版]
东北海关今日起封锁,易地征税
详细办法昨晨税务司正式公布,外部通知国联及各关系国知照,榆伪关亦今日起征,有通告致中国
上海二十四日电　财部已令饬哈尔滨、牛庄、安东、龙井村各关一律于二十五日封闭,所有应征合法关税暂于中华民国别处口岸征收,"大连亦规定办法"。其详细办法二十四日晨正式公布,自二十五日起施行。

又电　东北海关,行政院二十三日会议已决定,实行封锁政策,将东北各海关职员全部召回,另行设关征税,外交部二十四日并已通知国联及关系各国知照。

上海二十四日电　日讯满洲宣布关税自主后在榆关奉山铁路车站内设置

近代报刊东北海关资料编年（1906—1937）

海关，并于二十五日起开始征税，奉山铁路局长阚锡已有通告致中国。

《上海商报（1932—1937）》[0002版]
东北海关今日起实行封锁
移地征税办法修正公布，日拟设法阻碍并提抗议

关于封锁东北海关事宜，经宋财长正式发表宣言后，即于今日起，开始实行。当局对实行封锁后之移地征税办法，虽已于昨日公布，但海关方面，于昨日奉到此项训令后，因时间匆促，以致所发表者，在词句间略有出入，且不易使人明了。昨日海关方面，业已修正公布，兹录其原文如下：江海关监督税务司布告第一二四一号，为会衔布告事，现奉政府令饬，兹因辽宁吉林黑龙江三省，为日本占据，暂时无从征收合法关税，自本年九月念五日起，至另令解放时为止，将哈尔滨、牛庄、安东、龙井村，各海关封闭，所有在各海关应征合法关税，暂由国内别处海关征收，详细办法，开列于下：运往上列各该省口岸货物征税办法：（一）国货（厂制货物在内）仍旧；（二）洋货（甲）向给免重征执照及批明进口税已完纳者仍旧；（乙）向来批明应征字样者，在装运口岸，征进口税；（丙）向来在到达口岸征税之转继货，在转继口岸，征进口税；（丁）提出关栈货物，在装运口岸，征进口税。由上刊各该省口岸运来货物征税办法：（一）国货，征转口税，及转口附加税；（二）厂制货物，向在上刊各该省口岸征收之厂制货物税及附加税，均在进口口岸征收；（三）洋货，征进口税。大连租借地内，因日本当局拒绝中国海关根据大连海关协定行使职权，以致货物之出入大连者，海关无从确定其来源，与其目的地，爰定征税办法如下：货物运往大连，（一）国货，征出口税；（二）厂货，不论其最后目的地，概征厂货税；（三）洋货，征税办法，与运往上列各该省口岸同（见上）。由大连运来货物：（一）凡货物均征进口税，应征之关税附加税，及救灾附加税，一律照征。运往上列各该省口岸货物，所有关单，迳交运货人收执，自本年九月二十五日起，在各该口岸装运货物，所领之一切单据，概作无效，凡通运之洋货，直接自外洋运往，各该口岸，中途并不离开原船者，毋庸征税；或通运之国货，直接自各该口岸，运往外洋，中途并不离开原船者，亦不征税。自本年九月二十五日起，上列各口岸，所发征收船钞证，以作无效，仰即遵照等因，奉此，自应

遵办，仰各商人等一体周知，特此布告，中华民国二十一年九月二十三日，监督唐海安，代理税务司克达德。

（本埠特讯）国府宣布东北海关在长城以南各海关征收后，日方对此认为重大问题，今晨日使有吉明与石射白井及日商工会议所代表，在日使署内密议应付步骤，急电东京外务省请示办法，据日商工会议所方面消息，关于中国方面之封锁满洲关税，系故意破坏伪组织主权独立，并阻碍将日本贸易之行为，日方决不任其实行，采取断然手段，如有不得已之情形，定以实力保护贸易，拒绝代征东北关税。又据日使馆方面传出消息，外务省将于明日向国府提出抗议，阻止东北海关税移地征税办法。

南京二十四日电　封锁东北海关，将各国职员全部召回，另行设关征税，其详细办法，二十四日晨已由总税务司在沪公布，并定二十五日实行。外部二十四日已通知国联及关系各国知照。

《上海商报（1932—1937）》[0004版]
甜酸苦辣
封锁东北海关　（傲霜）
自伪国傀儡秉承日寇侵占东北海关后，中央政府便屡有封锁之议，只可惜议而未能决，决而未能行，好容易直至最近才有明确了当的表示，实行封锁东北海关之举，措施虽稍嫌迟滞，但亦未始非差强人意之处置。不过有一层，现在边疆已告沦丧，海关亦遭侵占，我们不力谋收复失地之计，而徒以封锁为应付暴力之唯一对策，终非治本之道。所以，封锁海关是消极的抵抗，出兵关外才是积极的办法。

可是话又要说回来，国中局势如此纷乱，财政又如此的据拮，所谓不能安内，安能攘外，除了封锁一举，确再亦无能为力，虽未能予敌以若何影响，但亦聊足解嘲而已。

《申报》[0003版]
东北海关移征案，送中政会核议，外部已通知各关系国
南京　东北海关移地征税办法，已由行政院送呈中政会，下星期三例会，即可通过。（二十四日专电）

近代报刊东北海关资料编年（1906—1937）

南京　行政院议决，将东北海关移地征收，外部二十四已通知国联及关系各国知照……（二十四日专电）

《时报》[0003版]
外部通知国联及关系各国，封锁东北海关，海关布告，今日起实行移地征税

南京二十四日电　封锁东北海关，将各国职员全部召回，另行设关征税，其详细办法，二十四日晨已由总税务司在沪公布，并定二十五日实行，外部二十四日已通知国联及关系各国知照。

沪讯　封锁东北海关，移地征税，今日起实行，当局对实行封锁后之移地征税办法，虽已发布，但海关方面，于奉到此项训令后，因时间匆促，以致所发表者，在词句间略有出入，且不易使人明了，昨日海关方面，业已修正公布，兹录其原文如下：

江海关监督税务司布告第一二四一号，为会衔布告事，现奉政府令饬，兹因辽宁、吉林、黑龙江三省，为日本占据，暂时无从征收合法关税，自本年九月二十五日起，至另令解放时为止，将哈尔滨、牛庄、安东、龙井村各海关封闭，所有在各海关应征合法关税，暂由国内别处海关征收，详细办法，开列于下：

运往上列各该省口岸货物征税办法：①国货（仿制货物在内）仍旧；②洋货：（甲）向给免重征执照及批明进口税已完纳者仍旧；（乙）向来批明应征字样者，在装运口岸，征进口税；（丙）向来在到达口岸征税之转船货，在转船口岸，征进口税；（丁）提出关栈货物，在装运口岸，征进口税。

由上各列该省口岸运来货物征税办法：①国货，征转口税，及转口附加税；②厂制货物，向在上列各该省口岸征收之厂制货物税及附加税，均在进口口岸征收；③洋货，征进口税。

大连租借地内，因日本当局拒绝中国海关根据大连海关协定行使职权，以致货物之出入大连者，海关无从确定其来源，与其目的地，爰定征税办法如下：

货物运往大连：①国货，征出口税；②厂货，不论其最后目的地，概征厂货税；③洋货，征税办法，与运往上列各该省口岸同（见上）。

由大连运出货物：①凡货物均征进口税，应征之关税附加税，及救灾附加税，一律照征。

运往上列各该省口岸货物，所有关单，迳交运货人收执，自本年九月二十五日起，在各该口岸装运货物所领之一切单据，概作无效，凡通运之洋货，直接自外洋运往各该口岸，中途并不离开原船者，毋庸征税或通运之国货，直接自各该口岸，运往外洋，中途并不离开原舰者，亦不征税。自本年九月二十五日起，上列各口岸，所发征收船钞证，亦作无效，仰即遵照等，奉此，自应遵办，仰各商人等一体周知，特此布告，中华民国二十一年九月二十三日，监督唐海安，代理税务司克达德。

《时事新报（上海）》[0003版]
今日封锁东北海关，外部已通知各关系国，叛逆已在榆设关

（本报念四日南京电）封锁东北海关，将各关职员，全部召回，另行设关征税，其详细办法，二十四日晨已由总税务司，在沪公布，并定二十五日实行，外部二十四日已通知国联及关系各国知照。

（又讯）关于封锁东北海关事宜，经宋财长正式发表宣言后，即于今日起，开始实行。当局对实行封锁后之移地征税办法，虽已于昨日公布，但海关方面，于昨日奉到此项训令后，因时间匆促，以致所发表者，在词句间略有出入，且不易使人明了。昨日海关方面，业已修正公布，兹录其原文如下：江海关监督税务司布告第一二四一号，为会衔布告事，现奉政府令饬，兹因辽宁、吉林、黑龙江三省，为日本占据，暂时无从征收合法关税，自本年九月二十五日起，至另令解放时为止，将哈尔滨、牛庄、安东、龙井村各海关封闭，所有在各海关应征合法关税，暂由国内别处海关征收，详细办法，开列于下：运往上列各该省口岸货物征税办法，①国货（厂制货物在内）仍旧；②洋货：（甲）向给免重征执照及批明进口税已完纳者仍旧；（乙）向来批明应征字样者，在装运口岸，征进口税；（丙）向来在到运口岸征税之转船货，在转船口岸，征进口税；（丁）提出关栈货物，在装运口岸征进口税。由上列各该省口岸运来货物征税办法：①国货，征转口税，及转口附加税；②厂制货物，向在上列各该省口岸征收之厂制货物税及附加税，均在进口口岸征收；③洋货，征进口税。大连租借地内，因日本当局拒绝中

近代报刊东北海关资料编年（1906—1937）

国海关根据大连海关协定行使职权，以致货物之出入大连者，海关无从确定其来源，与其目的地，爰定征税办法如下：货物运往大连：①国货，征出口税；②厂货，不论其最后目的地，概征厂货税；③洋货，征税办法，与运往上列各该省口岸同（见上）。由大连运来货物：①凡货物均征进口税，应征之关税附加税，及救灾附加税，一律照征。运往上列各该省口岸货物，所有关单，迳交运货人收执，自本年九月二十五日起，在各该口岸装运货物所领之一切单据，概作无效，凡通运之洋货，直接自外洋运往各该口岸，中途并不离开原船者，毋庸征税，或通运之国货，直接自各该口岸，运往外洋中途并不离开原船者，亦不征税。自本年九月二十五日起，上列各口岸，所发征收船钞证，亦作无效，仰即遵照等因，奉此，自应遵办，仰各商人等一体周知，特此布告，中华民国二十一年九月二十三日，监督唐海安，代理税务司克达德。

伪关已征税

（日联念四天津电）满洲国宣布关税自主后，在榆关奉山铁路车站内，设置海关定于二十五日起，开始征税，奉山铁路局长阚锡，已通告中国。

（电通社二十四日大连电）南京政府之封锁满洲国内中国海关，实质上系容认〔忍〕满洲海关之独立，早为满洲国方面所计及，故取冷静态度，福本大连关税务司谓："在中国此举系属当然，早已预计及之，故毋用惊异，亦无讲对策之必要，满洲国于二十五日起，对华贸易课以输出入税云。"

（日联二十四日沈阳电）满洲国为确立财政政策起见，业已决定国税与地方税之区别，即关税、煤矿、营业、房地产、烟草、酒、印花，等诸税为国税，定于十月一日起实施，每年约有一万三千万元之收入。

沪日侨态度

封锁东北海关问题，业经行政院于二十三日行政会席上，予以通过，财长宋子文，除已与总税务司梅乐和商定实施办法，及开始封锁日期外，并发表宣言，昭示中外，驻沪日副领白井康，对于此项问题，于谈话中表示其极端遗憾，全体日侨，昨并召集紧急会议，电请外务省迅向中国提出交涉，兹将各项详情，分志于后。

日副领之表示

记者昨为我国定期实施封锁东北海关事，特往访驻沪日副领事白井康，作简单之谈话，据白井康表示渠对于中国政府之封锁东北海关，认为系一种极端遗憾之事，因如果东北海关，一经封锁，则东北一切货运，将完全趋于停顿，不但对于日本在远东市场之地位，受一重大打击，即中日双方时局，亦必愈形恶化，本埠日侨方面，业已来署一再请愿，要求向中国政府提出严重交涉，但此事关系重大，不但余及石射总领事，无权处理，即有吉公使，亦必须请示政府后，方可决定交涉方针，故余等已据情电呈外务省请示一切，逆料于最近之三日内，复电即可到达，然后方可决定是否提出交涉云云。

日侨集会反对

本埠各日商业团体，昨为讨论反对我国封锁东北海关事，特于下午二时，在日商俱乐部，召开紧急会议，列席代表共计二十余人，席间对于反对办法，讨论至为详尽，并决定致电东京外务省，请迅即训令驻华公使，有吉明，向我国外部，直接提出交涉，要求收回封锁东北海关成命，最低限度，亦必须将征税办法，重行改订，以期对于日商货运上，减轻负担，此项电文，已于昨晚八时发出。

有吉展期赴平

新任驻华日使有吉明，本拟于二十八日在京，呈递国书，觐见林主席后，即于三十日夜车返沪，整理一切，准备于下月五日赴平，惟自我国行政院决议封锁东北海关后，有吉认为有留沪办理交涉之必要，故下月五日赴平之说，已作罢论，大约须待该国政府训令到达，与我国外部作一度之交涉后，再定赴平日期云。

（路透二十四日北平电）日代使矢野，今日午后，由此乘火车赴南京，因与新使有吉明，下星期内呈递国书事有关也。

《新闻报》[0015版]

东北海关封锁声中，东北航权丧失

昨日起营大班轮停驶，自伪"满洲国"定期施行所谓关税新税则后，本埠行驶营口、安东等处之中外商轮，无不惊恐异常，乃江海关奉令于二十五日（即今日）实行封锁东北海关，于是昨今两日之东北航轮，已成为沪航界之紧要关键，用述其大致情形于次。

近代报刊东北海关资料编年（1906—1937）

华轮停驶

本日为礼拜日，预定明日开驶出口之安东、牛庄轮艘，计有海昌之海顺，政记之增利，肇兴之和兴等轮，惟以海关既经宣告，行将东北海关封锁，而华轮之依然开往者，自必发生问题。除政记已拟定停装安东、大连等出口货，并将增利轮改驶青岛外，海昌、肇兴等，则已电询该处分局，俟得覆〔复〕电再行核定云。

英轮竞航

本埠开驶牛庄、安东等轮艘，除肇兴、毓大、政记、海昌等公司外，英商太古、怡和等公司，亦派轮竞业，惟向时每礼拜中只有班轮两艘，兹则以华轮停驶，而所谓伪"满洲国"之关税新税则，外轮并未明白规定在禁止之列，故太古、怡和等为竞争营业计，除昨日已派舟山、四川、泽生、盛京开驶外，明日仍派德安、顺天、利生、富生等轮前往云。

《益世报（天津版）》[0002版]

东北海关今日实行封锁，自明日起移地开征

外部将依例抗议通告友邦

【上海二十四日下午九时本报专电】财部已令饬哈尔滨、牛庄、安东、龙井村各关一律于径（廿五）封闭，所有应征合法关税，暂于中华民国别处口岸征收，大连亦规定办法，其详细办法，敬（廿四）正式公布，自径（廿五）起施行。

【南京二十四日下午十时专电】东北海关被迫不能行使职权，财部决于有（二十五）起实行封锁，移地设立，适有（二十五）为星期，照例休假，定宥（二十六）起开始征收，日主使傀儡破坏关税行政税政完整，外部已将事实，搜罗完备，即再度提严重抗议，同时并电达国联及各友邦，又据外部发言人宣称封锁东北海关，移关征税，与通商各国，当有深切关系，为使各国明了此事及宣露日嗾使劫关经过起见，我国决特照会各国予以相当谅解与同情，现是项照会在宥（廿六日）可分别送出。

【南京二十四日下午七时专电】封锁东北海关，将各关职员全部召回，另行设关征税，其详细办法，敬（廿四）晨已由总税司在沪公布并定径（廿五）实行，外部敬（廿四日）已通知国联及关系各国照知。

【上海二十四日下午九时本报专电】航讯，华轮因政府实行封锁东北各关，敬（二十四）日起停驶东北线，怡和、太古外轮，则加班竞运。

《益世报（天津版）》[0006版]
封锁东北海关，津关定明日起实行，出入东北货物均采代征办法

关于封锁东北海关事宜，业经二十三日上午行政院会议通过，拟有代征办法，定自二十五日起实行，津海关方面昨日（二十四）已接奉总税务司梅乐和来电，着即遵办，并准备一切，据该关重要职员谈，封锁东北海关，当遵中央电令，于明日（即二十五）日开始实行，惟以适值星期例假，正式实行代征，须自二十六日（即星期一）起，详细办法，即将贴发布告，俾使华洋商民一体周知，代征手续，系无论出入东北各口货，均须依照吾国现行税则，由起卸或载运各口，补抽出入口税，至于东北伪组织所发之税单、船钞，以及航业执照等，一律认为无效，东北大连、哈尔滨、绥芬等关工作人员，自九一八事变发生后，即纷纷西上入关，计来本关履行报到手续者，共百数十人，留津关办公者约六十余人，实行封锁后，或将续有来者，预料东北海关实行封锁，秦皇岛、天津两地海关日常事务臻于繁忙云。

《中央日报》[0002版]
封锁东北海关，今日起实行
外部通知国联及关系国，征税办法昨晨正式公布

日本嗾使叛逆，劫夺东北海关，行政院前（廿三）日会议，已决定实行封锁政策，将东北各海关职员，全部召回，另行设关征税，闻详细办法，已于昨（廿四）日由总税务司在沪公布，并定今（廿五）日开始实行，外交部昨（廿四）并已通知国联及关系各国知照云。

中央社上海二十四日电　财部已令饬哈尔滨、牛庄、安东、龙井村各关一律于径（二十五）日封闭，所有应征合法关税暂于中华民国别处口岸征收（大连亦规定办法），其详细办法，敬（二十四日）晨正式公布，自径（二十五）起施行。

中央社东京二十四日路透电　昨为日本国庆日全国休业，故今晨未有早报，本日晚报，对于中国昨日宣告之满洲海关政策，并未视为重要新闻，且于社评内，亦未论及，谅因中国政府之对策，日方早已豫〔预〕料之矣，日政界中人，不欲发表意见，对外表示，系中国及满洲两方之问题。

中央社上海二十四日电　日联社天津漾（二十三）电　满洲宣布关税自主后，在榆关奉山铁路车站内，设置海关，定于径（二十五）起开始征税，奉山铁路局长阚锡，已有通告致中国。

9月26日

《大公报（天津）》[0007版]

封锁东北海关后，出入口货税，津海关代征

昨发会衔布告通知商民，常关原有各卡将恢复以防偷漏

封锁东北海关，定自昨日实行，业志本报，津海关税务司及津海关监督，均已接奉财部电令，特于昨日发出会衔布告，说明征税办法，通知华洋商人，一体遵照，并通令各卡课，自今日起开征，另有详细征税手续，颁发各属，兹将布告原文录次。

为会衔布告事，案奉政府命令，以东三省现为日本占据，以致东北各海关合法关税，一时难以征收，兹已通饬哈尔滨、牛庄、安东、龙井村各关，自九月二十五日起，暂予封闭，候令再行开办，此后各该关应征合法各税，暂由中华民国其他各关征收之，所有办法，详列如下：（一）运往上列东三省各口岸者，土货（机制洋式货物在内）并不变更，洋货领有洋货免重征执照，或已完进口税者，并不变更，海关注明"应征"者，在装运口岸征收进口税，转口未纳税者，在转运口岸征收进口税，由关栈提出者，在装运口岸征收进口税；（一）由上列东三省各口岸运来者，土货应征转口税及转口附税，机制洋式货物，应征东三省各口岸平时所应缴纳之机制洋式货物税及附税，洋货应征进口税，此次日本当局，竟违背大连协定，不许中国海关于关东区域内行使职权，以致海关不能确定由大连运来货物之来源，以及运往大连货物之目的地，故决定按照下列征税办法办理之：①运往大连货物，土货应征出口税，机制洋式货物，无论最终目的地为何处，皆应征机制洋式货物税，洋货与运往东三省其他各口岸者待遇相同；②由大连运来货物，所有货物皆应征进口税，凡有应征之关税附税及水灾附捐，亦应一并征收之，此后

运往以上各口岸货物，海关所给之单据，皆交与报运人，凡在九月二十五日以后，由以上各口岸起运之货物，该口岸发给之任何单据，海关概不承认，至于转口洋货直接自外洋运往以上各口岸，中途并不离开原船者，毋庸征税，或凡转口土货，直接自以上各口岸运往外洋，中途并不离开原船者，亦不征税，其东三省各口所发之船钞执照，海关皆不承认，合亟布告，为此仰华洋各商，一体遵照，此布。

又津海关所辖区域（秦皇岛在内），因与东北接壤，故代征运往东北或由东北各口岸运来之洋货并转口货物等□税，该关最为重要，兹悉津海关税务司，除调拨多人赴秦皇岛关及唐山、洋河口等分卡，严查偷漏，并帮办征税外，闻榆关方面，亦将设卡征税，而津市各常关原址，除东北城角之总局外，如新站、西站、东站、大红桥、西便门、宜兴埠、北塘口等处，亦将设立分卡，刻西便门等处房屋，已由该关雇工积极修理，同时为稽查奸商由大连或东北各口岸雇用帆船偷运货物至渤海湾各小口登岸，希图免纳关税起见，决定于原有巡船外，前常关之汽轮舢板，亦均拨用，并拟添置巡轮三艘，常川行驶海湾各地，在未购得前，仍向海河工程局借用两只云。

《上海商报（1932－1937）》[0001 版]
对东北海关实行封锁，日内将通知各国

（南京二十五日电）国际间对于我国封锁东北海关事，因深明是非曲直，均表同情，二十五日起财部正式实行封锁，另行设关征税，□新任务署长秦汾在沪公事，定二十六日返京。

（二十五日南京电）徐谟对记者称，东北各关自实行移地征税后，外传外部将有通知书致国联，实无其事，盖移地征税，无通知国联必要，或将于日内致各国一通知文有已，又外间所传移地征税，为实行封锁，更为会误。

《申报》[0003 版]
东北海关移征，外商并不反对

南京　东北海关移地惩收办法，二十六日起，由东北运出及运入货物，均照新章办理，以前由东北各关退出之关员或税务司，一律派赴指定代理之各关服务。据财界息，依据过去东北贸易数量比例，可照原额征进百分之六七十，国际方面对此，并无反对表示，缘各国在东三省之商业，除日本外，英、美、法、俄、等数国，投资极微，东北商人，因日本强占东省后，秩序混乱，多相率停业，所存无几，对此种办法，当能概予遵从，但某国人正在大肆其煽惑云。（二十五日专电）

《时事新报（上海）》[0003 版]
东北海关移地征税进行顺利，叛逆在榆设伪关已成立，日庚款有下月起停付说

（中央念五日南京电）封锁东北海关，二十五日起正式实行，另行设关征税，国际间因深明是非曲直，对我均表同情，新任关务署长秦汾，在沪公毕，定二十六日返京。

（本报二十五日山海关电）伪国所设榆海关，二十五日在伪路站房前，张贴英日文布告各一，正式成立，并起征出入口税，该关名称营口海关山海关分关，所定税率极高，税则尚严，秘未布。闻其内容，以东北土货课税最重，例如粮食以每十吨计，大豆二十余元，高粱四十余元，小米七十余元，入口皇岛海关前奉令榆设分卡，已成立，先行查征入口洋货税，对新办法，将候令遵行。

（路透二十三日北平电）据秦皇岛华人消息，满洲国派一日员至山海关设税关于铁路附近，自九月二十五日起，征收入境商品税。

（本报二十五日南京电）财界息，我国付日庚款决本月起停付。

《益世报（天津版）》[0006 版]
封锁东北海关实行，津海关工作突繁忙
昨布告征税办法，常关将改分卡，调员赴秦皇岛榆关将设卡征税

关于封锁东北海关，定于昨日实行各节，已志各报，津海关税务司卢立基，并津海关监督韩麟生，已接奉财部电令，特于昨日（二十五日）发出会衔布告，说明征税办法，通知华洋商人，一体遵照，并通令各卡课，于今日（星期一）起开征，另有详细征税手续颁发各属，兹觅录其布告文如后：

为会衔布告事，案奉政府明令，以东三省现为日本占据，以致东北各海关合法关税一时难以征收，兹已通饬哈尔滨、牛庄、安东、龙井村各关，自

1932年

九月二十五日起，暂予封闭，候令再行开办。此后各该关应征合法各税，暂由中华民国其他各关征收之，所有办法，详列如下：一、运往上列东三省各口岸者，土货（机制洋式货物在内）并不变更；洋货，领有洋货免重征执照，或已完进口税者并不变更，海关注明"应征"者在装运口岸征收进口税，转口未纳税者在转运口岸征收进口税，由关栈提出者，在装运口岸征收进口税；一，出上列东三省各口岸运来者：土货，应征转口税及转口附税机制洋式货物，应征东三省各口岸平时所应缴纳之机制洋式货物税及附税，洋货应征进口税，此次日本当局现竟违背大连协定，不许中国海关于关东区域内行使职权，以致海关不能确定由大连运来货物之来源，以及运往大连货物之目的地，故决定按照下列征税办法办理之：一，运往大连货物，土货，应征出口税，机制洋式货物，无论最终目的地为何处，皆应征机制洋式货物税，洋货，与运往东三省其他各口岸者待遇相同；一，由大连运来货物，所有货物皆应征进口税，凡有应征之关税附税及水灾附捐，亦应一并征取之，此后运往以上各口岸货物，海关所给之单据，皆交与报运人，凡在九月二十五日以后由以上各口岸起运之货物，该口岸发给之任何单据，海关概不承认，至于转口洋货直接自外洋运往以上各口岸，中途并不离开原船者，勿庸征税，或凡转口土货，直接自以上各口岸运往外洋，中途并不离开原船者，亦不征税，其东三省各口所发之船钞执照，海关皆不承认，合亟布告，为此仰华洋各商一体遵照此布云。

又讯，津海关所辖区域（秦皇岛亦在内）与傀儡伪国相接壤，此次关内各海关代征运往东北或由东北各口岸运来之洋货并转口货物等关税，以该关关系最为重要，兹悉津关税务司除调拨多人赴秦皇岛关及唐山、洋河等分卡，严查偷漏，并帮办征税事宜外，闻榆关方面亦将设卡征收而津市各常关原址，除东北城角之总局外，如新站、西站、东站、大红桥、西便门、宜兴埠、北塘口等处，亦将全部改设分卡，刻西便门等处房屋，已由该关雇工积极修理之中，同时为稽查奸商由大连或东北各口岸雇用帆船偷运货物至渤海湾各小口登岸，希图免纳关税起见，决定于原有巡船外，前常关之汽轮舢板，亦均拨用并拟添置巡轮三艘，常川行驶海湾各地，在未购得前，仍向海河工程局借用两只云。

近代报刊东北海关资料编年（1906—1937）

9月27日

《上海商报（1932—1937）》[0002版]

封锁东北海关后，伪组织关已设立，津海关征对满税

（本报廿六日日天津电）满洲（伪）国昨在山海关站，设营口海关山海关分关，对与中国本土间之输出入品，开始征税事务，而中国方面亦在山海关站设秦皇岛海关山海关办事处，南北（正伪）两海关，对立于一站之中。

（本报念六日天津电）天津海关，本日公布从本日起，开始代征对满输出入税事务同时在渤海湾一带主要口岸，设办事处更为防止用民船偷运起见，沿岸用巡罗〔逻〕船梭巡，因尚不足借海河工程局小轮二只。

（本报二十六日沈阳电）满洲事变发生以来，日人在我东三省各地新创办工厂更达三十三家，其中主要工业均为日军阀直接间接指挥下之化学工业最多，日财阀三井三菱等虽每想乘机混入，但多为日军阀阻击与监视，其内容如次：

（一）金属工厂　五家

（二）化学工厂　一○

（三）纤维工厂　四

（四）食粮工厂　七

（五）出版工厂　一

（六）其他　六

计：三三家。

由此可明了战争病狂之日军阀之准备对苏联进攻已表而化矣。

本埠讯本埠日商　在华纺织同业会，在日人俱乐部召集临时会，协议应付我方封锁东北海关移地征税问题，结果议决两案如次：

一、向日政府要求，阻止中国当局对满洲输出入货征收两重关税，关于此项，由同业会作一报告书呈请日政府考虑；

二、向"满洲国"当局要求，对日商出品运入满洲，认为由日运往满洲之货物看待，不得加以较重之关税，关于此项决派代表船津赴满直接交涉。

本埠消息　所谓"满洲国"之外交部长，近发表一文谓"满洲国"之政

252

策，在尊重中国所缔结之国际条约，依此政策，故已汇交梅乐和总税务司一百十四万元，此为东三省税关应解外债付款之一部，此外又有关银十八万六千零三两，亦汇交总税务司。中国财政部长宋子文于新闻记者叩以此说时声称，此说又为傀儡及其主人厚颜诡计之斑，上述之一百四十万元，乃大连税关于六月间税关未被夺据时存于正金银行之关税，七月下半月交还中国，第二批汇款十八万六千〇三两，乃牛庄税关所收关税，而于春间税关未被夺据时存于正金银行者，故此两款乃日人银行在东三省税关未被占时对于中政府之债务，其解交中国，不能视为傀儡政府之偿付中国外债一部份〔分〕，自税关被占后，东三省所收关税，未将丝毫解交总务司，以事实言，正金所拨付之款，只及税关被占以前东三省所收，而为日人强迫扣留之税款三分之一，余款一百八十九万四千三百〇一两五钱一分，现仍由收存税款之银行受傀儡国之指使，扣留未发，而傀儡国关于此事之一举一动，辄由日人顾问指挥之云。

《申报》[0013版]

宋子文昨为东北关税声明，驳斥傀儡谬妄宣传，两项税款均系税关被占以前扣留税款

路透社二十六日上海消息 所谓"满洲国"之外交部长，近发表一文，谓"满洲国"之政策，在尊重中国所缔结之国际条约，依此政策，故已汇交梅乐和总税务司一百十四万元，此为东三省税关应解外债付款之一部，此外又有关银十八万六千零三两，亦汇交总税务司。中国财政部长宋子文于新闻记者叩以此说时声称，此说又为傀儡及其主人厚颜诡计之一斑。上述之一百十四万元，乃大连税关于六月间税关未被夺据时存于正金银行之关税，七月下半月交还中国，第二批汇款十八万六千零三两，乃牛庄税关所收关税，而于春间税关未被夺据时存于正金银行者，故此两款，乃日人银行在东三省税关未被占时，对于中政府之债务，其解交中国，不能视为傀儡政府之偿付中国外债一部份〔分〕，自税关被占后，东三省所收关税，未有丝毫解交总税务司，以事实言，正金所拨付之款，只及税关被占以前东三省所收而为日人强迫扣留之税款三分之一，余款一百八十九万四千三百零一两五钱一分，现仍由收存税款之银行受傀儡国之指使，扣留未发，而傀儡国关于此事之一举一动，辄由日人顾问指挥之云。

近代报刊东北海关资料编年（1906—1937）

东北各关移地征税顺利，外商亦表示同情

中央社云　日本侵占东省，我东北各关不能行使职权，乃经行政院通过移地征税，已于前日起实行，中央社记者，昨特往访江海关监督公署秘书唐兆狮，询以移地征税之现状如何，承答复各项问题如下：（问）江海关业已实行代征东三省各口岸关税否？（答）已于二十五日起，依照移地征税办法实行。（问）移地征税，有何困难发生？（答）并无困难，目前进行异常顺利。（问）外商对于移地征税有无误会？（答）外商深明此事之是非曲直，对我移地征税，当然表示同情，不致发生误会云。

《新闻报》[0006 版]
财宋对伪组织解款发表重要谈话
所解税款不能认为偿付外债，被劫东北海关税款仍遭扣留，伪外长所言系朦〔蒙〕蔽欺人之谈
移地征税后甚称顺利，日商对伪关税制叫苦
财宋驳伪组织解款

国民新闻社云　记者以东北伪组织之所谓外长者宣称外邦政策，在尊重中国所缔各国际条约，为循行此政策，故曾汇一百十四万两与总税务司梅乐和作为满洲各关应摊外债之一部份〔分〕，嗣又续汇十八万六千零零三两等语，特于昨日晋谒财政部长宋子文，询以此事，据称此种声明，可见东北傀儡与其主人，恬不知耻之朦〔蒙〕骗手段，查前述一百十四万两，系大连关在六月间被攫以前之税收，存在正金银行，嗣于七月下旬汇出，当两月前所谓东北伪外长者，已有宣传；其第二批十八万六千零三两，则系牛庄关今春被攫以前税收，存在正金银行者，故此两款为日银行对于中政府在东北各关被攫以前所成立之债务，今其汇解，安能视为傀儡政府摊付之中国外债，至东北各关被攫以后之税收，迄未有分文汇解总税务司，且正金银行所汇之款，在事实上只达日人强行截留之东北各关被攫以前积为税收总额三分之一，尚有余款一百八十九万四千三百零一两五钱一分，仍为东北傀儡截留在原存银行，而傀儡之截留此款，每次辄由日顾问所指使云。

日纱商亦遭大打击

日联社廿六日沈阳电　满洲国确立关税制度后，日本内地纺纱各工厂受大打击，纺绩同业会理事船津辰一郎，与立川权之两人为解决此问题，廿三日由日本来大连，偕内外绵公司之冈崎专务会见福本海关长陈述内地工厂满洲国关税制度所受打击之情形，并交换种种意见，一行于昨日来沈阳，本日会见武藤全权，关东军司令部要人等，定明日赴长春商议办法。满洲国当局对于本问题之意见，即满洲国之确立关税制度，视中国制品为外货，一律征税，而此政策，已经公布，现已不能改变，由此观之，船津等赴长春目的似难达成。

移地征税异常顺利

（中央社）日本侵占东省我东北各关不能行使职权，乃经行政院通过移地征税已于前日起实行，中央社记者昨特往访海关监督公署秘书唐兆狮，询以移地征税之现状如何，承答复各项问题如下：（问）江海关业已实行代征东三省各口岸关税否？（答）已于二十五日起依照移地征税办法实行。（问）移地征税有何困难发生？（答）并无困难，目前进行异常顺利。（问）外商对于移地征税有无误会？（答）外商深明此事之是非曲直，对我移地征税，当然表示同情，不致发生误会云。

大连关员调回服务

□南京电　大连海关所用中国关员，今日又有三十人被日关务长停职，将调往天津、上海关服务，此为大连关中国关员撤退之最后者。

《新闻报》[0009版]
东北海关封锁后，沪营间商输现状

自东北海关封锁后，华轮赴营口、安东、大连各处者，遂即绝迹。昨日为伪组织施行关税新税则之第一日，爰将上下轮艘情形略志如次：

营大间商轮赴天津　廿五日前赶运客货之商轮，驰赴营口、安东、大连等处者，该处伪海关本应向各该轮征收船钞一切等费，乃以星期例假，不及办公，肇兴、海昌公司之和兴、海平等轮遂一致赶驶出口营口、安东等处向天津以去。

进出口货一落千丈　自上海出口之货品，经运营口、安东转运至东北内地销售者，向有面粉、匹头、烟草、毛革及一切税率较高之工业原料，而自东北方面进口者，则有豆粕、大豆、高粱、豆油、木材、水泥一切，据海关报告，每日进出总额，须在千数百吨有奇，今以征收两重关税之故，且轮艘亦未便直接通航，故昨日海轮抵沪，并无些须〔许〕客货，和兴即晨进口，

闻亦等于空载云。

9月30日

《新闻报》[0016 版]
东北海关封锁后，灰经来源告阻
东北各地所产之八茧灰经，向由安东等处装轮运沪，自东北海关实行封锁后，灰丝商因欲照缴两重关税，丝本加重，故来源告阻。日来驻沪灰丝庄，接得产地电告，此后灰丝经拟在安东等处就近出售，装轮运歇，以免损失云。

10月6日

《锡报》[0002 版]
东北海关封锁效果：出关货物少十分之七，沪轮赴满减十分之六
【上海】东北海关封锁后，出关货物少十分之七，赴满沪轮亦减十分之六。

10月17日

《新闻报》[0004 版]
东北海关移地征税
南京　关务署息，东北海关，经政府下令移地征税后，在马占山统治下之大黑河、瑷珲、奇克乌云金山镇、汉河、绥芬河、同江、东宁等地进出口货物，仍畅通无阻，税收照旧征收，其他各关移地征税以来，较前损失平均约百分之二十左右。

10月19日

《申报》[0009 版]
东北海关封锁后，抚顺煤入口税纠纷，海关当局决毅然照章征收
新声社云　自东北海关，于上月二十五日实行封锁以来，迄将一月，进

行均极顺利，不料在最近一星期中，中日间因抚顺煤之进口问题，又将有引起纠纷之势，查抚顺煤在东北海关未封锁以前，每吨征税约关银一两，最近因东北海关实行封锁，海关无从辨识该煤是否土产品，故对之决征收进口税，计每吨应完入口税关银六七两之谱，日商因所受影响重大，拟借口一九零二年协定，向我抗议，按日前三井洋行曾以山东丸载日煤四千吨，持伪国证明书，冒充抚顺煤，装运至青岛，经该地海关当局，向本埠总税务司署请示办法，已训令该处海关，照收入口税矣。昨日据本埠海关当局确讯，该项入口税，业已毅然照收，日方是否实行抗议，尚不得而知。

《新闻报》[0009 版]
东北海关封锁后，抚顺煤入口税纠纷，海关当局决毅然照章征收

自东北海关于上月二十五日实行封锁以来，迄将一月，进行均极顺利，不料在最近一星期中，中日间因抚顺煤之进口问题，又将有引起纠纷之势，查抚顺煤在东北海关未封锁以前，每吨征税约关银一两，遂有日商冒充抚顺煤入口之事，最近因东北海关实行封锁，海关无从辨识该煤是否土产品，故对之决征收进口税，计每吨应完入口税关银六七两之普，日商因所受影响重大，拟借口一九〇二年协定向我抗议，按日前三井洋行曾以山东丸载日煤四千吨，持伪国证明书，冒充抚顺煤装运至青岛，经该地海关当局向本埠总税务司署请示办法，已训令该处海关照收入口税矣，昨日据本埠海关当局确讯，该项入口税，业已毅然照收，日方是否实行抗议，尚不得而知。

10 月 21 日

《申报》[0009 版]
东北海关封锁后，民船运货征税办法

民船装运货物，向报常关自裁厘后，装载货物往来各口岸者，均经照章免税，自东北海关实行封锁，凡牛庄、安东、大连等口岸民船装运往来货物，向系照章免税者，如何办理，此事关系商业甚巨，兹据新声社记者，向江海关税务司方面探悉，以该关前奉政府明令，凡土货运往安东、牛庄，向系免税者，仍照旧办理。惟由民船装该项货物运往大连者，照征出口税。由大连运来各货，概征进口税。至由辽吉黑三省各口民船所运之洋货进口，亦征进口税，所有该项办法，曾经由本关南市办公处，布告各商，一体遵办云云。

《时事新报（上海）》[0005 版]
东北海关封锁后，民船运货征税法，牛庄、大连分别办理

民船装运货物，向报常报，自裁厘后，装载货物往来各口岸者，均经照章免税，自东北海关实行封锁，凡牛庄、安东、大连等口岸，民船装运往来货物，闻系照章免税者，如何办理，此事关系商业甚巨，兹据记者，向江海关税务司方面探悉，以该关前奉政府令，凡土货运往安东、牛庄，向系免税者，仍照旧办理。惟由民船装该项货物运往大连者，照征出口税。由大连运来各货，概征进口税。至由辽吉黑三省各民船所运之洋货进口亦征进口税，所有该项办理曾经由本关南市办公处，布告各商一体遵办云云。

10月26日

《盛京时报》[0002 版]
梅乐和将赴山海关，调查满洲国设置海关

【天津二十五日电通电】南京政府总税务司梅乐和，□者北上，与张学良会见后来津，与天津及秦皇岛海关首脑协议满洲国设置山海关海关之对策，于昨日乘小汽艇视察白河口一带之形势，预定日内移赴山海关调查实情。

《益世报（天津版）》[0003 版]
英下院议员质问东北海关案
将采何法保障其偿付外债，希尼在柏林演讲远东纠纷

【伦敦二十五日哈瓦斯社电】下院议员曾向政府提出质问，谓满洲关税收入为外债抵押品，究竟英政府曾采何种办法，俾此项收入继续解交中国政府，西门外相用书面答复证明满洲当局曾宣言有意付还渠等所负一部之外债，关于此事尚未成立任何协定，惟满洲海关收入被扣留者，其若干数目，已由满洲当局交还云。

【伦敦二十四日路透电】英外相西门爵士，本日在下议院宣称，李顿报告书，在国联行政院审议之前，政府未便对于该报告书之全般，以及其特殊拟案确定其态度也，当有保守党议员彼得麦克唐纳质问政府对于中国政府夙赖之以偿付外债之满洲海关收入，将采何种步骤，以保障其交付。西门答复，满洲国当局已宣布彼所应摊应付外债之部份〔分〕之意旨，关于实施此种意旨尚未有任何协定，然满洲国已汇寄若干于上海云。

【伦敦二十四日路透电】今日有关心时局之议员数人，今日在下院问外长西门提出关于上海情势之质问，西门答称该地中日情势紧张，诚有此说，但经上海吴市长之应付及公共租界当局合作之结果，除单独偶发事件外，一切显已就范，保守党议员莫林氏质问关于组织一当地日侨自卫团事，或因此"引起极严重之纠纷"，西门爵士暂不置答。

【柏林二十四日哈瓦斯社电】国联满洲调查团德团员希尼今日在德国殖民协会全体大会演说调查团在远东之行动，对于满洲问题解决宣言如下：日本承认满洲为独立国，在李顿调查团报告书缮具后，故欲按调查团指示之意向解决此项问题，绝不可能，盖中国对东三省主权不愿放弃也。然为此问题觅一和平永久解决办法，又非由中日两国根据调查团之建议以求妥协不可。近代之满洲，由中日两国之合力而成，其大多数居民为中国人，而地方之发展则深赖日本之投资及其铁路，欲求两国之合作，须成立一种谅解，希尼又谓中日争执如不解决，则不惟外有害于世界经济，且将危及远东与世界之和平云。

10月29日

《松报》[0002版]
宋子文谈内外重要问题
汪病愈后即往日内瓦策助外交，三全会对党政外交将讨论办法
东北海关移地征税，日方无抗议
昨日南京电　今晨七时，宋子文偕刘瑞恒、端纳，及宋副官、张亚和、黄秘书等五人飞沪，记者即趋询各重要问题，宋答如下：（一）余此次赴沪，

系与沪银行界，商财政办法；（二）汪离沪时，余等曾与讨论，请汪病愈后，即赴日内瓦协助颜、顾、郭三代表指示进行，汪已允于病愈后，即赶往策助；（三）关于东北海关，因不得已而移地征税，各国均一律缴纳，并非单独征收日货也。至传沪日领提出抗议，余未接到报告；（四）三全会开会时，对党务、内政、外交各问题，讨论进行方针，均极主要；（五）川事现推石青阳等，对具办法，短期内可解决；（六）皖省征米照捐，已严电裁撤；（七）洋米。

10月30日

《大公报（天津）》[0007版]

往来大连之民船，按外洋贸易船只注册

封锁东北海关之补充办法，津海关昨布告各船商遵照

津海关税务司及海关监督韩麟生，奉财部令，为补充应付伪国劫夺东北各岸海关后之封锁办法起见，特修正管理航海民船航运章程，令公布施行，特于昨日发衔布告云。为会衔布告事，案查关于本关管理航海民船航运章程，业于本年一月二十九日颁发第八二九号布告公布在案。现奉政府明令，已将前项章程，修正如下：（一）凡由中国口岸往来大连贸易之民船，应按照往来外洋贸易之船只，一律注册，其各项手续及限制办法，亦应按外洋贸易民船一律办理；（二）凡驶往牛庄及安东贸易之民船，仍按沿海贸易民船办理，惟其由各该埠及其附近各处装运洋货者，只准直驶入已设海关之口岸为限，各民船航运凭单及往来挂号薄〔簿〕，凡在本年九月二十五日以后经由牛庄或安东发给者，概不承认。合亟布告，为此仰各船商一体遵照，特此布告。

11月1日

《新闻报》[0003版]

封锁东北海关后应照原定办法征税　（梦蕉）

东北伪组织自成立以后，劫夺关盐，以豢养其在日人指挥下之伪靖安

队，使其为消灭义军之鹰犬，将来或更进一步而为肆扰关内之虎伥。我即投鼠忌器，未遽声罪致讨，则封锁海关，加重税项，以阻塞其省外贸易之途。使不致借寇兵而□盗粮，为御侮计。固亦一种办法，特是伪组织以少数汉奸为轮廓，以日人为核心。东北特产，尽可以日人之力，营运海外，坐收其利。即使与中国本部，贸易锐减，亦不足以制〔致〕其死命，况一方制裁伪组织，一方又不能不顾及东三省人民之生计，则政略上之完全封锁断难奏效。故财政部之封锁东北海关，移地征税办法，非为政略起见，而完全为弥补税收起见，可断言也。

财政部之封锁办法，顾虑多时，延未实行，直至伪组织宣布津沪各埠货物，运至三省者，须重征转口税后，始毅然实施。据其宣布之理由，则曰经营东三省之输出输入者，完全为中国人民，苟可避免，毋□力崇宽大也。吾以为此言诚是，特尚有一层须声明者，盖东三省海关，自被劫夺以后，财政部已将奢侈品进口税率，分别加重，如丝织品则征至百分之七十，酒类则征至百分之八十，同时并将海关附税，延长实施期限，其加收之数目，虽据财政部非正式宣示，尚不能抵补被劫夺税收之全额，而所差额当不甚巨，固在吾人意计中也。

吾国现行税制，洋货入国则收进口税，土货出国则收出口税，土货自甲通商口至乙通商口，则收转口税。三者之中，转口税为最轻，因其适用咸丰戊午旧税则也。财政部颁布之封锁东北海关，移地征税办法，土货由大连运至津沪者，亦照洋货例，收进口税，其由安东、营口、哈尔滨等处运至津沪者，如系土货，仍收转口正附税，照此办法，虽尚公允，然三省货物，自冬季封河以后，其向由安东、营口运沪之货，一届彼时，仍须改道南满大连，运抵上海，是照部定办法，该省土货，一年中已有四个月须按照洋货纳税之时期，此于两重关税负担之外，又多一改照洋货完税之例，已极吃亏，然犹得曰〔日〕期间不长也。今闻部中密令，改变办法，凡自安东、营口等直运来沪者，亦照大连，征进口税，遂致营口之洋河高粱，改照洋酒进口例，征从价税百分之八十。安东厂制茧绸，改照洋绸进口例，征从价税百分之七十。谓为遏制伪组织之输出贸易耶。则就今日之趋势而论，伪组织基础，以日人为中心，决不因我关税政策之运用，而能覆灭其势力，徒使东省人民生计，与内地商业，均陷于垂绝之域。谓为弥补被劫夺关税之损失耶，则既增加奢侈品进口税于前，又移地征税于后，两项合计，较诸原额，自当有盈无绌，不宜再变更已颁布之办法。现在各业已因此事，纷纷请愿，甚望财政部之能以国民生计为重，允其所请也。盖移地征税者，质言之即以东三省被伪组织劫夺之税额，转嫁之于贩卖商，令其代偿东北海关未劫夺前，由该处运沪之货物，俱在报运时照征转口税，则移地征税，当然以其原来收税之税率为标准，今改照洋货，收进口税，是税率至少较转口税加重一倍（如油豆），多者或加重十余倍（如丝织品及酒类），是不啻令运商于赔偿被劫夺税额以外，令其加纳一倍或十余倍之罚金耳，按诸情理，如何而可，愿当局其三致意焉。

11月9日

《上海商报（1932～1937）》[0002版]
大豆等仍无进口税，东北海关封锁后

自财部下令封锁东北海关以来，外界对于移地征收一层，颇有认有危及东北商民者，盖彼等以为大豆、豆饼等之土产品，将因而受打击，兹由新声社记者探悉，东三省之大豆、豆饼、高粱、菜子、木料、玉蜀黍、豆油等等，均无进口税，仅煤、盐、铁及铁制品等征入口税，故对于东北商人，颇尽保护关税之责，至抚顺煤之纠纷，现已完全解决，日方将不再抗议。

《新闻报》[0010版]
东北海关封锁后，大豆等仍无进口税

自财部下令封锁东北海关以来，外界对于移地征收一层，颇有认有危及东北商民者，盖彼等以为大豆、豆饼等之土产品，将因而受打击，兹由新声社记者探悉，东三省之大豆、豆饼、高粱、菜子、木料、玉蜀黍、豆油等等，均无进口税，仅煤、盐、铁及铁制品等征入口税，故对于东北商人，颇尽保护关税之责，至抚顺煤之纠纷，现已完全解决，日方将不再抗议。此外关于江海关副税务司被诉渎职消息，并非海关当局所转出，罗税务司亦未有正式申明，但事实则确有之。（新声社）

11月12日

《盛京时报》[0002版]
国府征满洲货物税，上海海关监督之布告

【上海十日联合电】上海海关监督，表记十日，发出布告，谓由安东、牛庄之外国货物，及由大连之一切货物，不论转载申告书及保税申告书之有无，一律征收输出入税，同时以国民政府命令，布告禁止向满洲输出米谷。

11月23日

《时报》[0003版]
财部委任东北海关税司

南京二十二日电　财部二十二日委麻阿士署理东北海关税务司。

南京二十二日电　财方息，海关税收，已日益起色，本月份可增收一百五十万，东北海关移地征收甚顺利，下月海关税收当再有增加。

近代报刊东北海关资料编年（1906—1937）

1933 年

1月18日

《益世报（天津版）》[0006 版]
东北海关封锁后，进出口货物统计
十一二两月份进口货绝无，秦皇岛扣留商货达二百起

东北三省，为暴日强占，一切政权，悉被剥夺，我中央不得已，于上年九月二十五日，宣布封锁东北各口岸海关，凡与东北进出各货，一律征进出口关税。曾志前报，兹据调查，自上年九月二十五日起，至十二月底止，津市与东北各口进出口货物之统计，计九月份进出口无，十月份进口粮食、山干货、药材、皮四项，全部货值，为二十一万元余，出口仅三千余元，此月进口货所以有如许之多者，盖因各商早经批定之货，初未料及出于封关者，故均于此月内一次发运来津，以免夜长梦多，是月津海关共收税款万余两，十一二两月份，进口货绝无，据查完全因某国以他种办法，包运来津，时以"军用物"之招牌，并关税亦免征，出口则共值九万余元，此项出口货，计高阳土布占五分之三，猪鬃、地毡、铜块占五分之二，是两月津海关共收税款不及一千两，查高阳土布、地毡、猪鬃等货，往年以东北各地为倾销之地，而高阳土布□尤甚，乃今则以伪组织受日方操纵，商人须尽先购日货，但此项土布，具有相当优点，久为三省人民所信誉，物质及价值，复非日货所得媲美，故尚能于商货绝交声中，销此区区。总之，津海关自封关以迄年终，所收东北三省方面之进出口税，共计不过万余两，至秦皇岛及所属之山海关分卡等，所收与东北各口岸进出口商货关税，十、十一、十二三月中，全部不及一千两，原因以与伪国破坏，及与日军势力范围过近，往往有进口货物得日兵为之保护，卡员即不敢过问，商人不得已，始遵照报关，但为极

少数，然该关自东北各关封锁后，迄今所查获之偷税货物，竟达二百起之多，此大都系日本浪人或韩人欲从中图利，□出此手段者，或为帆船受人主使，拟经由未设关卡之海岸装卸所致，此二百案中依法罚办者，约有八十余件云。

1月22日

《上海商报（1932－1937）》[0003版]
东北海关封锁后，津关进出口调查
东北进出口税合计仅万余两，扣留偷税商货则有二百余案

东北被占后，侵夺我一切政权，中央不得已，始于上年九月二十五日，宣布封锁东北各口岸海关，凡与东北进出各货，一律征进出口关税，兹据调查，自上年九月二十五日起，至十二月终止，津市与东北各口进出口货物之统计，计九月份进出口无，十月份进口粮食、山干货、药材、皮毛四项，全部货值为二十一万元余，出口仅三千余元，此月进口货所以有如许之多者，盖因各商早经批定之货，初未料及出于封关者，故均于此月内一次发运来津，免夜长梦多，是月津海关共收税款万余两，十一二两月份，进口货绝无，据查完全因某种办法，包运来津，并关税亦免征，出口则共值九万余元，此项出口货，计高阳土布占五分之三，猪鬃、地毯、铜块占五分之二，是两月津海关共收税款不及二千两，查高阳土布、地毯、猪鬃等货，往年以东北各地为倾销之地，以高阳土布为尤甚，乃今则以伪组织受日方操踪〔纵〕，商人须尽先购用日货，但此项土布，具有相当优点，故尚能于商货绝交声中，销此区区。综而言之，津海关自封关迄年终止，所收东北三省方面进出口税，共计不过万余两，至秦皇岛及所属之山海关分卡等，所收与东北各口岸进出口商货关税，十、十一、十二三月中，全部不及一千两，原因以与伪国接壤，及与日军势力范围过近，往往有进口货物，卡员不敢顾问，知法商人于不得已必须与三省商人交易往来货物时，始遵照报关，但极少数，然海关自东北各关封锁后，迄今所查获之偷税货物，竟达二百起之多，此项大都系某国浪人或韩人欲从中图利，出此手段者，或为帆船受人主使，拟经由未设关卡之海岸装卸所致者，此二百案中依法罚办者，有八十余件云。

4月4日

《社会日报》[0001版]
东北海关人员

东北陷落以后,海关人员,遂不能工作,已纷纷奉调回京,一时又无如许位置可安插,此辈遂致无公可办,微闻财部方面,对之极优待,除薪金照原额支取外,复发给在东北时之房屋津贴,亦有当时自愿告退,而一笔养老金,又照数拨付,以是东北虽失,海关人员,反沾其光。

4月11日

《中央日报》[0002版]
伪组织下令,封锁满洲里
抵制苏俄满洲里过境护照,海关商务及交通完全停顿

中央社大连十日路透电 "满洲国"于八日下令封锁满洲里,其用意在抵制苏俄把持满洲里交界处过境护照、海关及边境商务,欧洲与远东之交通,因之而完全停顿,必至有完满解决办法后,始能恢复原状,但绥芬河并未封锁。

4月13日

《益世报(天津版)》[0003版]
中俄贸易之将来　王作田译

〔一〕

在最近行将抵华之苏俄领事与外交代表,同时并偕有许多专员,已期发展将来两国之商业,此诚为中俄贸易上一良好之预告也。

以前中俄之贸易,虽未如现在中国之于英、美、日之巨额,然通商关系,已有数世纪之久。当一九一七年苏俄大革命时代,与世界各国之贸易关系,曾一时宣告停顿,然亦未完全断绝,尤以中俄边境数省影响甚微也。

由一九二四年中俄通使后,迄一九二七年断绝国交止,在此时期中,苏俄内有未肃清之反动份〔分〕子，外遭列强之一致敌视，肆意攻击，致未能从容从事其社会主义之建设，而中俄之贸易，亦仅为原料之交换，无巨额之发展。

〔二〕

从一九二七年中俄决裂时，苏俄已实行其五年计划，社会主义之工业基础，能否稳定，即唯此是赖，当行至第四年时，虽日本对其远东方面，曾出以种种恐吓态度，以图延缓其五年计划，然结果并未发生丝毫影响，其重要之科目，已经大体完成，至于未来之宏远建设，闻仍待以后之努力也，以往昔论之，苏俄之工业，何能与英、美、德、法相抗衡，而现在居然在此短时期内，一跃而为世界主要经济份子之一，同时在各国实业俱感凋敝之时，而苏俄反长足进展，尤以其最近之海外贸易，与极速的增加，可为佐证，反视中国在此数年中则如何，除国内政治混乱，百业萧条外，有何可言。

欲图发展其国际贸易，当然需要一种团体去研究其市场情形，但以中俄在断绝国交场合之下，何能谈此，故当时中俄贸易确呈一种停顿状态，至满洲方面，在日本未侵占前，因其地方长官与莫斯科保持一种："实在"（"D. FuCto"）关系，故苏俄对于各种贸易俱有相当进展，即中国西部诸省，亦未以两国断交，而于贸易上发生多大之影响。所受影响者，即长江流域。因长江流域，为中国较大之市场所在，且为生产出口商品最多之地域，而苏俄于此处处理其商业仅由一英国有限公司名 Centrosofus 者所代办，完全居于委托者之地位。

〔三〕

由过去三年中之中俄贸易数目字上观察之，即可显露其贸易如何，在去年苏俄出口货物之输入中国西部者，约值一千四百万卢比，由该处输入苏俄者为其出口额数之一半稍强，同时输出至中国其他各部者，仅八百万卢比，由该数处输入苏俄者，仅六百万卢比，总合以上数处所有之数，尚不及对满洲之贸易总额，在一九三一年，苏俄出口货物之输入中国西部者，与去年之数，大致相同，由该处输入苏俄者则已超过一千万卢比，由苏俄输出至中国其他各部者，约值一千一百万卢比，由该数处输入苏俄者，已超过二千七百万卢比，在一九三零年除由中国其他各部之输入苏俄货物额数比中国西部减少外，其整个之贸易额，则为增加，其增加之数目，约为四千四百万卢比，此由以观，中俄之贸易，完全因断交关系而日趋下落也。

近代报刊东北海关资料编年（1906—1937）

现在两国国交，已恢复原有状态，则唯一问题，即系将来两国之贸易是否增加，据本人与夫国家当局之意见测之，对于现在两国贸易额之巨量增加，恐不能立即实现，但实际言之，苟能从容的增加，适足于两国有益，至于将来贸易额之增加，须赖两国生产品增加，然后方能各易其所需，此则完全仰赖于现在行将履新之两国商业专使，有以完成其伟大之使命也。

〔四〕

不过苏俄并不似其他各国之生产过剩，因其本国市场，日趋开张虽生产品略有增加亦将为其生产者所消费，无暇出口。

但在中俄两国间，有数种物品，必须大量交易者，即苏俄为世界最大消茶之国家，同时中国恰为世界之最大产茶国，近来苏俄对于植茶，虽不无发展，但其出产额仅占其消费额百分之二耳。

然在最近，欲希中国茶之出口能大量输入苏俄，恐非易事，因在中俄未复交前，苏俄已与伦敦Centrosofus有限公司订购印度茶七百万磅（□□□）之协定，以十一个月期间为贷货之条件，实行拍卖，或有再增至一千万磅之数。

当然不能以此次伦敦之售茶与苏俄，即可使其不再有茶之需要，因此中国如欲于下次售茶与苏俄时，中国茶商非设法给以优待之贷货条件不为功，闻最近星期内有苏俄的船名拉索瓦斯克（Ss Tesovaky）者将首次到沪，系装来大批木材，并于回途将载茶至海参崴（Vladivostok）。

〔五〕

除茶外，毛与皮俱为中国之主要产品，故必须设法扩张销路于苏俄，同时锑之于苏俄亦有极大之销项，按中国产锑为在以上数原料中，生产量最大之物品，并为世界各国之冠。

煤油为苏俄输入中国之主要产品，并予英美煤油以极大之打击，预料于本年内，将有更大之利益，苏俄之木材，每年输入中国者，亦不在少数。至纸烟、饮料、酒类等，则较为有限。

关于苏俄织品之输入中国，在最近的将来，恐亦无多大增加之希望，苏俄的毛织品，在近年来有长足的进展，但其国内人民，对此织品之需要，已有惊人之额数，故无大量输出国外也。再者苏俄之商业专家，亦曾表示在最近不希望与日本在中国相竞争，因其织品工业，全在欧洲之苏俄，以距离中国市场若是之遥远言之，即为其贸易上绝大之障碍也，闻最近苏俄已在远东苏俄，建立织品工厂，因距离较近，将来对于中国织品之输入，或有相当之增加也。

顷因苏俄之总领事、随员，及商业专使，有提早来华之消息，故上海苏俄领事馆已正在加紧修理中，同时希望中国商业专使，亦能从速命驾，离京赴莫因此举虽不能对两国立即有何特殊之新贡献，然中俄商业上，未来之光明大路，须于此时发其端，九万鹏程，前途正未可限量也。〔完〕

〔注〕：本稿系译自三月份〔The Chillo Fross a kly〕

4月28日

《益世报（天津版）》［0003版］

传日对□□□□武力解决说，俄方镇静盼其觉悟，满洲里税关即撤销

【莫斯科二十七日路透电】此间各报对于中东路争端益表示其关切，今晨各报登载一伯力电讯，断言日本驻北满官宪，拟将中东路俄方行政推翻，并夺取该路。"消息报"称，苏俄希望日本政府及时谴责哈尔滨当局，阻止其破坏沈阳及北京条约云。

【哈尔滨二十六日联合电】满洲里站之税关行将撤去，关于此事，驻在满洲里之苏俄领事对满洲国要人之质问，答称如下：关于撤去税关之事，将于两三日中正式发表，惟完全撤去须要一星期才能办到云。

【哈尔滨二十六日联合电】满洲里驻在之贝加尔铁道部代表宇立氏，于本日由当地向东方进发，此行与时局问题有关系，固勿待论议惟此行为实行十三日前后之预定案，并非另有别种问题，满洲里之士密尔氏亦拟与同行，但尚未出发。

4月30日

《申报》［0009版］

满洲里苏联税关停止业务

哈尔滨　满洲里苏俄联邦税关，限三十日停止事务，自五月一日起，在第八十六待避站，检查货物。（二十九日路透电）

5月1日

《儿童晨报》[0003版]
东北辽吉黑热四省各种统计（十四）

东北海外贸易额表（民国十八年度　海关两为单位）

洲别	输入	输出	总计
亚洲	一六七. 五〇八. 〇八八	二二二. 七三二. 八八三	三九〇. 二四〇. 九七一
欧洲	二七. 七五六. 〇三五	五九. 六五七. 一一五	八七. 四一三. 一五〇
北美	二九. 二七五. 九〇三	一一. 〇一〇. 〇八一	四〇. 三八五. 九八四
其他	八九六. 七二二	三四. 九一八. 六〇二	三五. 八一六. 三二五
总计	二二五. 四七六. 四一〇	三二八. 三三六. 〇五八	五五三. 八一二. 四六九

东北各埠输出输入额表（民国十八年度　以海关两为单位）

类别	哈尔滨	安东	营口	大连	珲春
输出	四一. 八六七. 八四四	四二. 五七二. 二〇五	三四. 二九五. 七五一	三〇二. 四四四. 〇九八	九一一. 八九四
输入	一六. 一四六. 一八六	四九. 七八八. 六〇五	五二. 二六九. 一九八	二〇六. 〇八三. 八一四	九四〇. 七九七
总计	五八. 〇一四. 〇三〇	九二. 三六〇. 八一〇	七六. 五六四. 九四九	五〇八. 五二七. 九一二	一. 八一六. 六八九

中国东北筑路与满铁收入表（根据满蒙年鉴及东北铁路统计）

	南满运输		北宁运输	
	货运吨数（千公吨）	营业收入（千日元）	货运吨数（千公吨）	营业收入（千银元）
一九二三	一三. 三七二	九二. 二七〇	八. 〇一三	一八. 二八八
一九二四	一三. 二三五	九二. 五六二	六. 八六〇	一七. 五一〇
一九二五	一三. 六四九	九七. 三七五	七. 七二〇	二四. 〇四八

270

续　表

	南满运输		北宁运输	
	货运吨数 （千公吨）	营业收入 （千日元）	货运吨数 （千公吨）	营业收入 （千银元）
一九二六	一五．〇〇一	一〇七．九二四	五．八二〇	二三．四八七
一九二七	一六．七一八	一一三．二四四	八．八三六	三四．七二〇
一九二八	一七．五三〇	一一八．六三九	五．二六九★	二一．八二一
一九二九	一八．五六三	一二二．一〇四	七．五三三★	三七．五一五
一九三〇	一五．一九三	九五．三三〇	八．六一一	三六．七一六

中国修路时期及其他有关事实

本年十一月大通开通，十二月沈海开通，本年十二月呼海开通，本年八月吉海开通，自上年十月银价递跌，本年初每银钞百元，易日金七〇二五圆，年末低至四九．五〇圆。由上表可见中国所修各路开通后满铁运输并未减少至一九三〇年银价大跌始见减色，然同时北宁运输亦并未增，观下小注即明。

★此两年统计不完全，据一九二九年分站统计关内段系全年数关外各站（合干线支线计）交通货物总吨数当该路货运吨数百分之七．一三，系十月至十二月一季之数如比例推计全体运输应约九百十四万吨。（完）

5月3日

《时事新报（上海）》[0003版]

满洲里俄税关员撤退

（路透二日哈尔滨电）满洲里之苏俄税关人员，已于今日开始退入俄境，此举系伪国政府当局所要求者，绥芬河之苏俄税关人员已经撤退。

5月8日

《时报》[0005版]

日攫东北海关后，实行改变税制，当局对此决通电各国予以否认

南京七日电　关务署息，暴日劫掠大连关及东北各关后，竟实行改变关税制度，已于上月十六日起废止金本位及海关银两，通用伪组织国币，我国对此，决通电各国予以否认，另据财部负责者称伪财部□□禁止金输出令，定十五日起施行。

8月2日

《申报》[0009版]
东北海关悉由日人把持

长春　伪政府今日公布新海关法，指定大连、牛庄、山海关、安东、哈尔滨、满洲里、绥芬河等八处为新海关，海关人员九百九十五人，重要职员逐渐更动，均用日人。（一日华联电）

《时报》[0006版]
日人擅改东北海关法，重要位置均为日人所盘踞

长春一日华联社电　伪国政府今日公布新海关法，指定大连、牛庄、山海关、安东、哈尔滨、满洲里、绥芬河等八处，为新海关，海关人员九百九十五人，重要职员逐渐更动，均用日人。

10月12日

《时事新报（上海）》[0008版]
东北失陷后，豆油出口几绝踪
东北海关全被日伪把持，本年豆油输出只有一担

我国豆油产量，向以东北三省为最巨，由大连出口者，年达数百万担，惟自九一八后，东省被日伪霸占，所产豆油，均被囊括把持，致我国国产豆油，年来输出国外者绝少，几已绝迹于国外市场，记者昨赴国际贸易局采询油市产销近况，当据该局指导处主任季泽晋氏详为见告如下：

日伪把持

据季氏称，我国大豆，均产东北三省，每年产量至少约三百万吨左右，大部均在当地油厂榨油，运输国外，为我国出口之大宗，市场销路，以德国

为最旺，盖德国自欧战以后，百废待举，工厂林立，均以我国豆油为机器上不可少之原料，除大部份〔分〕作机器需用外，亦有少数作为食料，其次为俄国，盖苏俄以五年计划，工业上用度亦甚大，自东北失陷后，海关由伪国把持管理，豆油虽仍有出口然终不及中央主政时之海关收入，本年一月至八月以来，豆油只有一担出口，实开我国豆油出口史上之新纪录。

出口比较

据本局之调查统计，民国二十二与二十一两年一月至八月之出口数量，输往德国者，二十二年无输出，二十一年值五.八三二.五六三元；输往英国者，二十二年无输出，二十一年值三八〇.一六六元；输往荷兰者，二十二年无输出，二十一年值三二四.一〇一元；输往美国者，二十二年无输出，二十一年值五九.一三九元；输往苏俄者，二十二年无输出，二十一年值五六七.二六一元；输往其他各国者，二十二年值二三元，二十一年值三二〇.一六三元。总计二十二年值二三元，二十一年值七.四八三.三九三元，相差达七.四八三.三七〇元之巨云云。

11月14日

《大公报（天津）》[0004版]

长城各口将设税关，财部正派员调查中，东北土货决承认三十六种

国闻社云　长城各口设置税关事宜，由政整会与财政部共同办理，日本关东军副参谋长冈村前此来平，与政整会黄委员长商洽战区问题时，已有原则的决定，我方对此事现正在积极准备，财部已派副税务司张勇年赴沿长城各口调查中，最近又派税务司丁贵堂到平，以备政整会方面之咨询，丁氏日内将返京报告，记者昨向关系方面探询设关准备情形，兹志所得如次：

九一八事变后，东北海关同遭侵掠，我国遂于去年九月二十五日，宣布封锁东北各关，同时实行移地收税，在东北出口入口之货物，俱在沿海就近各海关加征，在东北各关应征税额，土货行销国内者，只收一层转口税，至经过榆关来往之土货，仍照以往情形办理，但某国货物因有特殊护符，不待上税，即逾关而过，税关无法制止此种情形，故山海关税关之未被掠夺即此原因，然已形同虚设矣。（秦皇岛税关因在开滦矿区内，故亦未被掠夺）热河失陷后，日人支使伪国

近代报刊东北海关资料编年（1906—1937）

在承德设立税关，分在古北口、滦平、平泉、凌源、赤峰设分关，俱已成立，最近并拟在潘家口亦设一分关，掠我东北四省税收，我方则以外国货物难免经由长城各口直入内地，故决根据去年颁布东北海关移地收税办法，在长城各口设关征税，除榆关已有分关外，余如古北口、喜峰口、潘家口、界岭口、义院口、冷口亦各设分关一处，其名义，如地址接近秦皇岛海关者，即名曰秦皇岛海关某口分关，接近津海关者，即名曰津海关某口分关。东北货物仍按土货待遇，惟因其中出产有与日本朝鲜完全相同，难于辨识者，故对东北土产只承认三十六种，其他则概须征税。目前我方对设关准备，第一步先进行调查工作，财部所派之副税务司张勇年，现将古北口调查完竣，已转往喜峰口等地调查，惟东行交通不便，匪患尚未肃清，故全部调查工作之蒇事，尚须相当时日，又古北口等处尚驻少数日军，关税之设立，总须在日军撤竣，各口由我接收之时也。

1934 年

1月13日

《盛京时报》[0007版]

满洲景气的一种表现

安东税关去年税收比上年加倍盛况

【安东】当地因治安之确定、人口激增，及满洲国人购买力之增加，满洲国关税之收入，遂打破预算额，如满洲第二门户之安东，昨年中之关税总收入，较前年实达二倍。大同二年度上半期（自去年七月至十二月之成绩，已呈打破全年度预算之形势，去年中之□收，依月次分别如下（单位国币圆）：

一月	六四六.一二九
二月	六九二.八七八
三月	七四三.一〇六
四月	九三三.五〇四
五月	九五一.八三二
六月	八八五.八一〇
七月	七一一.七八〇
八月	一.〇一四.一三〇
九月	一.一五〇.五八二
十月	一.一四一.六三二
十一月	一.二五四.二七二
十二月	九五八.五五七

近代报刊东北海关资料编年（1906—1937）

总计一千一百零八万四千二百十九圆四角七分，以此与前年度之五百七十四万四千二百八十二圆四角二分（依三.六八二.二三二.二二三海关两折成满币额）相比较，殆达其两倍，并大同二年度（自昨年七月至本年六月为海关收入大同二年度）之安东海关收入，合国币约达六百万圆，仅自去年七月至十二月六个月间之收入，已达六百二十三万余圆，故谓上半期即超越全年度预算额以上。

1月20日

《盛京时报》[0007版]
满洲国北鲜税关决设在罗津、清津

【新京】北鲜之罗津、清津两处，设置满洲国税关问题，曾经驻满日大使馆、朝鲜总督府，及满洲国政府间，自去年以来，进行折冲中，一切交涉，最近略已妥定，不日可见最后的决定。满洲国政府，拟俟正式协定成立，即着手设置两处税关之准备，至现有之图们及龙井村税关，俟上记两税关新设后，当作为分关云。

5月21日

《申报》[0007版]
日伪在东北设置八个税关
苏伪国境前只三处税关，本年亦拟增设若干关卡

长春通讯　日本侵占东北后，即唆使伪组织整理各种苛捐杂税，以期达到尽量剥削之目的，俾得积极建设军事交通之侵略，并变更税关组织，追加税率，复鉴于苏伪国境线二千六百四十四哩之绵长，前只有三处税关，今年度亦拟增设多数关卡，兹将最近所发表之八税关管辖区域，详录如下：

大连税关

管辖区域，为关东州、辽宁省之复县、庄河、盖平、岫岩各县与满铁附属地接壤地域。

1934 年

哈尔滨税关

管辖区域，为哈尔滨特别市、长春特别市、吉林省之磐石，濛江、伊通、和龙、桦甸〔甸〕、珲春、汪清、延吉、敦化、穆棱等县，黑龙江省，兴安东分省、兴安北分省、兴安南分省内之礼赉特旗，科尔沁右翼前旗、奉天省内安广县、开通县、瞻榆县、突泉、洮南、洮安、镇东等县、北满特别区、南满洲铁路附属地内之长春特别市与吉林省之长春接壤地。

安东税关

管辖区域，为奉天省内之安东、凤城、宽甸、本溪、辑安、桓仁、兴京、清源、通化、临江、长白、抚松、金川、柳河、海龙、东丰、辉南各县、吉林省内之濛江、磐石各县，南满铁道附属地内之奉天省安东县与本溪县之接壤地。

营口税关

管辖区域，为奉天省内之营口、海城、盘山、台安、辽阳、抚顺、铁岭、开原、西丰、西安、昌图、梨树、怀德、双山、辽沅各县、吉林省内之伊通县、南满洲铁道附属地内之奉天省内营口、海城、辽阳各县，奉天市、沈阳、抚顺、铁岭、开原、昌图、梨树各县与怀德县之接壤地。

龙井村税关

管辖区域，为奉天省内之安图县、吉林省内之延吉、和龙、桦甸各县。

图门〔们〕税关

管辖区域，为吉林省内之延吉县，与在"京图"铁道南淮线四粁以之汪清、珲春、敦化、额穆各县。

承德税关

管辖区域，为热河省之阜新县、兴安西分省、兴安南与省之科尔沁右翼中旗、科尔沁左翼中旗、奉天省内之通辽县。

山海关税关

管辖区域，为奉天省内之绥中、兴城、锦县、义县、北镇、黑山、新民、彰武、法库、康平各县、热河省内之阜新县、兴安南分省内之科尔沁左翼后旗、科尔沁左翼前旗。（东北社）

7月15日

《盛京时报》[0011版]
对鲜北三港满洲国税关将缔结事务的条约

【新京十四日发】久为悬案之在雄基、清津、罗津鲜北三海港设置满洲国税关问题，最近日本方面有容许满洲国之要求，近将其事务上条约之缔结，在财政部而今年度豫〔预〕算上，对此业务费及其他，计算九万元，最迟于今年内设关，开办事务，于是向来烦杂不便在满洲国国境运输交通上之连〔联〕络，将有显著之改良。

10月21日

《盛京时报》[0011版]
满洲国税关当局实施休假日通关，商业者大为期待

【新京】满洲国税关，因其业务之性质，比他之政府官厅休暇日，比较的少，而从前休暇日，及执务时间以外，关于货物通关业务，一切不执行，但随近时贸易之增大殷盛，考虑输出入业者之便利，近将实施休暇日及执务时间外之临时开厅，今后输出入业者，应其必要，虽夜中亦可请求临时开厅之特许。交付特许手数料，即实施通关业务，关于以上规定细目，目下财政部与各机关协商中，近当实施，商工业者，大为期待云。

1935 年

2月19日

《盛京时报》[0013版]
满洲税关北鲜进出,自四月一日实施
【新京十七日发】为议日满税关条约之细目,前七日于京城开催之日满税关会议出席中之花轮大使馆书记官、永井财政部税关科长等,经协议结果两国间完全之意见一致,十六日午后十时半由新京发已归京,细目决定现满洲国于外交部作成条文,须经国务会议、参议府会议之后,财政部始能开始关税事务,待诸般之准备完毕,来月中于新京日满两当局准备,后由四月一日实施之豫〔预〕定。

2月20日

《盛京时报》[0013版]
关于满洲国税关进出北鲜,满日协定文内容
如迭报所载关于满洲税关之进出北鲜三港之日满协定,经于京城最后的商洽之结果,两国意见业超一致,于来三月中可于新京签字,但该定文之内容,目下虽极附严密,然探大致如下:
协定文
(一)日满两国政府承认于满铁经营之北鲜线与图们又至开山屯之国际间实行通过图们江国境之列车之直通运转;
(二)日本政府同满洲国政府派税关官吏于雄基、罗津及清津之日本税关对经由此地之输入满洲国或由满洲国所输出之货物、行李、托送、手行李，或旅客随带小行李于上项日本税关地域内与日本税关、官吏共同遵照满洲国税关之规则实行检查且征收关系；

（三）日满两国政府各设置自国之税关官吏于图们车站，派于行李检查场，关于依第一项所载之铁道越两国国境所输送之物品而不规定于前项者得共同各遵照自国之税关规则实行检查征收税关关于前项所规定之物品中通过，图们或上三峰车站之旅客携带品托送行李及随带小行李，两国官吏得于列车该车站停车中在车中检查及征收关税；

（四）如至开车时间未终了时开车后得于车中或今于行李检查场卸下实行检查或征收。

4月26日

《盛京时报》[0013版]
满洲各税关免税范围（对一般旅行者）

满洲国各税关鉴旅行者之激增，对于旅行者通关弁法为最重要，税关当局之意见大体携带品之通关手续应于职业计免税，大体之免税限度标准如下记矣：

	满洲朝鲜	满洲日本
砂糖类	一〇斤	一〇斤
俄国饴	四斤	六斤
果子类	八斤	一〇斤
洋酒	二本	三本
烧酒	五合	一升
干葡萄	五封度	八封度
粉条	八斤	十斤
绢绸	一匹	二匹
糯子	一	一
绢布类	一五尺	二〇尺
宝石毛布	十圆	二十圆
烟草	百本	五十本

5月22日

《盛京时报》［0013版］
北鲜税关协定定廿二日正式签字
【新京】北鲜税关协定案，已经日本枢密院，并满洲国参议府之咨询，故二十二日午前十一时，于外交部大臣室，日本侧驻满日本全权大使南次郎大将，与满洲国侧外交部大臣谢介石氏之间，定行正式签字，更南大使之于满洲签字，此次为初始。

满洲国税关进出北鲜，开始事务当在六七月之交
【新京廿日发】向完成日满经济集团之大曜进期待之满洲国税关之进出北鲜三港条约如即报将自廿二日在新京正式签字，廿四日在京城举行细目协定之签字，于是多年之悬案遂告解决，而实际上通关事务之开始，待满洲国侧准备完毕最迟在六月下旬七月下旬间开始。

9月1日

《盛京时报》［0013版］
满洲国税关第三次会议
【新京】满洲国税关之临时开厅第三次会议，于昨廿九日午前十时在关东军交通监督部，由关系机关集合后，开催矣。会议时间实亘十小时之久，午后八时始散会，其会议内容：

一、时间外之执务；

二、休假日之特许费。

关于以上，大体财政部与日本侧机关之意见，已见一致，更为有听取大略现地各税关长之意见之必要，乘九月五日开催之税关长会议之机会，决定再行审议，其后决定云。

1936年

3月5日

《盛京时报》[0013版]
满洲主要税关外国贸易

【新京四日发】二月中，满洲国主要税关之外国贸易，概况如下（单位为千圆）：

输出	五六.八七八
输入	五〇.八七九
计	一〇七.七五七

二月以降累计三〇七.八一九，主要税关别输出入价额：

大连	八七.七二三
哈尔滨	五
安东	九.七九三
营口	无
图们	九二二
龙井	二四三
清津	三.九一八
雄基	二.四四一
罗津	五〇五
承德	二
山海关	一.六五七

10月8日

《盛京时报》[0013版]

满洲国各海关九月中对外贸易

【新京】财政部发表,九月中之满洲国对外贸易如下(单位千圆):

输出	二三.三五七
输入	六一.三〇二
合计	八四.六五九
入超	三七.九四五

而以此与前年同期比较之,则输出减二六五万圆,输入增一〇六七万圆,就一月以降累计观之(单位千圆):

输出	四一五.五三一
输入	五〇〇.一四九

入超额对去年之一亿三千三百余万圆,为八千四百八万圆,又观税关别,输出各税关皆减少,而输入大连增六九六万圆,安东增三七六万圆,殊为显著,山海关之四五万圆,□为注目。

1937 年

6月13日

《盛京时报》[0013版]
满洲国税关五月之收入

【新京】财政部发表——五月中之满洲国一般会计税关岁入如下：

税关	收入
大连	四．九六七．二六〇元
哈尔滨	四九七．八五六
安东	九七五．〇九九
营口	一．七一八．五八七
图们	七四六．七五五
承德	三二．七八九
山海关	一九〇．四二八